媒体融合的
芒果实践报告

吕焕斌 主编

中信出版集团 | 北京

图书在版编目（CIP）数据

媒体融合的芒果实践报告 / 吕焕斌主编 . -- 北京：中信出版社，2019.11

ISBN 978-7-5086-6331-9

I. ①媒… II. ①吕… III. ①传播媒介—产业发展—研究报告—湖南 IV. ① G219.276.4

中国版本图书馆 CIP 数据核字（2019）第 243621 号

媒体融合的芒果实践报告

主　　编：吕焕斌
出版发行：中信出版集团股份有限公司
（北京市朝阳区惠新东街甲 4 号富盛大厦 2 座　邮编　100029）
承 印 者：北京诚信伟业印刷有限公司

开　　本：787mm × 1092mm　1/16　　印　　张：24　　字　　数：350 千字
版　　次：2019 年 11 月第 1 版　　印　　次：2019 年 11 月第 1 次印刷
广告经营许可证：京朝工商广字第 8087 号
书　　号：ISBN 978-7-5086-6331-9
定　　价：68.00 元

目　录

前　言

五年前，也就是2014年，我接受了中宣部“文化名家”暨“四个一批”人才工程项目的任务，任务项目给予课题责任人五年时间作为研究与实践期，鼓励出成果、出精品。

一晃五年过去了，而这五年，恰恰是中央大力推动传统媒体与新兴媒体融合发展的关键五年。作为湖南广播电视台负责人，我亲历并见证了湖南广电以习近平新时代中国特色社会主义思想为指导，以巩固宣传思想文化阵地、壮大主流宣传舆论为核心，按照中央“要推动融合发展，主动借助新媒体传播优势”的精神，精准实施媒体融合战略，基本形成了湖南卫视、芒果TV“一云多屏、两翼齐飞”的全媒体发展格局，建成自主可控、传播力强的新型传播平台。

作为一位媒体老兵，也作为这场战役的领头人，特别值得珍惜和骄傲的是，我个人二十多年来一直生生不息的互联网梦想早已融入湖南广电所有人的梦想与实践中。令人欣慰的是，就在不久前，芒果TV跻身2019中国互联网企业100强的全国前20，成为前20名中唯一的国有控股企业，芒果超媒市值达到500亿元。我们集中五年的时间和所有的资源打造的这艘“挪亚方舟”，终于可以在大风大浪中扬帆远航。在一个资源、资金均不占优势的内陆省份，下决心以传统媒体的身份直接进入互联网战场时，我们没有储备资金，缺少战术经验，更没有退守的阵地，靠的是什么？也许，每个芒果人的心中都有属于自己的答案，但有一点是确定无疑的，即从“湖南卫视”到“芒果 TV”，从“芒果 TV”到“芒果超媒”，芒果人的实践之路靠的是中央的指路明灯，靠的是团队源源不断的智慧、能力与激情，是不断自我超越、涅槃重生，才一路走到今天，而且还要走向前景广阔的未来。

习近平总书记在庆祝中国共产党成立 95 周年大会上说：“一切向前走，都不能忘记走过的路；走得再远、走到再光辉的未来，也不能忘记走过的过去，不能忘记为什么出发。”[①] 所以，铭记我们的初心，研究走过的这段历史，对于湖南广电来说，有着非同寻常的意义。

为此，2019 年上半年，我决定切入湖南广电媒体融合实践这一主题，并搭建课题组对芒果媒体融合的实践进行全面总结与系统研究，于是便有了《媒体融合的芒果实践报告》。我们希望用这种平实的叙事风格，依据大量材料和案例，翔实记录湖南广电把握时代重大机遇，按照中央关于媒体融合的决策部署所进行的生动实践；以案例为基础呈现出历经六年建设新型主流媒体的探索历程，展示芒果媒体融合实践过程中的成功与失败、困惑与磨难、经验与教训；用大量的数据与分析，提炼芒果人对媒体融合及未来发展的思考、研判与总结，力争挖掘出芒果媒体融合实践对广电行业及媒体融合发展的实操成果、史料价值与学术意义。

书稿用五章、结语及附录来报告芒果媒体融合这样一个生命过程：第一章“时代的机遇与战略的抉择”叙述湖南广电管理层实施媒体融合战略前反复推演、复盘、论证、决策的过程，这是湖南广电进入互联网、点燃融合发展的火种；第二章“湖南卫视：发挥芒果媒体融合核动力”展现湖南卫视在媒体融合进程中不断突破自我宿命的交互式发展，一方面向芒果

① 《习近平：在庆祝中国共产党成立 95 周年大会上的讲话》（http://www.xinhuanet.com//politics/2016-07/01/c_1119150660.htm）。

TV 源源不断地输送优质的基因、内容资源和能量，另一方面学会不断调整媒体策略来突破自我，这是生命的孕育与原动力；第三章“芒果 TV：打造芒果媒体融合新引擎”详细记录下了芒果 TV 这颗小种子破土、发芽、生长、进化的全过程，这是生命顽强成长的密码；第四章“壮大主流舆论：芒果媒体融合的核心要义”阐释了湖南广电人的媒体使命与责任，这是湖南广电存在的价值和意义；第五章“创新体制机制：芒果媒体融合的关键要素”着眼于湖南广电的体制机制创新，在媒体融合过程中，不断突破各种难点，这是媒体融合实践的回望与思考；结语“道路与梦想：已经走过的路和未来之路”则是对过去道路的一个整体回顾以及对未来之路的展望；附录“湖南广播电视台媒体融合大事记”：梳理 2013 年以来湖南广电媒体融合进程中的节点和历程。

回望这段历史，并非外界看到的那样光鲜，而是一路磕磕绊绊甚至惊心动魄。探索的路上从来没有一眼就能望到的光明，更多的是不断求索的微光相伴，是雷电交加，是雨雾阴晴，无数的反复之后才是彩虹初挂。我们的努力虽然也有某种幸运的色彩，但所谓幸运不过是努力之后的微笑与释然。所以，这段历史的记录充满着一些原始庞杂的意味，跳跃的因子与思考的痕迹并存，它也许不完整，但却是生动或有趣的构成。仓促间，这些文字无法展现全部，也很难还原所有。对仓促成稿可能带来的瑕疵，比如对人对事有所遗漏偏颇，不当之处，概由我来承担责任。于此，本书谈不上是对湖南广电的全面回顾和总结，它只是一段湖南广电人求索的青青印痕，是一小段微观历史的横切面，是为这段历史留下的注脚。

感谢课题组，它是由湖南卫视、芒果 TV、芒果传媒、办公室、宣管部、战略发展部的团队组成的，在非常短的时间内收集大量的材料与案例，与我一起策划、研究、成稿。

感谢黄隽青、杨春丽，为了本书能更完美呈现，做了大量专业工作。

感谢中信出版集团，促成本书的问世。

感谢众多为本书付出心血的幕后工作者。

尤其要感谢中宣部“文化名家”暨“四个一批”人才工程项目的资助。

2019 年 9 月于长沙

引　子

2018年5月10日，初夏，芒果生态里的一切充盈着万物生长的味道，蓬勃成长的芒果传媒作为媒体融合的新生力量，跻身第十届“全国文化企业三十强”，这代表着主流视野对湖南广电建设新型主流媒体集团的认可与肯定。就在获奖这天深夜，湖南广播电视台党委书记、台长吕焕斌写下这样一段文字：“四年多以前，我们决定要做这家企业，当时是为了应对未来媒体市场即将发生的巨大变化，为马栏山打造一艘‘挪亚方舟’。难度远远超出我们的想象，今天的这个荣誉是给我们的一个小鼓励！造舟吧，为了不沉的马栏山！”

造“舟”的梦想究竟是从哪里萌芽的？是如何打造的？舟行的轨迹是如何冲出那些暗礁与高峡，驶向前方的？

这条来路并非外界描述的那样光鲜，而是伴随着一路压力、磕碰与磨难。从最早的思考萌芽，到中期大量的探究、推演、决策、抉择，最后形成内部的战略共识，直至不懈前行奔向目标。人类的历史上，有人专门开辟道路，也有人专门研究道路。道路绘成地图，就有了引领未来的价值与能量。

回望来路，我们依然能从当年的思索与探究中，找到湖南广电媒体融合战略规划的一幅清晰路径图。

第一章

时代的机遇与战略的抉择

国内外政治、经济、文化、新技术等形势的变化，带来媒体生态环境的剧烈改变。特别是党的十八大以来，互联网在媒体领域催发出一场前所未有的变革，“媒体融合”成为媒体发展新的关键词，传统媒体与新型媒体能否突破彼此的逻辑宿命，实现交互式发展？一切关于互联网时代媒体生存与创新，探索与实践的故事由此展开。

巅峰的忧思与“造舟”的源头

巅峰期的湖南卫视：不创新毋宁死

从 2013 年开始，以互联网、移动互联网为代表的新媒体快速崛起，人们阅读新闻、获取信息的方式和渠道发生了变化，媒体形态和竞争格局也发生了根本性的改变。传统纸媒日落西山，电视媒体风光不再，新兴媒体在传统媒体主业范围内“攻城略地”，对传统媒体的围剿可谓空前绝后。而此时的湖南卫视，得益于自身多年内容优势的积累、品牌价值的巩固和人才队伍的壮大，反倒处于厚积薄发的事业发展巅峰期，外面世界的“风雨飘摇”似乎对湖南广电的影响微乎其微。从2013年到2015年，伴随着层出不穷的创新性节目，湖南卫视打造了一批又一批爆款IP（知识产权），收视率与广告创收遥遥领先省级媒体，稳居省级卫视第一，湖南广播电视台品牌价值跻身世界媒体前列。

2013年，湖南广电新闻中心制作了电视新闻大片《县委大院》。节目播出后，200多家主流网站转载，超千万次点击量，“最美县委大院”成为年度网络热词，《县委大院》获中国新闻奖二等奖。2014年，湖南广电新闻人的脚步迈向了大漠孤烟、林海雪原，28位人民科学家成为新闻大片《绝对忠诚》的主角。节目播出后，相关网页点击量达两亿次，新浪微博话题阅读量超千万，人民科学家成为万众追捧的“时代新明星”。《绝对忠诚》获2015年中国新闻奖一等奖，将我台新闻创新的旗帜插在了主流宣传的主阵地上。此后，《湖南好人》《“智”造者》《湘江北去》等一批新闻大片不断推出，接连绽放的“芒果台新闻大片现象”在全国独树一帜，彰显了湖南广电的品牌实力和责任担当。

经过2012年短暂的沉寂后，2013年湖南卫视重新步入内容创新黄金期，形成了包括老牌演播室综艺节目、演播室及户外真人秀、自制偶像剧和大型活动晚会等丰富的节目产品线。2013年，湖南卫视凭借《我是歌手》（2017年更名为《歌手》）和《爸爸去哪儿》，掀起了“高门槛选秀”和“户外真人秀”的浪潮，成为国内唯一一个在一年之内推出两档现象级节目的地方卫视。随后的2014年、2015年，湖南卫视不断创新、不断超越，相继推出《花儿与少年》《变形计》《一年级》《一年级·大学季》《偶像来了》《真正男子汉》等节目，逐步摆脱模式依赖，由模仿向原创转型。除新生产的节目外，湖南卫视王牌常规节目《快乐大本营》《天天向上》等同样具有不可复制的优势，一如既往地占领收视高地，成为常做常青的中国综艺节目。

针对业内广泛关注的“收视造假”问题，湖南卫视和中央电视台保持统一，率先在省级卫视中启用全国网收视数据，以获得最真实、干净、无污染的数据。2013 年湖南卫视全天时段在 CSM[①] 全国网平均份额 5.07%，比 2012 年增加 28.4%，全年 117 天荣登收视冠军宝座，位列省级卫视第一。2014 年湖南卫视全天时段在 CSM 全国网平均份额 4.67%，仅次于中央一套，位列全国第二。2015 年湖南卫视全天时段在 CSM 全国网平均份额 5.38%，位列所有频道全国第一，全年共 270 天全国第一，冲高能力爆点。[②]

电视剧被喻为拉动收视的三驾马车之一。2013 年，湖南卫视全年播出 18 部电视剧，平均份额达 8.49%，收获了 272 个全国第一。2014 年，全国全年排名前 10 的剧集中湖南卫视占据 8 部。2015 年，全国全年排名前 20 的剧集中，前 19 部均为湖南卫视电视剧。湖南卫视的剧场，被称为名副其实的“国民剧场”。

得益于内容创新和收视的冲高，湖南卫视不断打破传统媒体广告的天花板，2015 年、2016 年连续两年实现单频道广告过百亿元。2013 年全台创收 183.4 亿元，其中湖南卫视实现广告创收 63.5 亿元，同比增长 26.6%；2014 年全台创收首次突破 200 亿元，其中湖南卫视实现广告收入 75 亿元；到 2015 年，全台创收超过 240.4 亿元，其中湖南卫视成为首个单频道广告收入过 100 亿元的省级卫视，达到 101.8 亿元，创历史新高，同比增长 35.7%，成为广告营销界的标志性事件。[③]

伴随着品牌升级，湖南广电跻身世界媒体前列。2013 年，世界品牌实验室（World Brand Lab）发布排行榜，湖南广播电视台品牌价值由 119.58 亿元上升至 158.72 亿元，分别荣登“中国 500 最具价值品牌”总榜第 108 位，“亚洲品牌 500 强”总排名第 146 位，跻身亚洲电视品牌前五强。2014 年，湖南广播电视台以品牌价值 188.75 亿元，荣登“中国 500 最具价值品

---

① CSM 即中国广视索福瑞媒介研究，是专业的广播电视受众研究机构。——编者注

② CSM 2013、2014、2015 年度数据。

③ 湖南广播电视台 2013、2014、2015 年年终总结。

牌”总榜第 100 位，和 CCTV（中国中央电视台）、人民日报一起位列传媒前三名；“亚洲品牌 500 强”总排名中，湖南广电从 146 位跃居第 136 位，排在韩国 KBS（韩国广播公司电视台）之前，锁定亚洲电视前五强。

2015 年，湖南广播电视台以品牌价值 266.76 亿元，排名“中国 500 最具价值品牌”排行榜第 90 位，列传媒榜单第四。在 2015“亚洲品牌 500 强”排行榜中，排名第 124 位，超越韩国 KBS、MBC（韩国文化广播公司）、SBS（首尔广播公司）及日本富士台等强势媒体，位列亚洲电视品牌第四，成为首个进入传媒行业亚洲前十的省级广电集团。①

居安思危的忧患：不逆袭就被边缘化

越是在取得成绩的时候，越要客观冷静，越要有如履薄冰的谨慎、居安思危的忧患。虽然当时身处好形势，湖南广电人却不免忧心忡忡，吕焕斌台长曾在 2013 年的媒体工作调度会上告诫大家：“如果只是守摊子，一味享有品牌优势的长尾红利，可能今天在座的很多人可以干到退休，还有不错的个人收益。但是，在媒体融合、竞争加剧的大环境下，我们的好日子至多还有三到五年的光景，不进步就意味着落伍，几代广电人呕心沥血打造的品牌就会不保，也会有负省委、省政府及所有湖南人民的期待。”可以说，湖南广电人已经看到了媒体生态、传播格局的改变，看到了单一媒体的局限和行业性下滑的趋势，看到了传统媒体在技术飞速发展的时代之不足与缺陷，更看到了党的宣传媒体在新型媒体占领阵地的必要性和紧迫性。

此时的国际环境不容乐观，传统媒体面临的压力有如泰山压顶。平面媒体日渐衰落，陆续出现出售、拆分和关闭的情景。2013 年初，创刊 80

① 世界品牌实验室，亚洲品牌 500 强（http://www.asiabrand.cn/）。

年的美国主流新闻杂志《新闻周刊》纸质版停止发行，默多克新闻集团正式拆分，创刊于 1872 年的《波士顿环球报》、1877 年的《华盛顿邮报》也相继易主。纸媒进入黄昏时代已是不争的事实。一些发达国家广播电视机构也纷纷采取措施，应对收入下降的财务危机。2013 年，美国有 300 多家电视台被收购、被融合，英国的 BBC（英国广播公司）宣布将在 2017 年前削减 20% 的开支以降低成本。然而，2013 年谷歌（Google）的广告收入却超过了全美印刷媒体收入之和。

与此同时，国内传统媒体面临着更为严峻的挑战。一时间，"寒流论""拐点论""视频瓦解电视""电视消亡论"等各种唱衰传统媒体的声音蜂拥而至。新传播格局下，传统媒体特别是广电媒体在传播方式、收视、经营等方面日渐式微，这些问题的凸显成为湖南广电人最大的忧思。

一是传统传播方式面临挑战。受众接受资讯的选择多样化。从传播方式的变化来看，新兴媒体的传播能力和传播速度日渐增强，互联网已成为公众接收新闻信息和表达意见的主要渠道；移动互联网则使公众几乎人人手握自媒体，可以更方便、快捷地接收信息、披露信息和发表意见，接受资讯的形式因之发生了巨变。新兴媒体已经成为重要的传播阵地，其设置议程、生成舆论、影响舆论的能力日渐增强。传统广电擅长的"影像内容＋广电渠道"模式，已不能满足市场的需求。大众不再由电视一屏主宰，而是有了更多选择渠道，如 PC（个人计算机）屏、手机屏、iPad（苹果的平板电脑）屏，越来越多的群体由电视观众变成新媒体用户。

二是收视人群和时长面临挑战。根据《中国视听新媒体发展报告（2013）》，北京地区电视机开机率从 3 年前的 70% 下降至 30%，电视观众的流失已不可逆转。广电主流媒体受众减少，观众收视时长下滑，收视人群年龄结构呈老年化趋势。与之对应的是互联网和移动互联网用户快速增长，特别是年轻人越来越多地集中在互联网和移动终端。根据中国互联网络信息中心（CNNIC）的报告，2013 年中国网民规模达 6.18 亿，其中

10~39 岁的网民占 79.2%。全年新增网民 5 358 万人，其中手机网民规模达 5亿，在整体网民中占比 81%。2013 年网民人均每天上网时长达到 214 分钟，已经大幅超过电视。网络和手机已成为相当一部分人获取信息、消费娱乐的第一渠道。①

三是广告经营面临挑战。广告主对电视频道价值的认可下降，广电主流媒体广告增幅减缓，电视媒体的平台价值被逐渐稀释。根据央视市场研究股份有限公司（CTR）的数据，2013 年国内电视媒体广告收入增速为 9.19%，与 2012 年的 13.12% 有较大幅度下降。广告增速下降，导致传统媒体发展的支撑力减弱。与此同时，以互联网为主的新媒体广告增长迅猛，产业规模大幅扩张，成为重要的媒体竞争市场力量。2013 年，BAT（百度、阿里巴巴、腾讯）三大互联网企业总收入合计 1 400 多亿元，已超过同年全国广播电视广告收入总和。2013 年，百度在 2012 年单纯 PC 端收入 270 亿元的规模上，仅仅在移动搜索的广告方面就新增 72 亿元，一年就超过湖南卫视爬坡十多年后的广告体量（湖南卫视 2013 年为 63.5 亿元）。传统媒体与新媒体广告增速的此消彼长，实际上是两者影响力强弱变化的外在反映。

四是内容资源流失，制播分离面临挑战。在视频网站的逐渐侵蚀下，电视台优质内容资源流向新媒体，如果电视台纯粹充当播出平台，将面临极大的“空心化”“管道化”危险。对湖南广电来说，虽然湖南卫视稳居地方卫视第一，但随着新兴媒体的崛起，其竞争对手已不仅仅是其他省级卫视，而是越来越“媒体化”的 BAT 新媒体大佬。2013 年底，爱奇艺以两亿元的价格购买了湖南卫视旗下《爸爸去哪儿 2》等 6 大热门节目的网络独家版权，这是湖南广电准备试水芒果独播前的一次大胆测试。2014 年 6 月 20 日，《爸爸去哪儿 2》在湖南卫视首播、爱奇艺全网独播。凭借《爸爸去哪儿 2》的超高人气，从 6 月 20 日晚 24 点开播至 6 月 21 日 24 点，爱奇

① 广电蓝皮书《中国视听新媒体发展报告（2014）》。

艺首日流量即突破 5 000 万，爱奇艺 App（应用程序）新增下载量日环比增长 80%。随后，节目在爱奇艺以平均每期一亿多的流量呈“爆表”增长趋势。艾瑞咨询网民连续用户行为研究系统（IUT）6 月的数据显示，随着《爸爸去哪儿 2》的开播，爱奇艺日均用户覆盖、百度指数、官微粉丝量均快速增长，超 5 078 万的日均用户覆盖量领跑视频行业。[①] 传统电视媒体的优质内容卖给“竞争对手”新媒体，大幅提升了对方的市场份额、流量排名，传统媒体的头部内容变成了视频网站的头部流量。这一次版权价值的测试让湖南广电人感到了恐慌，因为内容版权可以不断养大自己的竞争对手，导致湖南广电人毫无退路可言。

五是台网管理标准不统一，体制机制落后面临挑战。固化的传统媒体体制与互联网的发展格格不入，从微观个体来说，电视媒体受事企不分体制机制的束缚，在人才激励、人才引进、投融资等多方面缺乏市场应有的自主权与灵活性，很难适应新媒体产业发展的要求，无法具备与新媒体行业对等或是相近的竞争力。在新媒体环境下，市场的竞争也体现为体制的竞争，传统广电存在体制机制的发展瓶颈，加上观念老化，在行业渗透中处于劣势。

瑞信发布的中国互联网行业研究报告显示，2013 年、2014 年电视台娱乐节目数量减少了 2/3，而基于受众对娱乐内容的强大需求量，大量的娱乐类长视频向网络平台迁移，《奇葩说》《你正常吗？》《隐秘而伟大》等网综上线后，均收获了不错的关注度，新媒体对综艺节目的兴趣和野心，已然显现。

一些富有经验的节目制作人才，开始流向新媒体。2012 年 12 月，爱奇艺正式宣布，原央视著名主持人、导演、制片人马东将加盟爱奇艺，担任首席内容官一职，全面负责爱奇艺的内容采编及制作工作。爱奇艺创始人、首席执行官龚宇表示：“马东先生在电视媒体领域的丰富经验和资源积

---

① 《起底爱奇艺〈爸爸去哪儿 2〉：流量口碑双丰收》（http://www.techweb.com.cn/news/2014-07-30/2060018.shtml）。

累，将有助于爱奇艺进一步快速提高作为国内领先视频媒体在内容采编和原创节目制作方面的水平。”据称，当时爱奇艺40%的内容制作团队成员都来自电视台引进的人才。强有力的内容人才导流，使得爱奇艺得以实施“奇艺出品”战略，推出一大批综艺节目，引领新媒体潮流。

这些或远或近的挑战与忧思，都让处于发展巅峰的湖南广电人寝食难安。曾经的广电人习惯了事业体制的“襁褓”，受行业准入门槛高的政策保护，什么时候都会有口饭吃，免受市场冲击，总有一份“任尔东西南北风”的淡然。然而，当时针对广电行业的新政已经开始，其中包括推动传统媒体与新媒体融合发展，以及跨地区、跨行业、跨所有制兼并重组，鼓励非公有制文化企业发展，降低社会资本进入门槛等。

种种迹象表明，生态正在改变，平衡正在打破，危机已经出现。

时代的机遇：“不日新者必日退”

就在传统媒体陷入困境，迷茫、徘徊的时候，党中央敏锐地看到了问题，并及时推出相关引导和促进政策，为广电媒体融合健康有序发展指明了方向。

2013年8月19日，在全国宣传思想工作会议上，习近平总书记提出“不日新者必日退”，必须“适应社会信息化持续推进的新情况，加快传统媒体和新兴媒体融合发展，充分运用新技术新应用创新媒体传播方式，占领信息传播制高点”。[①]

2013年11月12日，党的十八届三中全会通过《中共中央关于全面深化改革若干重大问题的决定》(以下简称《决定》)，其中对推进文化体制机

---

① 《习近平在全国宣传思想工作会议上强调　胸怀大局把握大势着眼大事　努力把宣传思想工作做得更好》(http://tv.people.com.cn/n/2013/0820/c141029-22634334.html)，人民视频。

制创新做出新的重大战略部署。《决定》强调要健全基础管理、内容管理、行业管理及网络违法犯罪防范和打击等工作联动机制，健全网络突发事件处置机制，形成正面引导和依法管理相结合的网络舆论工作格局；要整合新闻媒体资源，推动传统媒体和新兴媒体融合发展；要严格新闻工作者职业资格制度，重视新兴媒介运用和管理，规范传播秩序。这是继党的十八大召开以来，中央再次在中央全会重大决定中对互联网及新型媒体的建设和管理提出具体要求，体现了加强和推进互联网管理的迫切性，明确了建设互联网管理体系，推动传统媒体与新兴媒体融合发展的总方针。[①]

打造马栏山的“挪亚方舟”

中央关于媒体融合的决策部署引起了行业内外的广泛关注，在当时形成了社会各界对媒体融合的思考与各种跃跃欲试的初期试水。仿佛是一个未带地图的旅人，忽然间有了精准的定位与导航，湖南广电此前一年多的探索与思考，精准实践了中央关于媒体融合发展的精神要义。马栏山风生水起，草木清华。善于抢占先机的湖南广电人敏锐地意识到，媒体融合是要把握的时代重大机遇。湖南广电到了决策的关口，怎样系统化、体系化地进行媒体融合的设计，是当时面临的一个重要课题。

湖南广电只有站在新的、更高的层次，看准周遭的形势，思考广电的未来，才能确立湖南广电应有的历史坐标。

湖南广电取得的成绩得益于几代湖南广电人打下的基础，虽然当时对湖南广电来说还看不到“洪水”，相对安全，但是种种忧思表明，如果不能完成向“用户”的转型，不能做出基于新媒体的新平台、新内容，淹没自己的“洪水”总有一天会来，没有任何一家传统媒体可以独善其身。

---

① 见《中共中央关于全面深化改革若干重大问题的决定》全文。

这是新时代、新技术、新市场对湖南广电的一次倒逼。在媒体融合中，未来只有两条路，不逆袭就被边缘化。湖南广电意识到，面对未来的大风大浪，必须集中资源造“大船”，必须打造马栏山自己的“挪亚方舟”。

“23条”与“731会议”的时代背景

一个与湖南广电有关的实践故事要回溯到2015年春天，在开满油菜花的浏阳“731基地”，100多位湖南广电中层以上干部聚集在此，展开建设新型主流媒体学习研讨。这次会议是在2014年12月形成《湖南广播电视台建设新型主流媒体若干意见》后，在全台范围内进行的一次“媒体融合战略研讨会”，是一万多湖南广电人的“春天觉晓”。

“23条”诞生的背景

2014年8月18日，习近平总书记主持召开中央全面深化改革领导小组第四次会议，审议通过《关于推动传统媒体和新兴媒体融合发展的指导意见》(以下简称《指导意见》)，对新形势下如何推动媒体融合发展做出具体部署。《指导意见》提出，推动媒体融合发展，要遵循新闻传播规律和新兴媒体发展规律，强化互联网思维，坚持正确方向和舆论导向、坚持统筹协调、坚持创新发展、坚持传统媒体和新兴媒体优势互补、坚持一体化发展，坚持先进技术为支撑、内容建设为根本，推动传统媒体和新兴媒体在内容、渠道、平台、经营、管理等方面的深度融合，着力打造一批形态多样、手段先进、具有竞争力的新型主流媒体，建成几家拥有强大实力和传播力、公信力、影响力的新型媒体集团，形成立体多样、融合发展的现代传播体系。要一手抓融合，一手抓管理，确保融合发展沿着正确方向推进。①

随后，为落实《指导意见》，国务院及相关部委连续密集出台了一系列关于大力促进传统媒体与新兴媒体融合发展的政策和扶持举措，为媒体融合步入健康规范、有序、繁荣发展的轨道，创造了良好的政策环境。

也就是在这个新的历史条件下，在2013年、2014年两年时间里，湖南广电决策层就新形势下全台融合发展战略做了大量思考，中央出台的关于媒体融合的《指导意见》，更是为全台统一思想、形成湖南广电未来发展整体战略指明了方向。从2014年下半年开始，湖南广电就酝酿起草一个纲领性文件，是一个以新老媒体的“融合发展”为总目标，对今后相当长一段时期全台工作的具体指导意见。抱着这样一个目的，数易其稿，归纳出23条，标题为《湖南广播电视台建设新型主流媒体若干意见》。2015年2月9日，湖南广播电视台党委会正式通过《湖南广播电视台建设新型主流媒体若干意见》（在湖南广电内部被称为“23条”）。2月16日湖南省委宣传部批复同意该《意见》。

“23条”是湖南广电媒体融合发展的前置条件和标准要求，它给了湖南广电一个未来的定义，一个共同的语境，一个共同的理想，是之后较长时期内湖南广电改革发展的纲领，也为今后湖南广电建设新型主流媒体、主力军抢占主阵地做出了战略定义。“23条”不是片面地强调融合，也不是只谈改革，而是把宣传、改革和发展统一起来，三管齐下。它还告诉湖南广电人，宣传是中心，改革是手段，发展是目标，要壮大主流宣传，创新体制机制，完善传播体系。

① 《中央全面深化改革领导小组第四次会议审议通过〈关于推动传统媒体和新兴媒体融合发展的指导意见〉》（http://media.people.com.cn/GB/22114/387950/），人民网。

附：湖南广播电视台建设新型主流媒体若干意见

根据习近平总书记系列重要讲话精神，按照中央和省委关于深化文化体制改革、推进媒体融合发展的总体部署，湖南广播电视台着力打造新型主流媒体，创新传播方式，形成互联网条件下的现代传播体系，建成新型主流媒体集团，以巩固宣传思想文化阵地，壮大主流思想舆论，更好地服务省委、省政府中心工作，更好地满足社会多层次、多样化的精神文化需求。现就新型主流媒体建设提出如下实施意见。

一、总体要求

1. 壮大主流宣传。围绕“中国梦”宏伟目标，深入推进社会主义核心价值观传播；以人民为中心，创作并传播更多更丰富充满真情、打动人心的文艺作品；发挥自身优势，延伸网络空间，提高主流媒体传播力、公信力、影响力和舆论引导能力。

2. 创新体制机制。按照中央和省委关于深化文化体制改革的要求，坚持把社会效益放在第一位，实现社会效益和经济效益相统一，加快事企体制改革，推进制播分离，创新运行机制，提升管理水平，优化资源配置，进一步激发和释放媒体生产力。

3. 完善传播体系。遵循新闻传播规律和新兴媒体发展规律，坚持先进技术为支撑、内容建设为根本，实现与新兴媒体优势互补、一体发展、此长彼长；同时，按照建设国家文化软实力的战略要求，加快湖南广电“走出去”步伐，增强国际传播力。

二、发展目标

通过观念思维、生产经营、体制机制的转变，完成对湖南广播电视台“一云多屏、两翼齐飞”的新定义：所有媒体及内容公司组成巨大的“内容云”团队，做强IP优势，实现多屏分发，形成湖南卫视、芒果TV“双平台”带动、全媒体发展的新格局。主要是做到“五位一体”：

4. 舆论引领者。坚持马克思主义新闻观，把握媒体融合发展趋势，不断增强壮大主流思想舆论的紧迫感、责任感、使命感。加大创新和投入力度，继续办好全媒体的新闻性频道和栏目、节目，不断打造作为行业风向标的“现象级”内容产品，守好主阵地，传播正能量。

5. IP创造者。坚持以湖南卫视为龙头，电台及地面媒体为支撑，芒果TV为生力军，打造“芒果出品”的内容领军品牌，形成丰富的IP资源优势，不断推动多元化业态创新。今后5年，在巩固和提升既有优势品牌基础上，全台要打造3至5个全新的现象级节目及产品，确保每年有5至6个营收分别过10亿的内容产品。

6. 平台竞争者。坚持频道频率在全国和省内市场的领军目标不动摇，以湖南卫视、金鹰卡通等广域覆盖媒体为平台，推进台内制播分离，整合电台及地面媒体内容团队，放大创意优势。芒果TV完善基础架构，统一账户体系，为台属内容团队及互联网用户、商业伙伴提供有效的接口和入口，打造多屏分发和测量云平台，提升服务质量和水平，力争三年内跻身国内视听行业的第一阵营。

7. 渠道建设者。坚持“受众至上、用户至上”的发展理念，完善渠道建设，做到“为我所有”与“为我所用”并举，建立多元化的传播渠道，受众和用户在哪里，与之相适应的渠道就延伸到哪里；变“异体共生”为“一体共生”，以互联网电视、网络视（音）频、移动视（音）频为发展重点，建设以芒果TV为平台的互联网传播体系。

8. 价值实现者。坚持走“以我为主”的制播分离之路，提升市场化、产业化、规模化水平，不断推动综艺、卡通、视频、音频、电影、电视剧、纪录片、游戏及移动 App 等业态升级。争取到 2020 年，湖南广播电视台以最具创新活力和全球影响力的优势，建成新型主流媒体集团，迈入市值过千亿的新阶段。

三、重点任务

9. 建设创新创业新生态。牢牢守住“创新不止、追求卓越”的发展理念，建立完善有芒果特质的现代企业文化，做到崇尚创新、鼓励分享、提倡平等、包容发展，推动全员、全方位、全流程创新，让每个人都有自己的目标，每个人都能当创客，每个团队都是价值创造者，聚智聚力，打造一个真正有时代记忆的媒体。

10. 打造融合传播新体系。按照“双平台带动发展”的战略要求，完成业务、技术、流程、组织的融合重构，形成系统竞争力。加快电台及地面媒体与湖南卫视、湖南卫视等传统媒体与芒果 TV 的融合发展，向广域传播转型，充分释放“芒果出品”的力量。坚持“独播”战略，发挥芒果 TV 在互联网媒体领域的独特优势，不断整合市场资源，完成由独播平台向聚合平台的转型。

11. 形成集群发展新格局。加快大型现代化节目生产基地建设，在演播厅等功能上配套，在管理运行上创新，为全媒体生产及传播提供强大支撑。同时，以节目生产基地为带动，完善金鹰影视文化城规划建设，辐射周边，吸引符合产业链发展要求的社会公司和人才团队创业，打造“马栏山”创意集聚区。

12. 建立知识产权新秩序。围绕 IP 作为战略资源这一核心，突破管理与运营之间、主体与主体之间的壁垒，建立 IP 市场化、法律化、精细化的运行和管理机制，不断拓展媒体产业价值链，做到一个内容多个IP、一个IP多次开发、一次开发多个产品，实现一次销售多个渠道、一次投入多次产出、一次产出多次增值。

13. 培育现代技术新基因。紧盯技术前沿，瞄准发展趋势，提高技术研发能力，以新技术驱动媒体转型升级；充分运用大数据、云计算等技术，深耕市场需求，建立多样化、个性化、人性化产品体系；加强新技术研究合作，打造自主的"私有云"平台，建设"公有云"数据中心，满足全媒体发展要求，辐射和带动行业发展。

14. 开创国际传播新局面。把握欧美市场新兴媒体发展机遇，对接全球搜索、视频、社交等互联网平台，影响更广泛华人群体。遵循国际传播规律，打造外向型市场主体，推动内容及人才的国际化建设。设立驻硅谷工作站，深入研究新创意、新技术，推动内容和技术创新，不断发现战略合作空间，加快"走出去"步伐。

四、主要措施

15. 深化事企体制改革。完成台属可剥离经营性资产的整合，组建"湖南广播影视集团有限公司"，台与集团采取"一个党委、两个机构、一体化运行"的管理模式，向统一市场主体转型。实现顶层设计上制播分离，确保制播分离后媒体业务链完整性。按照公司治理规范，集团要建立完善现代企业制度，转变现代媒体管理方式，不断优化资源配置。

16. 转变管理运行机制。建立"频道制＋公司制"的运行模式，通过定制、委制等项目制办法，实现湖南卫视、芒果TV双平台带动的融合发展。创新组织管理、资本构成、体制机制，推动内容团队与芒果TV融合，最终实现责任一体化、运行一体化。

17. 强化资本运营能力。大力推动资源整合，加速可经营性资产上市融资，解决融合发展条件下内容建设、带宽技术、产品开发等方面的资金需求。设立有相当规模的产业投资基金，充分运用投资并购等手段，完善产业布局，做强媒体产业链。探索混合所有制创新，形成与融合发展要求相适应的管理体制、运行机制和资本构成。

18. 建设新型人才队伍。加大人才培养和引进力度，在内容、技术、资本、经营、管理等方面，不断优化全媒体人才结构。探索“1+1”合作机制，加速人才队伍融通，向内容自觉、产品自觉、技术自觉与用户自觉并重转变。设立芒果研究院、博士后工作站等新型智库，组织开展内容创意、产业创新和未来媒体新技术等方面的研究，不断推动传媒发展转型升级。

19. 完善市场激励机制。创新选才用人机制，建立与现代企业管理要求相适应的员工管理体系，营造想干事、肯干事、能干事、干成事的良好环境。坚持收入分配向业务带头人、业务骨干、创新型人才和团队倾斜的原则，建立公平合理的收入分配体系。推进混合所有制改革，落实个人和团队股权、期权等长效激励机制，吸引人才、留住人才、激活人才，打造创意人才高地。

五、保障机制

20. 强化组织领导。坚持台（集团）党委统一领导，形成集中高效的决策协调机制，抓好总体部署，确保战略的一盘棋。各单位要把新型主流媒体建设作为“一把手工程”，主要负责人亲自抓、负总责，抓好项目实施、绩效考核等重要事项。

21. 加大发展投入。按照“打造 IP 优势、全媒体传播”的发展战略，遵循市场投资规则，加大对综艺、周播剧、电影、卡通等内容创制的投入，不断做强“芒果出品”的核心竞争力；加大对芒果 TV 平台在带宽成本、内容版权、技术设备等方面的投入，解决其自身投入不足等问题，不断提升互联网媒体领域的平台竞争力。

22. 争取政策扶持。统一以“集团公司”的主体资格，纳入文化体制改革财税优惠政策转制单位名单，充分享受政策红利。争取一批重大立项，对接中央和省里关于文化事业产业、战略性新兴产业、移动互联网、文化“走出去”等引导和扶持资金。做好试验区、示范区、高新区、经开区、自贸区等区域政策研究，根据战略发展需要，有选择性进行对接。

23. 完善考核评估。规范预算管理、投入机制及产权制度，确保社会效益和经济效益的同步提升。建立鼓励探索创新的容错机制，有关单位和个人在创新创业中依法依规决策实施，且勤勉尽责、未谋取私利，没有达到预期目标的，应当给予包容。建立适应现代传播要求的评估体系，加强跟踪测评，确保全面发展战略有效推进落实。

如今，再来解读“23 条”的 5 个方面，仍然具有一定的前瞻性、独特性与引领性。

第一，进一步壮大主流宣传。“23 条”强调，在新型主流媒体的建设中，不管频道频率还是网络媒体，甚至是自媒体，导向是红线，任何时候都不能碰，要坚守党管媒体的根本属性，把坚持社会效益作为立身之本、立台之基。坚持这一点，是争夺媒体阵地、打造可管可控和坚持正面引导的新型主流媒体的关键。

一是把握正确导向。围绕“中国梦”宏伟目标，创作和播出服务于工作大局、打动人心的文化产品。在创作中，必须坚持以人民为中心的原则，这是习近平总书记在 2014 年全国文艺座谈会上的重要讲话精神。强化人才培训和内容监管，不逾越趣味导向、审美导向的红线，杜绝有害的、“三俗”的内容在新老媒体平台发布。

二是树立阵地意识。既要办好传统的新闻频道（频率）和栏目节目，又要着重面向新媒体提供新闻宣传服务，提升全媒体新闻传播能力，向网络空间延伸，最大限度地巩固和占领舆论阵地。

三是强化宣传功能。在视频产业构建中，芒果 TV 要打起新闻宣传的大旗，遵循新闻传播和互联网发展规律，既要在新闻性频道和内容建设上创新，也要创新机制，在入口和接口上准备好，保障新闻团队提供专业服务。

第二，释放体制机制活力。“23 条”提到，传统的事业体制越来越成为制约发展的制度性天花板，在市场机遇面前的“快反”明显落后于市场，更谈不上市场整合、产业拓展及资本多元。另一方面，传统的行政级别和有限的奖金激励不适应人才的市场化，导致人才流失及媒体空心化、空壳化，新型市场人才不愿来。同时，在一个体系内，事企两种体制长期不匹配，资源和业务是板结的，难以打通。

一是向主体集团化转。按照“一个党委、两个机构、一体化运行”的管理模式，组建集团公司，实现顶层设计上的制播分离，确保业务链的完整性。

二是向业务一体化转。坚决推行“频道制 + 公司制”的运行模式，实现各媒体的公司制运营；积极探索内部定制、委制等项目制办法，发挥湖南卫视、芒果 TV 两大平台带动地面媒体发展，释放创意空间的作用；推动流程再造、资源整合及管理重构、团队融合，破除码头观念、利益壁垒，做到你中有我、我中有你，实现业务和资源的责任一体化和运行一体化。

三是向资源资本化转。要有对战略并购推动快速发展的认识，比如发挥基金的投资功能，做强和延伸产业链，推动资产的资源化、资源的资本化和资本的证券化。

第三，打造完善 IP 产业链。“23 条”给出了从上游到下游的系统表述，系统地说明了 IP 的战略价值和地位。

从上游看，湖南广电的IP主创阵营仅限于卫视，在卡通、电影、电视剧等领域比较薄弱，原创旗帜也不能举得理直气壮。从中下游看，对陌生的领域又不敢试，比如手机之于小米、穿戴设备之于苹果，局限在熟悉的圈子里，IP的长尾价值没有最大化。从系统看，管理分散，导致资源及业务分散，零打碎敲，很难协同发展，同时，存储介质和管理手段落后于时代。IP战略就是要把握媒体的本质，以IP为核心，建立IP市场化、法律化、精细化的运行和管理机制。

一是变偶然为必然。要把掌握IP主动权作为核心发展理念，从卫视到地面、从电视到广播，推动多主体、多层次的IP创新。要从综艺到卡通，从电影到电视剧，从音频到游戏，从纪录片到新闻，实现由单点到多点IP的创新。要建立推动原创的机制，设立内容IP的孵化器，让内容IP的原创者或团队利益共享，释放创新创意人才活力。同时，发挥资金、资源和资本的优势，面向海内外收购综艺、周播剧等优质IP，成为IP的集大成者。

二是由圈内到圈外。一个好的IP就是一个产业。要有这样的想象力，在资本、机制和人才的推动下，不断拓展媒体价值链，做到一个IP多次开发、一次开发多个产品，实现一次销售多个渠道、一次投入多次产出、一次产出多次增值。迪士尼的IP原点就是一只老鼠，从动画片到玩具，再到主题公园，成就了一个娱乐帝国。

三是化无序为有序。充分运用云计算、云技术，建立适应于全媒体发展要求的内容云体系，实现新老媒体在底层架构上的打通。同时，要打破壁垒，协同开发，摈除不同主体的门户之见和利益纠葛，建立以版权法务为核心的IP新秩序。要考虑设立统一的版权机构，作为全台版权管理和运营主体，参与决策，统筹全台全集团所有的法律把关和服务，打造以知识产权法律保障为核心的法律体系建设。

第四，建设现代传播体系。“23条”要求，在现代传播体系的建设中，要突破媒体介质的局限，变传统的广播电视媒体为全媒体传播，渠道多元化，走一云多屏之路；突破传播方式的局限，变内容传播为产品传播，比如电影、游戏；突破窄域传播的局限，变国内传播为互联网环境下的全球传播。要锁定湖南卫视和芒果 TV 两大平台的驱动作用，不断放大“马栏山智造”的生产力。

一是渠道多元。地面媒体要把自己重新摆在孵化器、生力军位置，在做好频道深耕的同时，让一部分人最小单元化，以项目制等方式，对接两大平台，提供影视剧、活动、纪录片和新闻等专业化服务，向广域市场拓展。特别强调了广播人不能闭门造车，满足于已有的传播体系，而是要学会用资本的眼光看待未来的声音传播，去拥抱车载智能中控屏、各类音频 App 等，完成由 FM（调频）广播到互联网传播的广域传播、融合传播转型。

二是聚合平台。不断理顺卫视和地面频道频率分别作为聚合平台和内容孵化器的关系，同时，芒果 TV 坚持独播原则不变，以技术和内容平台为定位，加快完成由独播平台到聚合平台的转变。关键是要打开接口和入口，向内融合内容团队及产品，向外整合符合产业链要求的市场资源，力争三年内跻身国内视听行业前五的第一阵营。

三是国际视野。这是着眼未来的必由之路，不仅在于满足海外 7 000 多万华人市场需求，也在于能让全球创意和资本为我所用。要把握互联网条件下的国际化机会，既能“走出去”，对接全球搜索、视频、社交等互联网平台，影响更广泛的华人群体；也能“引进来”，把境外的平台模式、节目模式和内容引进来，增强平台价值和能力。

第五，建立芒果生态圈。生态是指一切生物的生存状态，以及它们之间和它们与环境之间环环相扣的关系，一是多样性的生物，二是极强的相关性、共生性、共赢性。因此，生态圈问题是“23 条”要着重回答的命题。

湖南广电提出的“芒果生态圈”概念，最核心的表述是“湖南卫视 +

互联网 +N”。这个 N 要在哪里找？它可能是电影、App，也可能是游戏和电商，只要是符合媒体产业链要求的，就是要找的那个 N，从而形成湖南广电未来的系统性竞争力。这样的系统应该具备三大特征，就是变“要我创新”为“我要创新”，变“以守代攻”为“以攻代守”，变“不敢犯错”为“敢闯敢试”，最终的结果是要使得人才、业态及增长点不断迭代，共生共赢。

一是让新的人才涌出来。媒体企业的成功，关键在人才和团队。湖南广电要在文化生态上创新，就要让有想法和能力的人才冒出来，给他们平台去沟通、分享和实践，还要给一颗包容心，鼓励试错成长甚至可以插队。“23 条”中提出了建立和完善“有芒果特质”的现代企业文化，崇尚创新、鼓励分享，提倡平等、包容发展。这些特质在创新型企业和传统老企业中有天壤之别。创新型企业讲究平等、分享、创造，产品更新迭代特别快。而传统老企业是叠床架屋、等级森严的管理模式，沟通成本极高，决策过程复杂，根本做不到快速反应。

二是让新的业态创出来。有了敢于去想、敢于去试的人才，还要给他们配备武器。这个武器就是资本的力量。在新的体制机制保障下，湖南广电要把媒体平台的价值延伸到不熟悉的领域。集团公司的业务范围在内容业态之外，还要有电商、手游、文旅及各种终端等新的业态，撬动别人的市场，与习以为常的主业构成一个产业闭环，甚至在业态构成上成为主业。

三是让新的增长冒出来。这一点是立足于对当时增长方式的担心，也主要是基于湖南卫视“单极化”的分析。湖南台当时已有 100 多亿元的盘子，尽管广告占比不足 50%，可绝大部分利润仍然来源于媒体，又直接归到湖南卫视单频道。这样的结构免不了要让人担心，清零的思维不可取，再创新再创业是关键所在。湖南广电要有危机意识，破与立并行，像腾讯 QQ 向微信迭代一样，时刻保持创新的专注力与行动力。

第六，打造芒果产业聚集区。20 多年前，湖南广电在马栏山这个综合农场垦荒，打造出一个金鹰文化城，20多年过去了，马栏山已成了一个创意产业的聚集地。“23条”指出，未来要以马栏山为圆心，打造一个更大范围的创意产业新城，成为集文化创意、产业孵化、休闲娱乐、城市景观为一体的文化新城。

一是以大型现代化节目生产基地为龙头，为内容生产提供强大的物质保证。在前期的功能设计上，有演播厅的配套，有创意团队的工作环境保证；在技术设计上，盯紧音视频科技发展的前沿，领先一大步；在管理和运营上科学化和市场化。为了响应一云多屏的战略，应建立公有云数据中心和私有云平台，满足全媒体发展要求。

二是对接省委省政府和长沙市、开福区政府的要求，为主打造或是参与打造更大范围的创意产业聚集区，包括鸭子铺、山鹰潭等更大的规划范围。

第七，建设新型人才队伍。好的故事关键在于要有好的团队来承接落地，这个命题在“23条”做了集中说明。

一是人才培养创新。除了加大引进力度，还要探索传统人才的培养，实现人才多维融通，向内容自觉、产品自觉、技术自觉与用户自觉并重转变。湖南广电还考虑设立芒果研究院，打造芒果智库，由内外专家带头开展创意、产业和新技术研究，加速人才转型升级。

二是干部管理转型。湖南广电要把人才管理统一到公司制的办法，全部按岗位管理，重绩效考核。在集团公司组建中，还要完成干部交流轮岗，以及这个成果的制度化，让年轻化、知识化、能力化的人才有更多的成长机会。

三是激励机制完善。湖南广电要坚持收入分配向业务带头人、业务骨干、创新型人才和团队倾斜的原则，建立公平合理的收入分配体系；还要探索长效激励机制，打造创新创业的人才高地；同时，要把建立鼓励探索创新的容错机制，作为激励人才的重要内容。

“731 会议”的春天觉晓

文件出来了，就不能仅仅停留在纸上，成为躺在文件柜里的一纸空文。2015 年 3 月 17 日，一个春暖花开的日子，在距离金鹰影视文化城 30 多公里开外的湖南浏阳“731 基地”，湖南广电 100 多名中层以上干部集结在这里，进行了长达 4 天的全封闭学习与研讨，会议的主题非常明确——对建设新型主流媒体进行学习研讨。这次会议在湖南广电媒体融合发展史上具有里程碑的意义，湖南广电人习惯称之为“731 会议”。

此次会议距离 2014 年 8 月 18 日中央审议通过《指导意见》刚刚过去半年。在这半年多的时间里，我们以“融合发展，以我为主”为原则，启动了独播战略，确定了芒果 TV 视频网站的定位。从 4 月开始实施的芒果独播战略，在媒体融合战略实施上有了初步的实践，上线了移动端的“芒果 TV”独立 App，下载用户由零爆炸性地增长到过亿。

然而，在这些媒体融合的初期实践中，湖南广电内部存在着大量磨合的困惑与痛苦：独播战略会不会形成新媒体对湖南广电的围猎，会不会对处于巅峰的湖南卫视造成影响？一个看似无比脆弱、毫无互联网经验的“快乐阳光公司”可以撑起全台的互联网战略吗？放弃每年几个亿的版权收入，谁可以为国有资产的试错买单？地面频道在融合发展中真的可以找到自己的方位吗？

一次看似简单的尝试，其实伴随着不断的复盘、推演、思考、决策，背后的艰辛与压力可想而知。浏阳“731 会议”，就是要和湖南广电的关键少数详细研讨“23 条”实施的可行性，去疑惑、去争议、去分歧，在全台形成坚定支持媒体融合发展的广泛共识。

4 天的会议，1 个主题报告，3 个辅导报告，11 场主旨演讲，19 次大会发言，109 人全体参与发言的分组讨论。密集的思维汇聚，鲜活的观点碰撞，融合发展、改革改制、创新创业。

春天的空气里，活跃着湖南广电媒体融合破茧成蝶前的躁动与兴奋。

会议从吕焕斌台长的主题报告开始。他介绍了“23 条”出台的背景及意义，并就其中 7 个重点问题做了深入的阐述，让关键少数清晰读懂湖南广电媒体融合的战略思路和决策意图。他说道，湖南广电要有书写新故事的决心和勇气，这个新故事的主题就是“湖南卫视 + 互联网 +N”，不能等着互联网来加湖南广电，只有主动改变才能赢得未来。

在会场，109 名湖南广电的关键少数纷纷发言，进行了一次完全开放的思想交流。他们谈到了“地面频道怎么办，内容创新怎么办，芒果 TV 怎么办”，也谈到了新闻的融合、市场的营销，还谈到了版权管理和人才培养等。在这些发言里，没有成绩的罗列，却处处流露出时不我待的紧迫感，“你不能成为新型主流媒体，你就会被淘汰、被边缘”“优势越明显，越要警惕，不能成为电视界的诺基亚”，这些言论无不渗透着居安思危、审时度势的清醒。在这些发言里，还充盈着“IP 化”“流量红利”“粉丝经济的矩阵效应”“主题式、定制式 UGC[①]”这些互联网新词。湖南广电人的思考半径已经从既有领域实现了突破，“731 会议”是湖南广电人一次媒体融合集体意识的觉醒和集体智慧的迸发。

会议很快在湖南广电统一了思想，形成了共同的语境，达成了广泛共识：建设新型主流媒体，走融合发展之路，全面拥抱互联网。

共识在于要集中全台的精力和资源办新媒体，用一种语言、一种文化的自觉来推动媒体融合发展。融合发展战略不仅仅局限于芒果 TV，其战略核心是音视频内容和互联网的对接，芒果 TV 是对接的主体和平台。

共同语境是湖南广电的发展已经驶入媒体融合高速路的闸口，只能往前走，没有回头路。改革的核心任务是市场主体立起来，建立符合现代企业管理制度的内部管理制度，要形成一系列的决策和措施，对照“23 条”

① UGC，全称为 user generated content，即用户生成内容。——编者注

逐条落实。之后，这次会议形成了思想成果——《做有时代记忆的媒体》一书，为一代人的思考与求变留下了青青印痕。

无论是“23 条”还是“731 会议”，都是湖南广电人在巅峰时期造备胎的一次艰难抉择，无所不在的忧患意识与危机意识是打造马栏山“挪亚方舟”的源头。

肩负着建设新型主流媒体责任的芒果战车开始启程。

远观与近研：植入新媒体基因

在意识到媒体融合带来重大战略机遇的同时，湖南广电人也在思考：要如何卡位和发力，从而建设一个具有芒果特色的互联网平台，真正打造不沉的马栏山“挪亚方舟”？自 2013 年上半年以来，湖南广电人开始积极通过多种形式，对国内外媒体进行密集的考察和调研，学习国内外新媒体的发展经验，通过对以 BBC 为代表的传统媒体和网飞（Netflix）、优酷、爱奇艺等互联网新媒体进行研究，形成了对世界新媒体发展特点和趋势的初步预判。

“请进来”“走出去”

与爱奇艺之间的第一次“外交行动”

2013 年 5 月 15 日下午，爱奇艺首席执行官龚宇一行到访湖南广电，作为理工科博士的龚宇，其技术思维深深地烙印在爱奇艺的基因里，他以“技术革命创造网络视频新时代”为题做了主题演讲，并提出“技术创新将影响视频行业”“终端不重要，重要的是吸引更多的用户”“构成一个宏大而健康的生态系统”等多个前沿观点。[①]随后广电高层会见了龚宇一行，并就双方合作进行交流。尽管演讲内容和新技术密切相关，但爱奇艺团队此行的公关诉求则直指湖南卫视的节目版权。对于湖南广电来说，除了邀请互联网大佬来给广电人刷新互联网思维之外，也是有意识地准备启动“版权卖独家”试验。这是新媒体与传统媒体之间一次有意味的“外交”行动，双方心照不宣，相互的试探与博弈从此开始。从最初的握手言欢到后来的相爱相杀，在与爱奇艺合作试水几个月之后，爱奇艺凭借湖南卫视独家内容资源瞬间排序上升到第一位，湖南广电意识到湖南卫视“独家内容”是视频行业的稀缺资源，从而坚定了启动“独播战略”的决心。

与日本富士电视台的“惺惺相惜”

2013 年 5 月 16 日，与爱奇艺团队交流的次日，湖南广电高层一行就飞往日本，对富士媒体控股公司（Fuji Media Holdings, INC.）进行考察，并与富士电视台、共同电视台（电视剧公司）、Nextep（娱乐内容公司）、FCC（国际业务公司）等企业的高管团队进行了业务交流。此行最大的目的是学习日方先进的节目创作生产经验，各方在战略布局、品牌发展、媒体广告、新媒体、国际传播、现代管理等方面进行了深入讨论。

当时的富士媒体控股公司是日本规模最大、收视率最高的民营电视机构，和湖南广电非常相似的一点是，富士电视台也是以年轻观众为主，且 2004 年至 2011 年连续 8 年都实现了全天、晚间、黄金档收视率“三冠王”。考察期间，湖南广电访问团队发现，虽然节目生产是富士电视台的强项，但是管理层老化、遭受新媒体冲击、行业性挤压和体制障碍等因素，导致

① 龚宇演讲课件，“技术革命创造网络视频新时代”。

其发展面临困境。[①]此次访问与学习不仅让湖南广电收获了日方先进的节目制作经验，同时高层也意识到，再强大的传统媒体，想要在新环境下站稳桥头，还需要在媒体融合、管理方式和体制机制等方面寻求转型。

来自硅谷的风

带着对媒体融合转型的紧迫感，2013 年 11 月下旬，湖南广电高层与快乐阳光公司骨干一行前往美国西部，对位于洛杉矶、旧金山的 YouTube（视频网站）、Hulu[②]、网飞、谷歌、脸书（Facebook）等知名互联网企业和内容公司进行了长达一周的密集学习考察。美国硅谷之行让湖南广电高层发现，这次在美国看到的产业形态，和湖南广电提出的“建立芒果生态，打造全平台的媒体企业，发展互联网业务”等观点不谋而合。

12 月 12 日上午，湖南广电内部举行了高规格的赴美考察成果分享会，参会者有台班子成员、五委成员及机关各部室（中心）和各二级单位代表。随行赴美的 6 位广电高层和业务骨干先后以“电视趋势与内容价值”“在云端，看电视——发现美国，报告芒果”“流淌在硅谷的企业文化”“芒果 TV 的独特竞争策略”“从美国新媒体重看湖南卫视”“互联网环境下的媒体人机会”为题，分享了在谷歌、脸书等五家世界一流互联网企业的所见、所闻、所感，分析了湖南广电新媒体发展现状，并就如何进一步对接新媒体，实现产品全媒体化，构建芒果生态圈进行了交流和探讨。

此次硅谷交流和成果分享，使湖南广电高层坚定了一个信念：“要把广电真正打造成一个在未来仍然是主流的、可以站稳在十二级台风口上的传媒企业，需要全台人人都转型做互联网人，做全媒体人，每个团队都要

---

① 湖南广电《富士电视台考察调研报告》。

② Hulu，是美国非常受欢迎的视频网站之一。——编者注

进行全媒体的设计，每个频道都要跟新媒体对接，每个产品都要全媒体化。同时，需要更深入地研究国际互联网发展前沿的精英人士在想什么，他们在如何布局，他们有什么动作，他们面临着什么麻烦、问题、危机。”

分析、研究、借鉴

在当时的环境下，以 BBC 为代表的传统媒体正在为建立新的用户关系而谋求转型，与此同时，网飞、优酷、爱奇艺等一大批互联网视频媒体也正在崛起，各方都在优质内容、用户关系、定位策略等方面进行探索，积极抢占新媒体布局。这些国内外互联网发展前沿的案例为湖南广电融合的转型提供了参考借鉴，借此时机，湖南广电内部对国内外新媒体的发展路径进行了系统的研究和盘整，为芒果模式的媒体融合路径进行了大量前期分析与考证。

国外视频流媒体大战：网飞、BBC 和 Hulu

网飞对芒果模式的借鉴意义——巅峰时期的预判性转型。2013 年的网飞已经由一个 1997 年成立的 DVD 租赁公司成长为会员订阅数超过 1 亿、市值也一度超过千亿美元的新媒体王国。网飞的成功离不开其有预判性的转型，并且网飞较早地认识到原创内容的价值和定制用户需求的重要性。

网飞有两次具有前瞻性的战略转型。第一次转型是在 1999 年，创新推出了互联网按月订阅 DVD 的模式，[①] 这种基于互联网的在线订阅服务，一方面为其抢占了市场，另一方面从这项业务收集到的用户喜好等信息，也

---

① 《Netflix，为何能成为个性化推荐的王者？》(https://baijiahao.baidu.com/s?id=1606478341158622706&wfr=spider&for=pc)。

为其后来转战流媒体业务并成功推出自制剧《纸牌屋》做了铺垫。第二次转型是在 2007 年，网飞在其 DVD 业务如日中天时，开始转战流媒体业务，并在次年买入索尼、迪士尼的影片版权，以先发优势再一次获得迅速发展，其流媒体业务很快超过了原有的 DVD 租赁业务，成为主营业务，网飞成功华丽转型为网络影视播放平台。

网飞过快的发展速度引发了与发行商在版权价格和利益分配方面的矛盾。网飞开始由外部采购内容变为自制原创内容，2013 年推出的自制剧《纸牌屋》，使其全球付费订阅用户净增约 1 100 万，彻底打响品牌。《纸牌屋》的成功得益于其对海量用户收看习惯和偏好的数据挖掘。自此，网飞持续扩大对原创内容的投入和规模，通过对用户使用行为的数据收集与分析，得出最符合广大用户偏好的电视剧具有的"基因"，并有针对性地进行投资，生产自制剧，其成功率也变成是可以预期的。

网飞每一次转型的时机和方向之所以如此准确，离不开它的个性化推荐系统。网飞重视并收集用户数据的传统始于其邮寄租赁 DVD 业务，转型流媒体后，网飞基于网站上用户每天产生的大量搜索、收藏、推荐、回放、暂停、评分等行为数据，建立个性化的影片推荐系统，据统计，四分之三的订阅者都会接受网飞的观影推荐。①

网飞的成功对于芒果模式的借鉴意义在于，一是其把握了互联网发展机遇，并在 DVD 业务的巅峰时期做出了有预判性的转型；二是基于大数据分析定制高品质原创内容，使其用户黏性增加；三是依靠用户的行为数据，开发出基于用户喜好的个性化推荐系统，获取更多订阅用户。

BBC iPlayer 对芒果模式的借鉴意义——以独播战略自建视频媒体平台。作为全球最大的传统媒体集团之一，BBC 早在 2007 年就推出网络视频点播平台 iPlayer，为传统媒体网络化转型树立了典范。BBC 让 iPlayer

① 高山冰 . 大数据背景下 Netflix 的创新与发展研究［J］. 新闻界，2014（8）:66–69.

独播其所有频道的音视频内容，并且在 2011 年引入第三方合作频道，其中包括以往作为竞争对手的 ITV、Channel 4、S4C、Five、SeeSaw 等。BBC 全力支持 iPlayer 的技术研发，从 2007 年到 2014 年，BBC iPlayer 经过三次更新升级，实现了与社交媒体的功能融合，用户可以在 40 余种不同的移动设备和网络平台上安装使用 iPlayer，实现了广播、电视、卫星电视网络、互联网等全渠道与电脑、平板、手机及其他移动终端的全面覆盖。借助于 iPlayer，BBC 成功实现了内容优势在新媒体领域的延伸。

BBC iPlayer 的媒体融合经验可以概括为：一是花长时间规划全媒体转型的战略；二是自建新媒体平台，仅独播 BBC 所有频道音视频内容；三是重视复合人才的培养和自有技术的研发投入。但是其模式也存在一定的局限性：iPlayer 是以公益定位的非商业化平台，没有盈利模式，且其新媒体平台没有内容版权分销的权限，不适用于芒果 TV 的发展。

Hulu 模式带给芒果的反思——平分股权之尬。Hulu 的域名源自中文“葫芦”，意为蕴藏着许多宝贝和惊喜。2007 年，美国 NBC（美国全国广播公司）、ABC（美国广播公司）、FOX（福克斯）共同成立 Hulu 视频新媒体，所有内容授权给 Hulu，依靠美国大部分主流影视公司，Hulu 得以提供源源不断的正版影视剧在线播放，成为美国有影响力的视频媒体之一，但因其盈利有限，合作独播模式具有较大风险。与电视广告营收相比，Hulu 为股东赚得的边际收益可以说是微乎其微。比如，每年 NBC 能从传统电视节目收入 700 多亿美元的广告费，有线电视渠道商也要向它支付几百亿美元来购买节目播放权，而 Hulu 2013 年底之前的最高年收入也只是 10 亿美元，平分下来，股东们赚到的寥寥可数。如果将版权卖给网飞、亚马逊等更多的渠道，甚至向 YouTube 等在线视频服务开放竞购，股东们也能获得更多的增量收入。

剥离版权，Hulu 几乎没有任何剩余资产，Hulu 竞争能力极其依赖股东提供的资源。Hulu 可以是背后数家影视公司的“子嗣”，但却无法保证自己是独生子嗣，一旦出现更加强势的合作方（例如苹果、亚马逊）加入版权分销市场，Hulu 将面临出局的危险。在图谋上市未果之后，Hulu 的股东决定将其出售，这吸引了谷歌、亚马逊的兴趣。2019 年，Hulu 被售给迪士尼。

而对于芒果 TV 来说，虽然和 Hulu 拥有相似的传统媒体血统，但是 Hulu 模式存在的最大弊端，即三个股东平均分配股权，很难在利益上达成一致，这值得让芒果 TV 引以为鉴。

国内视频网站和社交平台的崛起：优酷、爱奇艺、微博微信

优酷对芒果模式的启迪——资本运作带来规模发展。作为第一家在海外上市的网络平台，优酷是中国融资最多也最频繁的网络视频公司，其时任 CEO（首席执行官）古永锵，被誉为“最善于资本运作的 CEO”，优酷的成长路径也体现着其创始人古永锵身上的资本运作基因。

2010 年 12 月 8 日，优酷网正式在纽约证券交易所挂牌上市，成为在美国独立上市的中国首家视频媒体平台。当时，优酷在平台规模、收入水平、融资额与现金结余、版权内容及投入、服务器带宽等各项指标上，均稳居中国视频行业第一位，是中国最大的视频媒体平台。优酷的上市融资有利于其持续加强与提升用户体验，在高清视频方面加大投入，扩大内容库及大力发展“优酷出品”等原创内容，进一步提升其品牌地位，提高竞争门槛，并扩大领先优势。

2012 年 3 月 12 日，优酷网与土豆网宣布以 100% 换股的方式合并，合并后，优酷和土豆在新公司分别占股 71.5% 和 28.5%。优酷 CEO 古永锵对双方的合并表示，这将有效发挥规模经济效应，提高版权引进中的谈判地位，增强议价能力。当时的数据显示，优酷和土豆的市场收入份额占比分别为 21.8% 和 13.7%，位于行业前两位。合并后双方总市场份额达 35.5%，

高于第三名22.2%，而双方网络视频用户覆盖率达到80%。

优酷模式对芒果模式的借鉴意义在于其抓住了资本运作对于互联网行业的重要性，这为湖南广电"以市场的方式建平台"的战略选择提供了前期经验。

爱奇艺对芒果模式的启示——依靠传统媒体优质版权资源抢占市场。 2010年上线的爱奇艺，有超过六成的流量贡献来自百度[①]，除了最直接的引流，百度在2013年5月以3.7亿美元价格收购了PPS[②]，并将PPS视频业务与爱奇艺进行合并。双方业务合并后，全平台用户时长和移动用户量均达到行业第一，爱奇艺一跃成为中国最大的网络视频平台。此次收购和合并，再次验证了规模效应、移动化是视频业务成功的非常核心的战略要素。

爱奇艺坚持"独家播出、不分销、不换剧、不赠送"的内容策略，以两亿元的高价独家"打包"了《爸爸去哪儿》《快乐大本营》《天天向上》等5档湖南卫视综艺节目2014年的版权，并凭借这些独家内容资源排序瞬间上升至第一：《爸爸去哪儿2》第一期正片在爱奇艺、PPS播放量达1.06亿，话题热度达到19.2亿。[③]除此之外，全网独播的《来自星星的你》《奔跑吧兄弟3》等多档热门大剧和综艺节目，都为其创造了现象级话题。由于在面对优质稀缺版权资源时下手"稳准狠"，爱奇艺一度被称为"版权收割机"，这些优质稀缺版权资源为其快速积聚了大量新增用户和更高的品牌知名度。

所以说，爱奇艺的发展路径在于一开始就摒弃了UGC战略，而深耕长视频内容，不惜重金借力传统媒体优质版权资源并采取独播策略抢占市场，这些独特的内容战略也更加坚定了湖南广电利用自身优质版权资源打造新

---

① 《爱奇艺是如何在视频网站中崛起的？》（http://www.fromgeek.com/latest/19121.html）。

② PPS是全球第一家集P2P（点对点）直播点播于一体的网络电视软件。——编者注

③ 参考：《〈爸爸去哪儿2〉周播放量达1.06亿 爱奇艺独播价值凸显》（http://www.cctime.com/html/2014-6-27/2014627185415299.htm）。

媒体平台的决心。

微博微信对芒果模式的反思意义——从异体共生到一体共生。2009 年出现的微博是国内互联网企业对国外产品推特（Twitter）的模仿及创新，同时兼具 SNS（社交网络服务）的性质，成为弱关系、泛传播的自由媒体平台。自微博风靡以来，许多传统媒体纷纷开设微博账号，发挥微博对传统媒体的选题策划、意见汇集、评价反馈的功能。微博与传统媒体在竞争的同时存在互补的关系，传统媒体开设微博账号，提升影响力，而微博也借此实现与传统媒体的共生互动。新浪微博平台上线后，依靠产品的移动互动优势，以及名人策略、微博直播等各类竞争手段，市场份额快速扩大，2013 年注册用户达到 5 亿人。

微信是腾讯公司推出的为智能手机提供即时通信服务的免费应用程序，是深社交、精传播的社会化关系网络。微信公众号是腾讯公司在微信基础上新增的功能模块，通过这一平台，个人和企业都可以打造一个微信的公众号，并实现和特定群体的文字、图片、语音的全方位沟通、互动。腾讯微信在 2013 年 11 月的公众合作伙伴沟通会上透露，其平台公众号数量已突破 200 万。2013 年，微信注册用户达到 3 亿人。

在自媒体时代，微信和微博都具有媒体属性，其移动报道功能和舆论影响方式可与传统媒体传播方式互补。它们和传统媒体是异体共生、合作发展的关系，是数千家传统媒体发布新闻、内容推广及与用户进行交流和互动的新媒体平台，当时，仅湖南广电部门或者节目形态开展运营的官方微博、微信公众号就高达上百个。而对探索中的芒果模式来说，湖南广电已经在思考从“异体”到“一体”的共生发展关系：在社交化的媒体生态里，传统媒体与新媒体现在是一种“异体共生”的关系，互为观众也互为用户，相互借力，共同发展，在未来的移动互联世界里，传统媒体与新媒体将“共生”在一个体内，叫“一体共生”。

盘整、预判、准备

在2013年、2014年两年间，湖南广电通过“请进来”“走出去”一系列密集的考察和调研，对国内外典型新媒体平台发展路径进行了深入而系统的盘整，分析了这些案例对媒体融合芒果模式的借鉴意义，形成了对世界新媒体发展特点和趋势的初步研判，并开始思考自身发展需要做的准备。

纵观世界新媒体视频平台发展，湖南广电人认为，首先，新媒体视频平台的内容一开始都来自传统媒体，因而新媒体的成功构建于传统媒体的基础之上，而在版权价格日益上涨的大环境下，内容为王的价值日益凸显，各方都开始注重独家版权内容，并加大自制内容的开发力度，传统媒体打造新媒体平台虽然没有互联网基因，但有其内容版权优势；其次，很多互联网平台十分注重利用资本手段发挥资源的规模效应，达到集约式发展的效果；最后，致力于技术研发是各方平台提升用户体验、增强用户黏性、增加订阅数量的必要途径。但是，各平台的盈利模式存在差异化特征，有纯粹依靠广告、用户付费或版权的单种盈利模式，也同时存在多种形式组合的盈利模式。

除了对外部新媒体发展特点和趋势的分析，湖南广电人还通过开展内部调研、摸清家底的方式，对湖南广电自身的新媒体发展基础进行了分析研究，并于2014年12月发布了《湖南广播电视台融合新媒体业务发展研究报告》。该报告认为：湖南广播电视台具有发展融合新媒体的基础，超过80%的受访对象都认同融合新媒体发展的大趋势；湖南广播电视台旗下各机构，均开展了形式多样的互联网/移动互联网应用，这些应用的本质，大都是附属性的，其运营导向依然是以收视率为主，客观上带来一定的衍生增值效果，但尚未形成“自觉的平台融合”；打造平台，是新媒体融合业务的题中之义，如果无法提供“人、信息和资金”彼此连接的基础服务，很难建立起如BAT那样的基础性互联网平台。但是，如果将战略目标下调一点，就会发现湖南广播电视台同样拥有建立“次级全网平台”的资源和机遇。

从 2013 年 8 月中央第一次提出“加快传统媒体和新兴媒体融合发展”到 2014 年 4 月芒果 TV 全面实施“芒果独播战略”，湖南广电潜心研究国内外新媒体发展的特点与趋势，同时盘整和思考自身媒体融合具备的条件和发展方向。这一场远观近研新媒体、植入互联网基因的芒果行动，为湖南广电选择舍弃短期经济利益，全力打造自己的新媒体平台，在长远的市场竞争中取得优势，具有重要的战略意义，也为之后的路径选择提供了决策依据。

路径的选择及“小径分岔的花园”

阿根廷作家博尔赫斯曾用他的小说《小径分岔的花园》来表达对时间和选择的困惑，他说：“每一个举动（以及每一个思想）都是遥远的过去已经发生过的举动和思想的回声，或者是将在未来屡屡重复的举动和思想的准确预兆。”回想五年前的湖南广电，就如同身处无数小径分岔的花园，媒体融合的赛道选择、平台建设、体制机制，每一次决策都不容失误，每一种抉择都必须准确，只有这样，你才能站在时间之上，抓住最后一个窗口期，做对所有选择，赢得所有机会。

融合路径：异体共生还是一体共生？

美国微生物学家玛葛莉丝提出，共生是生物界的演化机制。依照共生关系对生物体的利弊，生物界存在六种共生的形态：一是既利甲又利乙，如一体化共生，互利共生；二是利甲而损乙，如寄生、捕食；三是利甲而不损乙，例如代谢共生；四是既不损甲又不损乙，例如中性共栖、无关共栖；五是不利甲而损乙，如偏害共栖；六是同时损双方，如竞争共栖。

其中，只有第一类既利甲又利乙的一体化共生，也就是同体共生，才能够显示出共生思维的真正优越性。因为在所有的共生关系中，只有“一体共生”带来了主体层面的新生，而不是仅仅停留于关系和解的层面。可见，一体共生虽为共生类型之一，却是相当重要的一种。

马克思和恩格斯认为，人类诞生于大自然，人作为自然界的产物，也就必定有自己的自然规定性，其发展受制于生物学规律。可见，共生概念，作为一种从自然规律抽象而来的哲学思维，可以应用到人类生活的任何方面，当然也包括社会化程度很高的信息传播领域。

传媒界的异体共生

随着数字化技术的发展，传统媒体日益受到新媒体的冲击，两者此消彼长，一直来到 2013 年的分水岭。由清华大学新闻与传播学院和社会科学文献出版社联合发布的《中国传媒产业发展报告（2014）》指出，2013 年中国传媒产业结构调整出现重大变化，互联网及移动媒体行业收入的增长幅度领先，市场份额超越传统媒体。此时的传统媒体面临着极为尴尬的境地，阵地还在，但是受众却变少了，用户看报、看电视的时间大大缩减。

无论是主动还是被动，我国各种传统媒体都较早开始进行数字化试水，几乎所有传统媒体都在 2000 年以后开通了自己的网站，后来也开始运用微博、微信等新媒体通道。简单而言，微博、微信产品是做起来最省事和最容易见效的，不需要进行技术开发，只需要潜心做好内容宣传就可以，而做好内容恰是传统媒体擅长的。

类似的情形也见诸媒体融合战略实施前的湖南广电。当时，在湖南台内的新媒体应用情况主要是微博、微信公众号的应用及 App 的开发，统计数据如下：以部门或者节目形态开展运营的官方微博有 108 个、微信公众号 72 个，其中微博粉丝数大于 100 万、微信公众号粉丝数超过 10 万的大 V 账号 24 个，相关 App 产品亦达到 20 款，而大部分应用多数停留在推广内容、聚拢用户、互动服务的初级阶段。集团内部虽然有视频网站，但芒果 TV 和金鹰网定位不清，用户数据在业内寂寂无闻，营收大部分来源于湖南卫视的版权销售。台内的内容生产部门为了自身利益最大化，也倾向于与外部视频网站合作，如经视文化新媒体版权收入占总收入的 30%~40%，快乐京林承接乐视、优酷等网络剧和网络综艺栏目的制作。

由此可见，借力发展是媒体融合发展的初级形态，传统媒体通过微博、微信等新媒体通道获得传播力和品牌影响力延伸，让其产品植入年青一代中，而新媒体平台借助传统媒体的优质内容来黏住更多的用户，双方相互借力，共同发展，呈现出一种“异体共生”的关系。

为新媒体打工，还是自己当老板？

作为全球拥有年轻观众最多的媒体，湖南卫视在全国 35 岁以下的年轻观众群超过 2.7 亿，日均年轻观众 1.54 亿，与新媒体特别是移动新媒体的用户群天然吻合。因为持续的内容创新，湖南卫视无论在微信、微博里，还是在搜索里都是非常活跃的。

举个湖南卫视与新媒体互动的例子——2013 年《我是歌手》总决赛之夜，节目打通线上线下，形成电视屏幕、电影屏幕、手机屏幕和电脑屏幕的“四屏合一”，观众可以边看直播，边用电脑在网上参与湖南卫视贴吧、微博互动。直播结束后，登录湖南卫视金鹰网旗下的网络电视台芒果 TV，即点即看总决赛的完整视频、精彩花絮及往期的各种海量视频，实现全媒体间互通互动。《我是歌手》在传统媒体和网络等新媒体中引发热议，激发包括社会精英阶层在内的社会大众的广泛关注和好评，甚至有互联网“大佬”也“抱怨”，《我是歌手》一播出，他们的工作和生活节奏就会乱，出于个人的兴趣讨论，休息的时间晚了；微信话题和流量激增，工作量也加大了。

这样的“抱怨”自然是电视人愿意听到的，欣喜之余，湖南广电高层也在思考：“我们跟新媒体到底是什么关系？”关于到底是“异体共生”还是“一体共生”，“我们作为传统媒体人在设问而不是给答案”。

过去，湖南广电与互联网视频网站“异体共生”，彼此借力，共同发展。但是，随着互联网尤其是移动互联网技术的成熟与普及，这个生态已经发生了根本性变化，传统广电将节目卖给互联网企业，赚取版权费和网络影响力，而新媒体企业则借助传统电视台的优质内容资源，不断壮大自己的实力与势力，然后反过来开始侵蚀传统媒体的市场空间。

既然版权价值这么高，与其为他人作嫁衣，何不拿来为我所用？对与互联网的关系，是“它加我们”还是“我们加它”？是继续为新媒体打工还是主动去做新媒体的老板？是“异体共生”还是“一体共生”？这些问题很快就有了答案。

进化的选择：从异体共生到一体共生

2014 年 4 月 20 日，湖南卫视开始实行独播战略，自有节目不再分销给视频网站，完全由芒果 TV 独播。两个多月之后，芒果 TV 的视频网站日均页面浏览量等数据评价指标，已经从之前每天不到 30 万，增长突破到 900 万；手机电视的日均新增用户也比此前增长 312%；在互联网电视板块，完成装机 420 万，激活用户 110 万；湖南 IPTV（互动电视）实现总用户 130 万，每月新增用户 2.5 万，付费用户占比达 22%。彼时的芒果 TV 尽管跟大型视频网站相比还有很大的差距，但“至少在一个等量级上面”。

独播战略的实施，标志着湖南广播电视台的媒体融合进入一个新的阶段，且诞生了一个响亮的口号——融合发展，以我为主。2014 年 4 月 28 日，在宣布独播一个星期后全台中层以上干部出席的周例会上，吕焕斌台长这样阐释湖南广电决策层的媒体融合观："'融合发展，以我为主'，前一句话是中央的要求，后一句话则是我们的贯彻落实。'融合发展，以我为主'，不是说我卖给你，我跟你绑着做就是融合发展，把主动权、控制权、主导权、版权都给你，我分享一小杯羹就是融合发展；而是我们主导来做，我们正式组织新媒体的元素来融合发展。所以，今后我们要'融合发展，以我为主 打造芒果生态圈。""希望芒果TV能够在三五个月进化成一个完全符合现代视频网站应用体验标准的视频平台。"

2014年6月，一份湖南广播电视台给上级主管部门的汇报材料中，明确谈到了湖南广电对"融合发展应以我为主"的政治站位和认识高度，报告中如此写道："融合发展的目的是进一步强化主流媒体的影响力，将宣传阵地牢牢掌握在党和政府手里，以保证我们的文化安全、信息安全和执政安全，因此必须要以我为主。""湖南广播电视台这两年在与视频网站等新媒体企业的合作中也意识到，目前我们所拥有的内容资源，实际上是最优质、最核心的资源，因此绝不能养虎为患，要舍弃版权费带来的眼前利益，打造自有、自主、自控的互联网媒体平台，走'一体共生'之路。"

身体里流淌着创新血液的湖南广电人，面对市场给传统媒体的倒逼，又一次主动出击，向自建可管可控的互联网平台转型，向服务用户转型，坚定地迈向了变"异体共生"为"一体共生"的媒体融合进化之路。

赛道选择：视频平台还是其他互联网平台？

他山之石

外有行业发展大势所逼，内有自身生存所需，传统媒体与新兴媒体融合已是箭在弦上，不得不发。然而，融合并不是一蹴而就的事情，传统媒体都在努力探索定位，选择不同的适合自身发展优势的赛道。比较具有代表性的案例有：

浙报传媒收购游戏平台。2012 年，浙报传媒通过定向增发与自筹资金相结合的方式收购盛大旗下杭州边锋、上海浩方各 100% 股权，最终定价为 32 亿元。资料显示，杭州边锋、上海浩方是国内领先的休闲娱乐互动游戏及平台的开发商、发行商和运营商，旗下在线棋牌、电子竞技平台、桌面游戏等三大主营业务均是各自所处领域中的佼佼者，拥有边锋游戏、游戏茶苑、浩方电竞、三国杀等众多知名品牌。两大游戏平台 2011 年月均活跃用户数近 2 000 万，月均新增注册用户数突破 300 万人，产品总数近 600 款。

时任浙江日报报业集团社长、浙报传媒董事长高海浩向媒体讲述了收购的理由："一是要找一个基因与我们相近、气质与我们吻合的平台。其实，我们早就将目光锁定了从纳斯达克私有化归来的盛大。盛大是网络文学和网络游戏的开拓者，搭建了网络文化的服务平台。他们曾经提出过要打造'互联网的迪士尼'。而我们是一个传媒文化机构，在互联网公司中，盛大应该与我们的气质最接近。二是收购标的成熟的盈利模式。我们特别注意到，就目前的互联网来说，最靠谱最成熟的盈利模式就是网络游戏，即便不少著名互联网巨头，网络游戏也是其重要利润来源。边锋、浩方已经是一个非常成熟的网络平台，随着浙报集团的传媒文化资源注入和线上线下协同，还会有很大的发展空间。"①

被收购后的边锋浩方不单是游戏平台，还被当作浙报传媒的全媒体战略主战场。依托浙报传媒和合作伙伴的资源，在数据分析的基础上，导入云阅读、视频等内容产品，强化与传统电视媒体的赛事推广合作，积极推动两个游戏平台在手机和互联网电视端的拓展和占位，进一步扩大用户群，

① 《浙报集团董事长高海浩：32 亿收购边锋浩方的逻辑》(https://www.chinaventure.com.cn/cmsmodel/news/detail/238106.html)。

并在这个平台上实施开放分享策略，不断自主研发和引进优秀内容资源，以新增内容服务吸引更多用户。收购完成后，其掌控的用户量（读者量）一下从办报时期的全集团不足500万，达到了收购后的注册用户近2亿、活跃用户2 000万。

SMG控股风行网。2012年3月，SMG（上海东方传媒集团）旗下百视通投资3 000万美元参股风行网，成为其第一大股东；2013年8月，百视通投入3.07亿元增资风行网。公开资料显示，北京风行在线技术有限公司于2005年9月创立，是一家基于互联网的影视点播服务公司，通过采用全球领先的P2P、FSP（顾客识别管理）等专利技术，用户在风行网上可通过边看边下技术对精彩影视内容进行下载。2013年，风行网日均用户数已达到3 120万人，月度活跃用户高达1.5亿，每日观看数突破1亿，人均使用时长排名第一。

这是传统电视媒体借并购实施“台网融合”战略，寻求在网络视频领域突破的一个典型案例。百视通与风行网的协作主要体现在两方面：一是内容协同采购，特别是在上海广播电视台影视剧资源方面；二是风行网的用户资源、P2P技术和大规模运营经验，有利于增强百视通在电视领域的服务能力。二者还在节目制作、多终端呈现、营销运营层面进行了更多的深度整合与合作。两种不同平台的媒介形成协同效应，互相支持优化功能并扩大彼此的影响力，实现双赢。百视通与风行的合作，类似于后来的芒果TV模式，把电视台与互联网之间一直在推行的基于版权买卖关系的“台网联动”模式，上升到台网协同、台网一家模式。

湖南广电的初期探索：游戏、电商、呼啦

湖南广电早期也曾有过多种赛道选择的探索与实践，如网游、电商、网络社交等，这些实验或多或少在湖南广电内部激发出新媒体的基因，代

表性的实践包括：

金鹰网推出网游平台。随着网络游戏在人们休闲生活中日益普及，湖南广电也曾想要在这个领域一展身手。早在 2009 年 6 月 22 日，湖南广电新媒体——金鹰网就已开始了在游戏领域的动作，当时推出的“芒果手机游戏乐园”平台及近十款手机游戏，在短短十几天内下载量便高达几十万次，尤其借助《快乐女声》节目的热播，同名手机游戏受到了粉丝的热烈追捧，人气一直居高不下。2009 年 10 月 10 日，“芒果游戏乐园”在金鹰网正式上线，并同时推出了国内第一款仙侠网页游戏《修真·芒果仙侠传》。2010 年第一季度，金鹰网与国内知名网游公司中娱在线合作推出的第一款休闲体育游戏《网球宝贝》也开始封测。这还只是刚刚开始，当时有多款游戏在紧密研发中，“芒果游戏乐园”计划持续不断地推出各类型的网络游戏产品。

湖南广电的强项并不在于网络游戏的研发，所以一开始也不需要建立研发团队，而是由公司内部组建事业部，最早有 20 多名员工跟进网游平台的计划，这些人员都是来自各大游戏公司对应的岗位，都是熟手。湖南广电加入游戏市场的最大优势显然是其拥有的强大宣传平台，无论在品牌影响力、观众资源还是在产品推广能力上，湖南广电都具备了吸引优秀合作伙伴和顶尖团队的条件。

成立快乐淘宝，试水电子商务。2009 年 12 月 29 日，湖南卫视与淘宝网在长沙宣布共同组建跨媒体合资公司“湖南快乐淘宝文化传播有限公司”，开创传统电视与电子商务跨媒体合作的先例。快乐淘宝试图将网购的价格优势与电视的传播优势相结合，探索零售模式的蓝海。在这个初衷下，湖南卫视在黄金时段推出了节目《越淘越开心》，淘宝则开辟了“Hitao”（嗨淘）专区，并在首页上为嗨淘网提供了入口链接，希望聚合起 1.3 亿的收视观众和 1.6 亿的淘宝注册用户。2010 年 4 月 18 日，《越淘越开心》正式在湖南卫视首播，《越淘越开心》官方网站嗨淘网也在当天正式上线，节目首播观众规模达 3 000 万，当晚在嗨淘网仅 5 秒的秒杀倒计时内，超过 100 万人疯狂“拼杀”，创造了当时电视与网络互动的最高参与纪录。

湖南卫视很早就发现作为电视观众和作为互联网公司用户的商业价值区别巨大，也早就意识到停留在做节目卖广告的盈利模式上会遇到天花板。选择跟淘宝网合作，湖南卫视意在打造一个新的电子商务领域的产业链，改变传统电视媒体一次性广告收入的盈利模式，开创出一种新的共同盈利模式，同时培养和打造一批优秀的跨媒体人才。

湖南卫视推出“呼啦”。呼啦是湖南卫视在 2012 年 12 月 31 日晚上 19:30 首次推向全球的电视互动社交智能手机客户端应用。从呼啦诞生那天的跨年狂欢夜到春晚、元宵等湖南卫视大型晚会，呼啦用户在短时间内发展成为节目线下活动中最为活跃的群体。而在紧接着的《我是歌手》《中国最强音》上，呼啦都在线上线下的互动中发挥了举足轻重的作用:《我是歌手》总决赛联手万达院线直播，数十万用户参与呼啦抢票，开启三屏联动新时代;《中国最强音》完美植入呼啦“第五导师团”，让呼啦用户参与到节目现场，直接决定选手的去留，在决赛之际呼啦与其他平台联手发起的“终极人气逆袭”网络支持活动，吸引了近 33 万人次的参与。凭借湖南卫视强大的品牌效应，呼啦上线 9 个月就创造了近 800 万注册用户的奇迹。

从本质上来说，呼啦的运作方式仍然是通过优质的电视节目让用户形成互动和讨论，从而让用户之间形成社交关系。尽管其有优质的内容（电视节目）组织关系，但内容却不存在于社区里，也不由社区产生。虽然它还有其他类似网游，例如练级、虚拟物品交易、虚拟形象装扮等玩法，但这些却只是附属的功能，无法吸引新用户。因此，呼啦仅仅可以看作电视媒体拥抱移动互联网的一次积极尝试。

金鹰网游戏平台、快乐淘宝、呼啦，这些都是湖南广电较早意识到做节目卖广告的天花板，希望将电视观众转化成互联网用户的实践行动，也都曾领传统媒体风气之先，并且在短时间内取得了较为显著的效果。但后来，正如我们所知，这些新业务都没有能落地生根，没能形成可持续性的赛道模式。当然，这些来自内部的探索尝试都是湖南广电转型路上的宝贵财富，给后来者提供了很好的参考和借鉴。湖南广电意识到要在媒体融合上有所建树，必须树立党中央提出的“传统媒体和新兴媒体一体化发展的理念”，对湖南广电的核心优势资源进行有效整合与放大，形成自己独特的赛道模式。

赛道选择：落子互联网视频

什么是湖南广电的核心资源？什么是湖南广电的核心优势？湖南广播电视台副台长、总编辑张华立曾有一句话：“对行业而言，平台制胜；对平台而言，内容制胜；对内容而言，人才制胜；对人才而言，生态制胜。”湖南卫视是国内数一数二的播出平台，拥有一个忠诚、品位独特和人数众多的年轻观众群，这与新媒体特别是移动新媒体的用户群天然吻合；湖南卫视能够每年推出大量收视排名靠前的原创节目，不少节目不但收视第一，而且具有现象级的品质，比如《爸爸去哪儿》《我是歌手》《快乐大本营》；湖南卫视还拥有 20 多个以制片人名字命名的节目制作团队（后升级为工作室）和上百人的生产支撑系统，成为频道节目创新的“源头活水”。对于湖南广电来说，好的内容永远是核心资源，培养了十几年的优秀内容团队和品牌是核心优势，种种有利条件，促使湖南广电人敢于向自己热爱的事业、熟悉的领域“下注”，那就是向互联网视频行业进军。

平台建设：收购还是自建？

并购浪潮的兴起

2010 年后，中国网络视频行业逐渐步入井喷式发展期，市场规模在两三年间由2010年的31.4亿元升至2013年的128.1亿元，年均增长59.79%。2012—2013年网络视频产业并购情况如表1–1所示。

表1–1 2012—2013年网络视频产业并购情况

时间	并购事件	并购金额	股权比例
2012.3	优酷土豆进行100%股权合并	—	优酷占股71.5%，土豆占股28.5%
2012.3	百视通投资风行网	3 000万美元	百视通占股35%
2012.11	百度回购爱奇艺	—	百度绝对控股
2013.5	百度收购PPS	3.7亿美元	—
2013.8	百视通增资风行网	3.07亿元	百视通持股由35%增加至54%
2013.9	乐视网收购花儿影视及乐视新媒体	15.98亿元	乐视网占股花儿影视100%，占股乐视新媒体99.5%
2013.10	苏宁联手弘毅投资上海聚力传媒（PPTV）	4.2亿美元	苏宁占股44%，弘毅占股30%

数据来源：《中国广播电影电视发展报告（2014）》。

在经历资本并购后，网络视频行业市场集中度进一步提高。占据行业老大老二位置的优酷网和土豆网合并之后暂居行业第一，百度旗下爱奇艺与PPS合并后跃居行业第二，与优酷土豆形成两极竞争格局。国内网络视频行业格局发生根本性变化，行业步入寡头竞争时代。一线网络视频企业与二三线企业之间的差距进一步拉大，行业形成相对垄断的市场格局。

PPTV：收购不是合适的选择

湖南广电对视频行业的并购浪潮持开放态度，曾一度考虑通过并购一家视频网站实现行业排名的迅速赶超。2013年7月，时任湖南广播电视台副台长聂玫曾带领一组人员来到PPTV总部所在地，低调地对公司开展尽职调查。此时的PPTV似乎在主动求售，市场传言的收购者很多，其大小会议室经常被代表不同投资者的中介机构占用。事情很快落下帷幕，当年 10 月，苏宁联手弘毅宣布共同出资 4.2 亿美元投资聚力传媒，苏宁占股 44%，弘毅占股 30%。多家网络媒体用了“出局”一词来形容湖南卫视的收购传闻，其实这是不够准确的，实为“主动放弃”。对于是否收购 PPTV，只是湖南广电在发展互联网视频平台道路上的一次投石问路，当初的利弊分析如今还历历在目。

湖南广电收购 PPTV 有哪些优势或好处？第一，PPTV 具备流量入口价值。2012 年 1 月至 2013 年 5 月，其 PC 端流量及观看时长居行业第三位，活跃用户数 2.7 亿，排第三；移动端流量从 2013 年 2 月的第一位降至 5 月的第四位，但仍稳居行业第一阵营。第二，PPTV 拥有良好的用户基础。移动端女性用户占比 60%，平均年龄 31 岁，与湖南卫视观众群较为吻合；PC 端用户群男性用户占比 64%，平均年龄 28 岁，与湖南卫视观众群互为补充。第三，PPTV 拥有技术优势。PC 客户端首创 P2P 技术，带来 95%~98% 的带宽节约；PC 网页版应用了 Flash（动画）P2P 技术，带来 80%~85% 的带宽节约；除 PPS 外，PPTV 是视频行业移动端唯一采用 P2P 技术的公司，移动端带宽节约率达 30%~40%，远远领先其他竞争对手。第四，PPTV 拥有现成的互联网团队。2005 年创立，6 个月后即获软银的投资。

湖南广电收购 PPTV 又有哪些劣势或障碍呢？第一，由于 PPTV 复杂的股权结构和财务状况，湖南广电很难对其绝对控股，无法确保对平台的可管可控，双方核心资源也难以协同。第二，企业文化的冲突。湖南广电是传统电视媒体，是国企，PPTV 是外资、民企，是互联网视频公司，双方的决策机制、管理方式和企业文化显然存在较大差异。第三，收购价格过高。虽然双方当时没有进入讨论价格的实质阶段，但三个月后苏宁联合弘毅投资 4.2 亿美元收购 PPTV 74% 的股权，据此可大致估算，湖南广电若对 PPTV 实现绝对控股成本也在 20 亿元以上。第四，决策风险大。当时视频网站普遍亏损，对湖南广电决策者来说，花 20 亿元现金去收购一家亏损的外资、民企，作为国企，决策风险巨大。[①]

自建平台：芒果 TV 担重任

经过不断试错、反复论证，自建视频平台成了湖南广电实现媒体融合发展的必经之路。尽管如此，在台党委做出芒果 TV 独播决定时，内部质疑的声音与外部唱衰的腔调，也反证了湖南广电自建平台的决策是果敢的、力排众议的。反对和不看好的人理由很充分：首先，湖南广电不具备互联网基因，缺乏互联网行业的技术、人才和经验；其次，芒果 TV 用户基础非常薄弱，入口价值低；最后，跟当时排名前两位的优酷土豆、爱奇艺 PPS 相比，芒果 TV 各方面差距都很大，尤其是在决定行业格局的资本投入上，不可同日而语。

然而，相比之下，湖南广电全力打造芒果 TV 的优势也更明显：第一，政策优势。从 2013 年 8 月习近平总书记对媒体融合的最早论述到 2014 年 8 月《指导意见》出台，党中央对媒体融合发展的决策部署，为湖南广电的媒体融合提供了核动力。湖南广电发展新媒体的牌照优势也非常明显，芒果 TV 依托湖南广播电视台母体，拥有从 IPTV 到 OTT（互联网电视）的全牌照。第二，湖南广电拥有品牌、团队、内容优势。多年来，湖南卫视收视持续领跑省级卫视，“快乐中国”品牌深入人心。在良好的创新生态体系下，湖南卫视受到来自新媒体行业人才冲击较小，且源源不断地培育出新的爆款团队、王牌制作人；湖南卫视新闻栏目、综艺节目、电视剧“三驾马车”齐头发力、爆款迭出。这些都是湖南广电多年创新文化的积淀，不是视频网站一朝一夕可以追赶上来的。第三，决策风险在可控范围内。用版权而非现金投入支撑新媒体平台建设，打造了与其他互联网视频

① 湖南广电对 PPTV 的尽职调查报告。

平台烧钱模式不一样的发展路径，防范了大规模现金投入的决策风险，成为自建平台的关键因素。

湖南卫视层出不穷的人才支撑系统、日渐上涨的节目版权价值、“不创新毋宁死”的电视湘军基因，给了湖南广电决策的底气和勇气；对政策的深刻领悟和对国内外新媒体发展案例的深入研究，为湖南广电的决策提供了现实依据。于是，自建平台，以我为主，芒果 TV 注定将承担湖南广电媒体融合发展的重任。

体制机制：事业体制还是市场机制？

推进媒体融合发展，避不开的是体制机制问题。体制问题反映的是主体与环境之间的矛盾，环境一直在变化，体制如果不及时调整和改变，就会成为限制主体发展的障碍。采用事业体制还是市场机制挺进新媒体“战场”，是摆在湖南广电媒体融合发展中一个无法回避的问题。

事业体制对新媒体业务的探索存在共性问题

随着媒体融合的兴起，在国内从中央到地方的传统媒体，大多进行了融合探索，但受传统事业属性的影响，融合步伐比较缓慢。如设立新媒体事业部、融媒体中心；开通官网、微博、微信；开发新闻客户端，以在手机、平板电脑等智能移动终端传播媒体内容等方式开展新媒体业务。然而，这种明显带有事业属性的融合策略未能真正体现“互联网思维”的精髓，传统媒体与新媒体之间仍旧存在“你是你、我是我”的“两张皮”问题。

一是机构重叠设置、职责交叉。在结构和考核上，事业体制下的新媒体事业部与传统部门并无二致，仍采用纵向的结构方法，凭行政职级划分进行管理，减少了市场触点。

二是缺乏相对成熟的盈利模式。主要以内容平移为主，实行的是彼此借力、异体共生的媒体融合模式，大部分手机应用停留在推广内容、聚拢用户、互动服务的初级阶段，更多的是注重社会效益和宣传功能，业务功能单一，很难形成规模效应，没有找到适应新媒体时代的商业模式。

事业体制与互联网生态的矛盾与差异

事业体制对新媒体的探索之所以呈现生命力不强的状态，背后是由事业体制与互联网生态的差异决定的。

首先，以事业体制建设新媒体不符合互联网规律与市场规律。事业体制创新突破难、市场反应慢，而互联网企业需要快速行动、快速试错、快速调整。在国有文化资产管理中，容错机制弱，防止国有资产流失是最显性的要求，但在实操中容易被异化，很多时候大家不得不重眼前利益，谨小慎微，不敢增加投入以参与市场竞争。

其次，事业体制下的传统媒体文化相对保守，而互联网提倡个性化品牌、信奉自由开放的文化，体制和传统的差异会导致运营理念有冲突。互联网新媒体需要以用户需求、商业价值为导向，以 IP 化为入口，实现全产业链开发，这种“IP 化”生态注定要突破传统广电发展新媒体的经营模式，建立市场条件下的媒体生态圈。

比如，从当初湖南卫视和淘宝网的合作细节，就可以看出不同媒介文化之间的冲突与摩擦。2010 年，湖南卫视联合淘宝网合资创立湖南快乐淘宝文化传播有限公司，该公司拥有嗨淘频道、嗨淘网及电视栏目——《越淘越开心》，公司力图打造一个融合传统媒体和新媒体的购物平台，通过传统广电媒体的影响力与网络媒体点击率互相提升，从而实现广告和购物的双赢。然而在经历初期的快速增长后，网站和电视栏目都经历了发展思路的困扰，困扰来自双方不同的思维。湖南卫视出于媒体思维，注重节目内容的可看性，强调节目的市场份额和收视率；而淘宝网则是互联网企业思维，注重经营效益和价值实现，强调从前端到后端的系统解决方案。双方的分歧让快乐淘宝在发展方向上飘忽不定，实际发展与合作设想差距较大。[①]

再次，由于互联网技术、版权购买等成本居高不下，新媒体平台需要拓宽融资渠道，通过引资改制使得股权多样化，资本运作能够缓解传统事业体制下广电资金短缺的短板，延伸媒体产业链条。而社会资本进入传统广电媒体存有一些体制机制障碍，比如在芒果 TV 的 A 轮融资谈判过程中，因部分投资主体对机制不对等的合作存有疑虑，担心事业体制决策和审批的效率低下，致使融资谈判一度举步维艰。

最后，传统事业体制面对各种可能的经营风险，缺乏承担机制，缺乏创新鼓励机制，难以按照“权责对等”“独立运营”“自负盈亏”的方式展开运作，距离产业化、市场化还有较大的距离。只能是用市场办法向市场要人才，大胆实行科学合理的考核评价体系、“能上能下”的职级晋升制度，才能吸引新媒体人才。由于后来芒果 TV 市场机制的确立，前土豆网技术副总裁黄冬才由最初的签约顾问转为正式加盟芒果 TV，出任 CTO（首席技术官）一职，也才有了后来大批互联网优秀工程师的加盟。

市场机制对新媒体业务的探索是做强主流媒体的必然要求

媒体融合是基因重组而不是局部创新，需要改变组织生态，变成统一的市场主体，向新的机制要动力。国家推行媒体融合战略以来，我国也有部分主流媒体积极进行深化改革的探索，人民网就是其中较为经典的案例。2005 年，人民网发展有限公司成立，并实行公司化管理运营；2012 年 4 月 27 日在上海证券交易所上市交易，成为第一家在 A 股整体上市的新闻网站。

---

① 王勇，媒介融合背景下我国广电全媒体发展研究［D］. 武汉：武汉大学，2013.

上市为人民日报社的媒体融合带来充沛资金，并以上市公司体制推动传统媒体管理经营体制的改革；2014 年 3 月，人民日报社创办人民日报媒体技术股份有限公司，作为社属一级公司，该公司负责搭建的人民日报全媒体平台，开发了大量富有创意的新媒体融合报道产品。纵观人民日报全媒体发展历程，可以看到体制机制改革是贯穿其中的一条主线。其正因为有了市场化体制，才可以根据发展需要募集更大规模的资金，建立更加灵活的激励机制吸引最优秀的人才，按照市场规律来研发产品。①

机制选择：以市场方式建平台

基于对事业体制、市场机制与互联网生态关系的深刻认识，湖南广电意识到在媒体融合发展过程中，应该通过市场调节来实现资金、人才、技术等要素的合理流动和资源的优化配置。

在新的体制机制下建立新媒体平台，这是一种“增量改革”，由此，湖南广电决策层最终决定从一开始就用市场化运作的机制来建设新媒体平台。2014 年 4 月，湖南广电整合所有新媒体业务，由快乐阳光公司作为统一运营的市场主体，以芒果 TV 为品牌，按照互联网规律搭建、运营互联网视频平台，开启与社会互联网企业的正面竞争。

天下之事，非新无以为进。“新”是媒体的基因，也是传播的力量所在。选择市场机制建平台，并不代表芒果 TV 就照搬行业内“资本堆砌、技术竞赛、跑马圈地”的发展模式，芒果 TV 仍然要牢记使命任务，坚持守正创新，既要继承国有媒体的优良基因，主力军抢占主阵地，又要充分发挥传统媒体的资源优势和内容优势，用互联网方法、市场性原则、产业化思路，破除体制机制障碍，以驰而不息的深化改革推进深度融合，打造党属党管党控的国有新型主流媒体集团。

① 万小广，程征．人民日报媒体融合发展战略与启示［J］．中国记者，2016（10）:57–59.

第二章

湖南卫视：发挥芒果媒体融合核动力

1997 年，湖南卫视上星。2019 年，湖南卫视已年满 22 岁。

二十年如一日，几代湖南电视人，把爱好做成了兴趣，把兴趣做成了事业，把事业做成了理想。回顾湖南卫视走过的 22 年，就是在这样的历程中顽强成长起来的。在全国几十个省级卫视频道中，湖南卫视率先清晰地提出自己的频道主张。成长的道路不是一帆风顺的，湖南卫视遭遇过一轮又一轮的挫折，但从不投机，更不苟且，坚守初心，创新突围，最终成就了中国电视行业最具特色的高能媒体，成为传播领域中少有的跨界平台，从而引领中国电视潮流数年，被行业誉为“中国传统电视媒体创新、转型、突破、发展的先锋和代表”。[①]

生长在马栏山的湖南卫视也长成了“芒果森林”的“参天大树”，被湖南广电人亲切地称作“咱们家的老大”。“老大”就要有“老大”的担当与责任，与其他传统电视平台一样，湖南卫视在媒体融合进程中，曾面临诸多的选择与压力，甚至要牺牲自身利益全力喂养大家庭里新诞生的“老二”芒果 TV，向芒果 TV 源源不断地输送基因、资源和能量。与此同时，湖南

---

① 《从 1 亿到 100 亿，湖南卫视 13 年霸主地位凭什么？》(https://mp.weixin.qq.com/s?__biz=MjM5MTY4MDk1Mw%3D%3D&idx=2&mid=401401089&sn=1f4ac6487e65b32e6ca446df61890fb0)。

卫视还要学会在日渐式微的传统电视环境里，不断地改善、升级、创新、拓展，来保存自己、壮实自己。不管是曾有的踌躇不决，还是悲喜交至，湖南卫视在芒果媒体融合的历程中始终发挥着核动力的作用，成为“一云多屏、两翼齐飞”芒果媒体融合战略中最重要的引擎。

平台运营——湖南卫视持续引领背后的“1、2、3、4”

湖南卫视22年的发展之路可视为两个阶段。一个是2013年以前——电视圈竞争期。这一时期，传统电视平台在媒体中占据核心优势，用户以“书生代”“电生代”为主。湖南卫视的主要竞争对手是各大上星频道。另一个是2013年及以后——全媒体竞争期。这一时期，随着新媒体的崛起，电视在媒体语系中话语权出现一定下沉，且逐渐出现“网生代”用户。湖南卫视的主要竞争对手不仅有来自电视圈的上星频道，还有实力逐显的视频网站。加上以芒果TV独播为标志的媒体融合战略启动实施，湖南卫视面临的竞争和发展压力骤增。

尽管如此，湖南卫视在电视中屏中，一直持续保持着引领地位。究其原因，在于其平台运营持有的独特方法论。湖南卫视总监丁诚曾在《湖南卫视爆款论》一文中这样表达：“对于湖南卫视操盘资源的议价能力和整合能力，我们有百分百的信心。如果保守来自成功的套路，那就设定更高的创作标准，逼我们自己跳出来；如果保守来自管控的习惯，那就拿出自信的制度雅量，让大家都获得自由；如果保守来自平台的自负，那就把频道优势变成合作谈判的筹码，多余的骄傲，全部放下。”[①]

---

① 丁诚．湖南卫视爆款论［J］．芒果内参，2018.

一份荣光：持续引领电视中屏

在全媒体竞争期，湖南卫视全国网一直保持省级卫视第一的成绩，且对省级第二的平台有着较大的领先优势。来自央视索福瑞全国网的数据表明，7年以来，湖南卫视与排名第二卫视的差距最大出现在2015年，全国网年度平均份额较排名第二的省级卫视高出139%。相比之下，7年来排名第二的省级卫视，并不固定，有时是A卫视（2013年），有时是B卫视（2014年），有时是C卫视（2016—2019年上半年），因此这种现象也被市场戏称为“铁打的老大，流水的老二”，如图2–1所示。

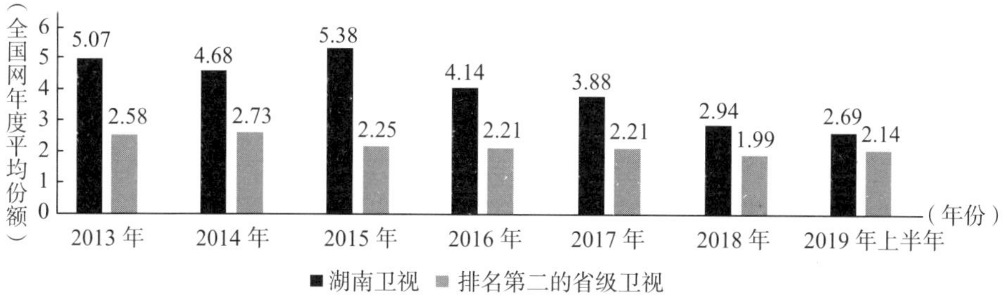

图2–1　2013—2019年6月分年排名前二的省级卫视份额对比

资料来源：索福瑞全国网。

2013—2019年上半年，湖南卫视在省级卫视中排名第一的天数也遥遥领先。2013—2017年，湖南卫视每年有超过320天位列省级卫视第一；2018年稍微有所减少，但也有254天；2019年上半年也拿下了143个全天第一（见表2–1）。这说明湖南卫视的收视领先并不局限在一个时期或一个时间段，而是贯穿全年、全天、全时段。

除了收视之外，2013年以来，湖南卫视在热度、创收、品牌等方面，也处于大幅领先的状态。现象级爆款综艺层出不穷，《我是歌手》、《爸爸去哪儿》、《花儿与少年》、《真正男子汉》、《中餐厅》、《声临其境》、《声入人心》、《向往的生活》、“我家”系列，每一份创新都引领着中国电视进化的方向；《人民的名义》《花千骨》《旋风少女》《流星花园》《楚乔传》《知否知否应是绿肥红瘦》《少年派》等电视剧撑起“国民剧场”，不断引爆收视狂潮；湖南卫视成为国内首个单频道年度广告创收突破100亿元的省级卫视，品牌价值屡创新高；在世界品牌实验室最新发布的“2019年中国500最具价值品牌”排行榜中，湖南广播影视集团有限公司以702.32亿元估值高居总榜第68位，稳居省级广电第一，广电媒体中仅次于CCTV。[①]

表2–1　2013年至2019年6月，湖南卫视获得省级卫视第一的天数（全国网）

年份	获得省级卫视第一的天数	占比（%）
2013	356	97.53
2014	327	89.59
2015	358	98.08
2016	347	94.81
2017	331	90.68
2018	254	69.59
2019年上半年	143	79.01

2012—2019年湖南广电品牌价值表现如图2–2所示。

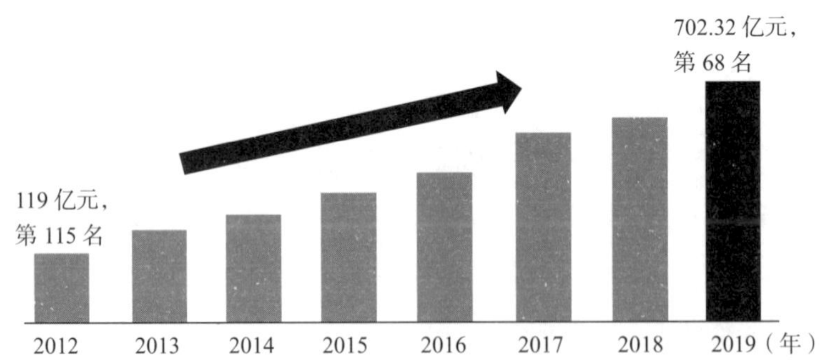

图2–2　2012—2019年湖南广电品牌价值表现

资料来源：世界品牌实验室。

① 2019年中国500最具价值品牌排行榜（http://www.sohu.com/a/323509121_642249）。

湖南卫视持续保持引领状态，源源不断地为芒果 TV 及芒果系其他公司输送 IP 资源和品牌能量，是芒果媒体融合核心动力的源泉，也是芒果媒体融合成功的坚实基座，更是电视湘军保持持久活力的关键性因素。

双重挑战：内外角色变迁

湖南卫视对电视中屏的引领，从来不是一帆风顺的，而是荆棘满途。在芒果媒体融合进程中，来自外部和内部的角色变迁，是其必须面对的挑战，稍有不慎，就会面临被市场淹没的危险。

从外部环境来看，随着新媒体迅速崛起，网络用户规模大幅提升，国内媒体语系、架构、话语权等发生较大变化，湖南卫视市场引航者地位面临多方逼仄。

数据表明，中国互联网网民规模增长迅速，10 年来涨幅超 3 倍。

根据 CNNIC 发布的《2019 年第 43 次中国互联网络发展状况统计报告》，截至 2018 年 12 月 31 日，中国网民规模已达 8.29 亿，比 2008 年（2.98 亿）增加了 5.31 亿，互联网普及率也从 2008 年的 22.6% 上涨至 59.6%（见图 2–3），其中截至 2018 年 12 月，我国手机网民规模达到 8.17 亿，网民使用手机上网的比例占到了网民的 98.6%。网民规模的大幅提升，为新媒体崛起提供了流量基座。

而最近 7 年来，视频网站迅速崛起，成媒体发展强势力。

2004 年 11 月，我国第一家专业视频网站——乐视网正式上线，如果以此作为起点，我国视频网站已发展 15 年。2010 年以前，视频网站内容生产能力有限，在媒体系中话语权相对较弱。但两个事件对视频网站后续发展产生巨大的影响：一是视频网站经营的牌照制度的出台。2007 年 12 月 29 日，国家广电总局和信息产业部联合发布《互联网视听节目服务管理规定》，确立了视频网站经营的牌照制度，该制度使得原本庞大的、无序的市场逐渐走向有序。二是版权之战与“剑网行动”。从2007年开始，视频网站间出现了版权纠纷的口水仗，2009年发展到高峰时期。为遏制网络盗版、网络侵权行为的蔓延，2009年1月，广电总局会同有关部门发起“整顿互联网低俗之风专项整顿行动”，关闭三百余家违法违规视听节目网站。从2009年12月开始，中央外宣办等九部门又联合发起了打击网络盗版侵权的“剑网行动”，这对于视频网站内容版权正版化进程起到极大的促进作用。主流视频网站纷纷投入巨资购买版权资源，一时间推得版权价格水涨船高。

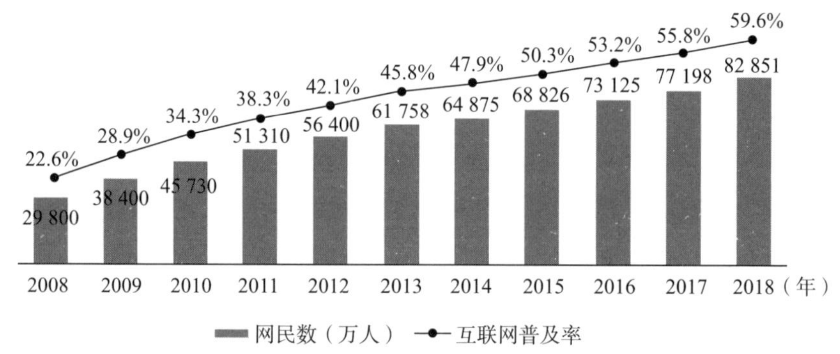

图2–3　2008—2018年中国网民规模和互联网普及率

资料来源：CNNIC《2019年第43次中国互联网络发展状况统计报告》。

2010年之后，视频网站进入高速发展期。一方面，经历了几年的发展与市场洗牌，网络视频行业市场格局愈发成熟，行业出现一波上市潮和并购潮，客观上促进了行业的整体良性发展。这一时期，视频网站在自身业务拓展方面做了大量尝试与探索，集中表现在“内容自制——从业余票友到专业玩家”“业务跨界——从主业打造到副业延展”“多屏战略——从一屏为王到多屏互动”三大策略的改变。另一方面，随着资本的大量涌入，视频网站不仅加大了对热资源、热渠道、核心人才、核心领域、核心技术的争夺，也不断提升其在媒体系的地位、话语权。例如2015年行业标志性事件之一是爱奇艺独播《盗墓笔记》，该剧在当年 7 月 3 日全集上线后，5 分钟播放请求达到 1.6 亿次，弹幕总量达 4 000 万，开通会员的支付订单请求超过 260 万次，大量用户的涌入导致爱奇艺服务器瘫痪。该事件承包了当晚微博热搜榜、话题榜、百度风云榜、苹果 App Store（应用商店）免费榜第一位。由此引发了视频网站对“IP”、自制内容及“会员 + 广告”等新媒体策略的新一轮追逐。

与此同时，传统媒体的生存空间被不断挤压。

2013 年以来，特别是 2015 年之后，传统电视媒体生存压力陡然变大。一方面对资源的把控力削弱，从部分资源播出方式由“先台后网”到“台网同步”，再到“先网后台”的变迁，就可窥见一斑。另一方面，相比传统电视媒体，新媒体的机制、创作环境等相对更自由，广告、人才、资源、用户等大量流向新媒体；部分上星频道面临着人才流失、内容空心化、创收艰难等状况。

从内部环境来看，在“总台办卫视、卫视核心制”的战略中，湖南卫视是集团多平台的“领头雁”；在芒果媒体融合战略中，“一云多屏、两翼齐飞”，湖南卫视成为“主引擎”。

2010 年湖南广播电视台成立，当时湖南广电达成“全台办卫视、卫视核心制”的共识，湖南卫视作为整个湖南广电的“核心”，一方面享受湖南广电政策、人才、资源等支持，另一方面也充当“领头雁”的角色，带领着芒果系其他成员协同发展。在媒体融合战略实施后，培育芒果 TV 成为湖南广电新的使命任务，从 2013 年“融合发展，以我为主”战略思路的酝酿，到 2015 年“一云多屏、两翼齐飞”战略目标的实施，湖南卫视在芒果生态中的地位、角色、功能都在悄然发生变化——从“输入者”到“输出者”、从“核心”到“核心之一”、从“引擎”到“双引擎之一”等。

湖南卫视变成“双核”之一，这是不是意味着湖南卫视的平台弱化了？是不是意味着其在湖南广电的重要性下降了？并不是！湖南卫视在湖南广电未来建设新型主流媒体中发挥的作用将更突出，在“23条”中，“IP创造者”“平台竞争者”“打造融合传播新体系”三条中都明确提到了湖南卫视，明确了在本次新型主流媒体建设中，湖南卫视是转型主重心，肩负主流宣传的担纲、未来态创新的发起、渠道集群发力的组织、芒果生态圈核心的维护等多重角色。由此，湖南卫视也面临着比其他传统电视媒体更为复杂、更为艰巨的挑战。

在双重挑战面前，湖南卫视始终保持相对清醒的头脑，在诸多选择岔路口中，进行着或许艰难曲折但长远有效的选择。例如，在市场都提倡制播分离时，湖南卫视坚持内容自制；在市场都用IP赚快钱、热钱时，湖南卫视以自身IP投入芒果媒体融合中；在对手不敢迈步、留恋于几个老节目时，湖南卫视大胆创新，在新领域不断开拓，也不断产出新爆款……湖南卫视成功了22年，越是成功，越敢于打破自己，越是遭遇压力，越是不会守成，每一次的正面迎战都会迎来更持久的生命力。

三方呈现：从“A”到“H”

湖南卫视角色变迁从“领头雁”的“A”到“树型”的“H”，也是其在芒果媒体融合进程中功能、路径及得失的映照。在芒果媒体融合这种新形态下的“H”中，湖南卫视和芒果TV都是“丨”、双方互相打通融合，互为支撑。

“融合脊柱”：持续为芒果媒体融合供能

从2014年“独播战略”开启，湖南卫视就开始多维度向芒果TV、芒果融合生态进行能量输送。

一是湖南卫视资源放量输送至芒果TV。输送头部节目与IP——自2014年以来，湖南卫视输送给芒果TV节目数量约150档，累计时长超过

2 600 小时。此外，频道诸多经典 IP 直接转移至芒果 TV 进行生产制作，如《爸爸去哪儿》《妈妈是超人》《超级女声》《快乐男声》《变形计》。输送自制剧集——周播剧场“青春进行时”每年向芒果 TV 输送自制剧 208 集，且芒果 TV 独家拥有网络播出版权。开放芒果 TV 会员“抢先看”——尽管面对巨大的收视压力，但对于芒果 TV 和湖南卫视的独家版权、独家播出的剧集，湖南卫视仍打破“先台后网”、网络会员必须次日凌晨获得更新的惯例，开放芒果 TV 会员抢先看的权益，对于湖南卫视自制节目内容，甚至开放了芒果 TV 会员可以在线同步收看的功能。

二是湖南卫视开放平台，主动推进芒果 TV 优质内容上星，开台网内容双向打通之先河。开辟芒果 TV 特供时段——湖南卫视 2018 年底规划了 2019 年的“青春风向飙”时段，特供芒果 TV 优质内容上星，目前已播出《哈哈农夫》《变形计》《新生日记》等栏目。推动定制引入——2018 年第二季度湖南卫视主动向芒果 TV 定制《我是大侦探》，首开网综 IP 向台综定制输出先河，进一步拓展了芒果 TV 自有 IP 价值；金鹰独播剧场也开辟了定制渠道，支持芒果系公司的自制剧，只要符合评估流程，与频道需求定位和政策要求相匹配，芒果 TV 的自制剧都可按照程序进入湖南卫视定制体系。

三是湖南卫视为芒果 TV 宣推强势导流。王牌节目全面造势——多年来卫视的王牌节目始终向芒果 TV 全面开放，为芒果 TV 新项目宣传造势：如《快乐大本营》邀请芒果 TV《密室大逃脱》嘉宾黄明昊、魏大勋、杨幂参与录制；《天天向上》邀请芒果 TV《我最爱的女人们》张伦硕、钟丽缇、袁成杰、陈芊芊参与录制。屏上宣传直接导流——仅 2018 年到 2019 年上半年，湖南卫视播出芒果 TV 节目的相关宣传片约 1 000 次，涵盖《明星大侦探》《变形计》《妈妈是超人》等 20 多档节目。此外，在所有与芒果 TV 共享版权的电视剧宣传片、预告片的显著位置，推介芒果 TV App 和 mgtv.com，并加挂芒果 TV 上线预告条，还在所有节目片尾、版权页 ID 显著位置标注芒果 TV 标识和网址。外宣联动共享品牌——在所有外宣物料中湖南卫视和芒果 TV 始终并列出现；所有的项目发布、艺人采访直播都以芒果 TV 为第一平台（如《巅峰之夜》开播新闻发布会,《歌手》决赛夜线下直播等）；以芒果TV作为线下互动第一平台（如《歌手》倒计时秒拍活动,《请回答，歌手》线下音乐展及《歌手》决赛之夜同步看直播等活动）；所有的融合宣推创意均以芒果 TV 为联动首选（如《歌手 2019》开播阵容与《明星大侦探》节目内容主题植入联动，歌手阵容在《明星大侦探》节目中公布等）。此外，湖南卫视还在舆情管控、品牌维护等方面与芒果 TV 保持深度沟通合作。

“深度融合”：将独有的、关键性元素输入芒果 TV

在这之前，湖南卫视与其他电视平台一样，与新媒体的融合发展更多是配合式融合、“物理性”融合。互联网往往只作为渠道之一，进行宣发、营销等辅助型工作。早期，诸多电视平台都做互联网，但大多是做一个自己的企业网，或者装一部分内容，很难做出一个真正像样的网站。例如金鹰网 2004 年就已创建，实际发挥的作用以配合式的宣推为主。这种“融合发展”，主要是用电视台的内容资源哺养了这些新媒体，帮它们成长，给它们输血。这种融合，可以称为“单边融合”或者“物理性融合”。

而在芒果媒体融合进程中，湖南卫视与芒果 TV 是“深度性”融合、“化学性”融合。湖南卫视不仅将经典 IP、资源等输送至芒果 TV，更将优秀团队、制作经验、品牌属性、受众属性、媒体属性等深度移植至芒果 TV。

2014 年 4 月起，“独播”战略正式启动，湖南卫视独有内容由芒果 TV 独播，节目信息网络传播权则独家售予湖南快乐阳光互动娱乐传媒有限公司（简称“快乐阳光”）。大批量高能量内容的支撑，如《花儿与少年》《爸爸去哪儿》《歌手》等，使得芒果 TV 在前期成功地绕开了其他视频网站在运营初期进行大规模版权采购的成本陷阱，且由于内容的稀缺性，湖南卫视在内容上与其他视频网站形成鲜明的区隔。

同时，湖南卫视的优秀团队、经典品牌等强大“软实力”进入芒果 TV，使其生产力与营销力大幅提升。2016 年初，湖南卫视待播项目《妈妈是超人》迅速台转网，在芒果 TV 独家播出，湖南卫视金牌团队刘蕾团队进行全程操作，该项目共运营了三季，是芒果 TV 经典品牌项目之一。为支持芒果 TV 的会员业务需求，湖南卫视节目制作中心会制作相关节目的衍生品即 Plus 版（加强版）以提升会员服务质量；在湖南卫视施行的《工作室制度》中，也专列条款鼓励和支持制作团队承担芒果 TV 的制作任务，并建立配套的评审机制和沟通小组，为芒果 TV 的内容创新提供支持。

而湖南卫视的品牌属性、受众属性、媒体属性与芒果 TV 的定位有着天然的基因吻合，湖南卫视“快乐、青春、时尚”的品牌形象与庞大的年轻粉丝受众群体也随之深入移植至芒果 TV，使得芒果 TV 从“出生”开始，就带有独特的青春气质与鲜明的个性定位，这与其他众多“摸着石头过河”的视频网站有着根本性的区别。

在湖南卫视强大的输出支持下，芒果 TV 绕开了其他视频网站走过的众多“弯路”，用户量、视频点击量、团队实力增长迅速。独播策略实施后，芒果 TV 只用了一年的时间，就走完了一线商业视频网站需要四五年才能走完的发展道路。

“融合之痛”：在磨合中抵抗消耗，自我成长

事实上，在芒果媒体融合进程中，湖南卫视一路在磨合，一路在突破自己。

一是与新媒体之间关系的磨合。“独播”战略启动后，湖南卫视与其他新媒体的关系从“热”变“冷”，频道宣推渠道变窄明显，行业内唱衰声不

断。时任 CCTV 策划人徐立军在微博上曾公开表示："我宁愿相信这是一种迅速提升芒果 TV 网民关注度的短期战术，只当这可能将千万级的互联网版权收益转为广告费和推广费，如果只是作为一次短期的营销，毕竟效果已经达到了。"①

二是电视版权与网络传播权之间的磨合。独播之后，湖南卫视独有内容的信息网络传播权掌握在快乐阳光手中，频道对版权的把控力变弱。一方面，与哪个视频网站合作、怎样合作等决定权不在湖南卫视，而在快乐阳光；另一方面，由于版权竞争，湖南卫视与其他新媒体之间的关系一度僵硬，出现过多个项目宣传告急的状况。

三是在版面、内容布局时，湖南卫视既要兼顾自身发展，又要顾全媒体融合的大局。例如在如何编排 208 集周播剧播出的问题上，一定程度上甚至会出现倒逼频道版面与内容的尴尬状况。

四大支柱：品牌、系统、内容、创新

湖南卫视对品牌、系统、内容、创新四大支柱的不断升级，是其重压下保持引领的"法宝"。

品牌：从"快乐中国"到"快乐中国 +"

2004 年，湖南卫视率先以"快乐中国"为核心品牌理念进行运营，至今已 15 年。尽管"快乐中国"口号不变，但在历练成长中，湖南卫视对"快乐中国"的理解在不断与时俱进。

---

① 新浪微博：@TV 策划人徐立军（https://weibo.com/u/1405598711?is_search=0&visible=0&is_all=1&is_tag=0&profile_ftype=1&page=3#feedtop）。

第一个"+"是"+E"(ecology)：从"快乐中国"品牌到"快乐中国"生态的打造。

芒果的媒体融合，是围绕打造一个独有的芒果生态进行的。而这个生态随着"融合发展，以我为主"的战略推进，最终形成的基础架构是"一云多屏"的融媒体分发系统。

因此，在芒果媒体融合进程中，湖南卫视一方面借助芒果生态体系的打造，将"快乐中国"品牌在芒果生态内部进行延展、升级，联合多个芒系子平台，进行系统作战、协同发力，同时打通平台内外循环，加强"快乐中国"与用户、行业、市场、社会的勾连，使得"快乐中国"更有辐射力与渗透力；另一方面，湖南卫视也不断打破"快乐中国"边界，使"快乐中国"涵盖面更广，打造高稀缺型、高能量的"快乐"节目品牌。

第二个"+"是"+S"(system)："快乐中国"品牌体系的不断完善，让"快乐中国"品牌更具稳定性，更深入人心。

品牌形象的强化——如湖南卫视构建"大黄"等卡通形象，不仅拉近与年轻受众之间的距离，更将频道品牌形象化，以表情包、玩偶、相关衍生产品等方式，进行多方位的品牌渗透。此外，打造频道乐曲、升级品牌公益形象等，都为"快乐中国"品牌形象加分。

品牌用户的拓展——湖南卫视一方面从服务观众向服务用户思维转型，围绕用户需求为核心，进行精准供给与饱和供应，牢牢锁住频道核心观众群，放大作为国内第一年轻、女性平台的能量。如《偶像来了》围绕展现东方女性之美进行创作，《我想和你唱》满足年轻受众跨屏互动的需求。另一方面，频道紧抓年轻用户的同时，对精英族群、高消费族群、高传播力族群等主动拓展。如"慢生活三部曲"(《向往的生活》《中餐厅》《亲爱的客栈》)、"精品文化三部曲"(《歌手》《声临其境》《声入人心》）上档后，湖南卫视在城域人群、高知人群中提及率明显升高。

品牌价值的挖掘——湖南卫视看重收视率，但并不"唯收视论"。一方面，湖南卫视坚守初心，在坚持将最真实、最绿色的数据呈现给观众、广告商、市场的同时，也加强了对平台、内容全网价值的挖掘。另一方面，湖南卫视始终将主流价值的引领性、创新性看成是“快乐中国”品牌的重要价值。如《儿行千里》这档弘扬当代好家风的节目，播出时豆瓣网友评分高达 9.2 分。《真正男子汉》向大众展现了中国军队严谨的作风和中国军人的拼搏精神，被视为全国征兵工作的宣传“窗口”。

第三个“+”是“+T”（time）：新时代赋予“快乐中国”品牌更主流的价值。

习近平总书记说，要“以高质量文化供给增强人们的文化获得感、幸福感”[①]，这是源于对新时代经济文化和社情民意的深刻洞察。

“快乐中国”始终关注主流价值，是国民精神的塑造者，如《人民的名义》真实地演绎了荧屏“打虎”，彰显了“全面从严治党”的决心。

“快乐中国”始终代表青春的力量，是青年文化的引领者。在七年间，湖南卫视引发了多轮年轻文化的新潮流，如《声入人心》将高雅艺术融入电视创作中，使得原本属于小众的圈层文化，被大众特别是年轻用户广泛接受。节目首季播出后，2019 年上海音乐学院音乐剧专业报考人数比往年增加了 40% 多，歌剧专业增加了 30% 多。

系统：高稳定、高实心、高敏捷

一看稳定：湖南卫视“一大中枢”（总监会）、“三大部门”（总编室、节目制作中心、创新研发中心）分工明确，协同合作，共同发力（见图 2–4）。

---

① 《习近平：举旗帜聚民心育新人兴文化展形象　更好完成新形势下宣传思想工作使命任务》（http://www.xinhuanet.com//politics/2018-08/22/c_1123310844.htm）。

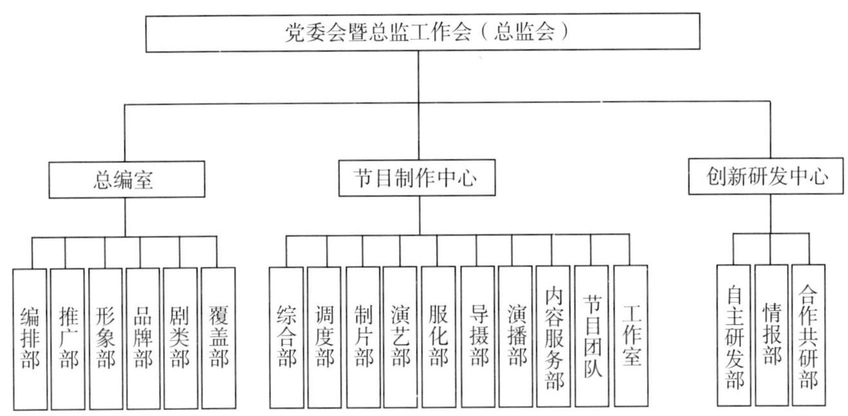

图 2–4 湖南卫视“一枢纽三部门”组织架构分布

其中总监会全面负责湖南卫视决策、管理及日常运作。

总编室负责湖南卫视资源规划、集成、编播，频道覆盖，宣传推广，内容的屏幕管理等，是湖南卫视日常运营的枢纽与核心。

节目制作中心负责频道自办节目的内容生产及具体项目执行。

创新研发中心负责新节目的开发，其中既包括频道内新项目的研发，也包括与国内外模式公司共研，以及市场优质节目资源的引入等。

二看实心：坚持对内容的把控权。近年来，制播分离越来越盛行。确实，通过引入市场机制、调动社会力量参与，在一定程度上，起到了提高节目质量、降低生产成本、丰富内容产品等十分重要的作用。但在互联网与社会资本的强力推动下，逐渐出现人才团队的“空心化”，媒体平台的“管道化”、传播的“边缘化”等现象。对于新老媒体来说，好的内容永远是核心驱动力，没有人才作为依托，没有自身独有的内容，就容易丧失主导权。

而湖南广电在制播分离的“潮流”之下，始终保持清醒的头脑。关于制播分离，湖南广电人也有自己的思考：传统广电既要大力探索制播分离，又要防止把媒体做空，只有不断做实媒体，才能真正与新兴媒体融合发展。

湖南广电对于制播分离的探索，在于由部分引进到充分自制、由团队失血到人才回流、由自制自播到市场拓展、由异体共生到一体共生，这些做法既确保了湖南广电对媒体的导向把控，保障了人才团队稳定，带来平台持续性的发展，也加速了与新兴媒体融合发展。目前，仅湖南卫视的自制节目内容就占到频道节目总量的 90% 以上，这几年还加大了对自制电视剧领域的投入。

三看灵敏：对接市场、对手、用户需求。针对市场新动态、海内外新模式、竞争对手新策略等，都会有相关部门在第一时间整理与分析，并将分析报告提供给团队及相关领导，供其决策参考。湖南卫视也十分注重对风险的预估与防御。在湖南卫视总监丁诚于 2018 年底提出的“2019 年七件大事”中，第七点就是“防范风险”，成立湖南卫视 2019 防范风险领导小组，牢固树立危机意识，制定专业风控对策。目前，在每个项目上档前，总监会都有相应的总监成员对该项目进行负责，总编室相关部门会就样片或方案内容进行品牌前瞻分析与预估，创新研发中心就方案或样片内容提供模式或专家支持，生产制作中心则对人员、设备、技术进行调度，多部门协作，提升项目的成功率。

内容：“三驾马车”各自进化

新闻宣传守正创新，不断提高主流宣传含金量。二十二载精耕细作，湖南卫视始终坚持新闻立台，坚持“导向金不换”，坚持责任、质量、价值三位一体。在新闻报道工作中，始终以时不我待的高度责任感和使命感，不忘初心，砥砺奋进，不断推出精品力作。近年来，卫视新闻中心多档项目获得中国新闻奖一等奖，如 2014 年度的《绝对忠诚》获第二十五届中国新闻电视系列一等奖，2016 年度的《新闻大求真》获第二十七届中国新闻奖名专栏一等奖，2017 年度的《为了人民》获第二十八届中国新闻奖一等奖。

湖南卫视在新闻内容方面有五个坚持。一是坚持做真新闻，出现以《县委大院》《绝对忠诚》为代表的现象级作品。二是坚持做好《黑茶大业》《梦向朝阳》等“湘味”新闻大片，抓好生产，形成特色。三是坚持勇立潮头的“直播快反”模式：坚持做好“新春走基层”等大型直播活动，勇担责任，引领舆论，开创“新闻扶贫”模式。四是坚持新闻大片的“融合传播”模式，聚合发力，做创新传播。新闻中心的新闻大片《我的青春在丝路》《湘商闯老挝》等积极尝试多媒体传播，逐渐建立起立体融合传播模式，有效地扩大了节目的影响力。五是坚持立足大情怀、大视野，凸显主流媒体的社会责任，聚焦时代背景，策划推出一系列有影响力的主题报道。

节目创新爆款迭出，占领高地。2013 年至 2019 年上半年，湖南卫视推出 96 档节目（不包含新闻类节目、纪录片、点状晚会，但包含 730 节目带），其中 44 档全国网平均份额破 5%，比例占到总数的 45.8%。此外，还有 26 档节目在全国网平均份额位于 3.5%~5%。而其他省级卫视七年来，全国网平均份额能超过 5% 的节目数量寥寥无几，总和不超过 20 档。

此外，湖南卫视在多个领域树立了“标杆”。例如《歌手》在音乐竞技类领域，《爸爸去哪儿》在明星亲子类真人秀领域，《偶像来了》在明星职业体验类真人秀领域，《花儿与少年》在明星旅游类真人秀领域，《快乐大本营》在明星棚类真人秀领域，《天天向上》在智性娱乐领域，《亲爱的客栈》在慢综艺领域等，都属于引导型的“标杆”存在。同领域跟风者众，但突破者寡。

电视剧品牌成熟，周播剧大胆突破。湖南卫视不仅有成熟的品牌黄金档剧场“金鹰独播剧场”，品牌周播剧场“青春进行时”也在不断制造市场爆款与焦点，引发多领域潮流。2013 年至 2019 年上半年，湖南卫视晚间时段共播出 163 部剧集，其中全国网平均份额超过 8% 的有 31 部，全国网份额位于5%~8%的有56部，意味着全国网份额超5%的剧集数量占到了总数量的一半以上。

此外，湖南卫视不断探索电视剧新领域，特别在周播剧、自制剧、自制剧生态打造等方面，进行积极的尝试，寻求突破。一是成为国内率先尝试周播剧的电视平台。从2011年起，以《被遗弃的秘密》作为试水尝试，到后来的“第一周播剧场”“青春星期天”，再到“钻石剧场”“青春进行时”等，湖南卫视以周播剧作为应对政策、开发时段、培育电视内容能力的重要平台；二是成为国内省级卫视中率先进行大体量自制剧的平台。近年来，湖南卫视每年自制剧标准是208集，从剧本选择、艺人选择，到影片拍摄、后期剪辑，再到发行、编播，湖南卫视都深度参与，累积了大量的电视剧生产经验。其中也不乏爆款产品，例如《旋风少女》《漂亮的李慧珍》《流星花园》等都具有强收视竞争力与传播力；三是成为国内传统电视媒体中率先进行电视剧生态系统布局的平台。湖南卫视与芒果TV、芒果影视、芒果互娱、天娱传媒形成芒果电视剧共生体，在周播剧品牌建设、提升自制剧生产力、边拍边播生产模式等方面不断进行探讨。

创新：把热爱的事业做到极致

周虽旧邦，其命维新。“湖南卫视的电视人都具有非凡的匠人精神，我们最大的天赋是把热爱的事业做到极致，像爱情人一样爱我们的创意。”湖南卫视创新研发中心主任罗昕曾这样深情地描述湖南卫视的创新。多年来，湖南卫视获得高收视、全媒体影响力渗透等佳绩，与频道创新力的不断迸发息息相关。

经典品牌的创新植根于每个阶段——22年的《快乐大本营》与11年的《天天向上》，创新脚步从未停止。创新是湖南卫视的“魂”。一直以来，湖南卫视都不止步于当下，而是敢于做“第一个吃螃蟹的人”。《快乐大本营》作为明星棚类综艺节目“鼻祖”，22年以来始终保持着引领的收视、热度、口碑与品牌，它以“快乐”“青春”为核，但对接的是不同时代年轻人的需求与情绪，“快乐传真”“啊啊啊啊科学实验站”“池到了”“谁是卧底”“我想静静”“下一站是我”“不要说，唱”“这不是你以为的世界”“我脑厉害了”“啊啊啊啊之这一题我会”“这一波好溜”等数十个经典环节由此诞生。11年的《天天向上》作为国内首屈一指的智性娱乐脱口秀节目，初心不忘，逐步走向常规节目季播化，推出美食季、相亲季、健身季、公益季等，创新不断。

新品的创新一直在路上——慢生活三部曲、亲情观察类、精品大秀类等占据领域高地。近年来，湖南卫视的新品创新往往呈现出四大特征。一是从引进模式创新向原创类创新转型，推出一系列原创型产品《一年级》《奇妙的朋友》《声临其境》《声入人心》等。二是主动型创新，也就是平台有诸多备选方案、择优而上。三是高成功率型创新，当然在创新的过程中也有失败，也有不被市场、观众认可的节目，但整体来看，湖南卫视新节目成功率算高的。四是有根基的创新，往往是对接用户、市场或者社会的某种需求。因此，在传统媒体整体出现下滑的大背景下，湖南卫视依然保持着强劲的创新势头。在《歌手》《爸爸去哪儿》之后，近几年在明星游戏综艺、快综艺泛滥的环境下，湖南卫视又另辟蹊径开发了三条新产品线，为城市快节奏释压的“慢生活三部曲”（《向往的生活》《亲爱的客栈》《中餐厅》），注重当代年轻人代际关系、价值观亲情观察类节目“我家”系列，聚焦精英文化出圈的《声临其境》《声入人心》等，这在国内市场上仍为少见。

创新的机制一直在引领——打破惯性认知、守成心态、操作壁垒。湖南卫视的创新不靠压力，而靠动力。为此，湖南卫视建立了生态化的创新机制。给予人才创新充分的安全感，除了制作人，湖南卫视将把执行制片人或担当类似岗位的核心导演列为重点创新力量，让他们免于一般绩效考核，有充分的时间、安全感和待遇保障来做创新；给予团队创新充分的资源支持，不论是情报资源、模式资源还是市场制作资源，频道都主动在第一时间发布给团队；给予团队足够的创新机会，推行样片制作、在芒果 TV 开辟试播区等；给予充分的制度支持，如 30 未满计划、创新飙计划；同时以开放的姿态，不仅向台内兄弟单位，也向社会公司进行创新方案征集。

对于湖南广电来说，湖南卫视是根本，是定海神针，“卫视强、集团强，卫视弱、集团弱”。在芒果媒体融合中，湖南卫视 A 面是“输出者”，充当着“核动力”“能量包”的角色，需要“带好路”“养好家”，它的 B 面是“输入者”，需要扎根更深、汲取养分、续存能量，才能不断超越。怎样平衡两种身份？怎样在重压中壮实自己？湖南卫视风光 20 年，有没有遭遇“中年油腻”？怎样才能逆境翻盘，自我升级？这些对湖南卫视来说，是现实，是困扰，但更是一种激励。

因为唯有进取，才能生存。

融合拐点——《歌手》等爆款 IP 带来的市场“海啸”

对于湖南卫视来说，2013 年是特殊之年。

广为人知的是，在经历 2012 年上半年短暂的低潮后，湖南卫视在 2013 年迎来新“春天”——年初的《我是歌手》、年尾的《爸爸去哪儿》如平地一声雷，引发全民围观、热议，就连“现象级”都成为当年热词。那一年，大街小巷、线上线下，都在讨论“黄绮珊的大嘴”“齐秦的退赛”“林志颖把拖拉机开成了法拉利”“张亮的老婆拯救了银河系”……

不为人知的是，2013 年的湖南卫视也充斥着争议、质疑之声。这一年，在移动视频出现迸发式发展，视频网站抱团取暖、量级逐升等大背景下，湖南卫视背靠现象级资源，开始思考与探讨内容的真实价值与未来的出路。

一段传奇:《我是歌手》等引发“IP”热

催生“现象级”

2013 年 1 月 18 日《我是歌手 1》首播，成为引领市场的现象级创新节目。该节目首季索福瑞全国网平均收视率 1.3、份额 7.0%，首重播卷入电视观众规模近 7 亿；索福瑞 29 城平均收视率 2.56，平均份额 9.87%。如图 2–5 所示。

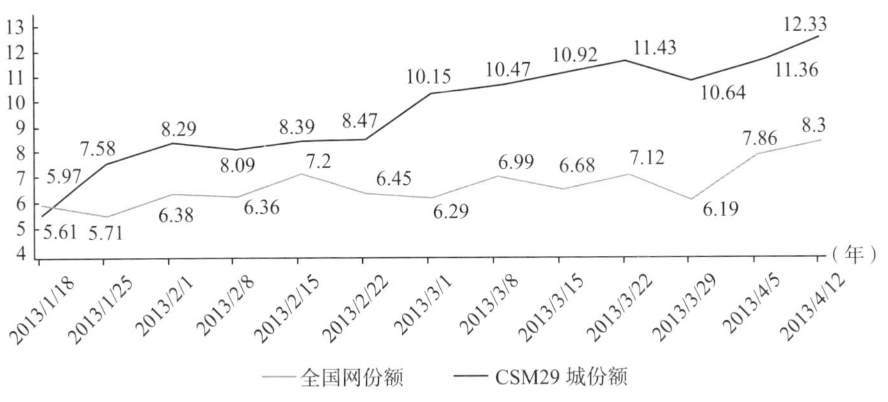

图 2–5　《我是歌手 1》分期双网份额表现

《我是歌手》并不只是收视上的“现象级”，在领域类也成为标杆型节目。《我是歌手 1》在资源、内容、理念等层面都有显著的刷新和突破，对湖南卫视、对观众乃至对中国电视界来说都是一个新的高度——在国内率先引用明星歌手进行真实比拼；打破当时“靠故事造节目”的流行方式，用真唱、用音乐说话；多个空间环境有机统一，呈现进程式、全景式记录；

大声表达态度和立场、价值驱动。节目播出之后，它既开创了国内明星音乐竞技新领域，也奠定了该题材节目的基座、基调、品质。

当然，《我是歌手》的魅力不止步于电视、不局限于中国大陆，事实上也引发了跨圈层、跨区域的热议。在《我是歌手 1》决赛当晚，中国台湾东森新闻台以“追踪报道”作为新闻形式，从七点半开始，对节目进行了三个多小时的全程直播，甚至还停播了其招牌节目《关键时刻》。同时，中国台湾中天新闻台、TVBS-N（无线卫星电视台的新闻频道）也用了大量时段来转播赛况，焦点播映也获得了极大的回报，东森新闻当晚平均收视高达 2.15[①]（台湾新闻节目一般为 0.5~0.6，破 1 就算佳绩），台湾业界哗然。

同年第四季度，湖南卫视周五低调推出亲子类真人秀《爸爸去哪儿 1》，成为当年市场最大的黑马。该节目首季全国网平均收视率 2.36、平均份额 15.52%，城市组平均收视率 4.31、平均份额 17.9%，其中双网最高份额均超过 20%，是 2013 年市场上收视最高的节目。其拍摄过的北京灵水村、宁夏沙坡头、云南普者黑、山东鸡鸣岛、湖南福寿山、黑龙江雪乡，最后都成了爆款景点。

《我是歌手》与《爸爸去哪儿》首季的大爆，也引发广告商的热烈追逐。《我是歌手》首季广告创收约 2 亿元，但第二季就近 9 亿元；《爸爸去哪儿》首季广告创收仅有 1 亿元左右，临播时还出现赞助商“临阵脱逃”的窘境，但第二季广告创收就近 10 亿元。当然，两档节目在后续单季创收都超过了 10 亿元，也由此引发业界新标准的认定——是否有“10 亿”级项目，是评定一个平台是否为顶级平台的重要维度。

《我是歌手》在锁定新浪、天涯、知乎等热搜头条外，也成功地让黄绮珊、林志炫、齐秦、尚雯婕等歌手再度“翻红”。以黄绮珊为例，在未参与《我是歌手》之前，她几乎是个完全隐没于江湖、完全没有市场行情的

---

① 《〈歌手〉在台受捧　电视台为收视不惜“盗播”》（https://ent.qq.com/a/20130416/000471.htm）。

歌手，而参加《我是歌手》之后，她的市场价值迅速飙升，《等待》《灯塔》等成为其代表佳作。时隔七年，市场上依旧尚未有一档明星音乐竞技类节目，能像《我是歌手》一样一季捧红多个明星。

“现象级”催生 IP 跨屏营销

2013 年也是湖南卫视跨屏融合传播的重要之年。背靠两档现象级节目，湖南卫视开创性地进行了多样化、多维度的跨屏融合营销，衍生品大热。

《我是歌手》总决赛走入院线，开启电视与电影整合娱乐营销新模式。《我是歌手》首季总决赛，湖南卫视携手万达院线和芒果博纳影院，在全国 11 个城市的 12 个万达影城和芒果博纳影院进行同步直播，超 3 000 名观众通过影院直播，感受大幕直播的视听震撼。这次合作是以湖南卫视和万达院线电视节目直播形式进行的创新，富有开创意义，是电视渠道与电影渠道的终端碰撞，引发了社会各界的关注，效果突出。

以《爸爸去哪儿》为起点，进行 IP 化全媒体布局尝试。随着《爸爸去哪儿》的热播，湖南广电开始有意识地围绕 IP 进行全媒体布局，打造芒果全媒体生态。2013 年 12 月，湖南广电成立芒果互娱公司，定位为移动互联网游戏和移动应用开发，第一个项目是《爸爸去哪儿》同名手游。尽管仓促上档，但下载量突破 2.5 亿次，在线人数高峰时达到 300 万，游戏获得多项业内大奖。2014 年春节档，天娱传媒打造的《爸爸去哪儿》同名电影上映，票房收入接近 7 亿元，位列 2014 年国产电影票房第 3 位，成为 IP 产业“粉丝经济”现象的经典。2013 年起，湖南卫视开始探索新媒体“走出去”，首次对接 YouTube 华人用户，成为国内媒体在该网站点击量最多的频道，当年分账收入达 1 000 万元。

一次试水:"独卖"引发对IP价值的探索与开发

2013年，在《我是歌手》《爸爸去哪儿》引发大众热议、成为社会议题的同时，其超高能量对湖南广电及媒体行业都带来深层的冲击。

不管是偶合还是事物发展的规律所在，2013年成为业内一个微妙的时间节点。在2013年以前，不只是湖南卫视，整个媒体行业其实都缺乏一个公平的估值体系来考量传统电视内容对互联网的贡献度。传统电视平台与新媒体之间，大都以"物理性"融合为主，处于"异体共生"的状态，基本上都是以很便宜的价格将电视内容卖给互联网企业，有时甚至是免费提供资源来换取新媒体的线上宣传推广，由此可见，传统媒体对真实版权价值是没有概念的。2013年，湖南广电敏锐地看到了行业管理层和视频网站对内容版权越来越重视的现状，于是，以湖南卫视《我是歌手》《爸爸去哪儿》两档超高影响力项目为契机，决定尝试实施"独卖"策略，资源不再给所有的网站，而是召集有兴趣的网站进行竞价，只卖一家，价高者得。该动作引发了整个行业"海啸"。

出乎意料——"独卖"获得天价版权，对频道内外带来强刺激

在湖南卫视宣布"独卖"后，乐视以过亿元拿到湖南卫视《我是歌手2》的独家网络版权，爱奇艺则以两亿元价格打包购买了湖南卫视《爸爸去哪儿2》《快乐大本营》《天天向上》《百变大咖秀》《我们约会吧》版权。这个价格在当时属于天价，有不少新媒体认为"出价太贵"，对此事采取观望的姿态。

拿到资源的乐视与爱奇艺，却收获了意料之外的惊喜。2014年初,《我是歌手2》播出，赛程还未过半，节目已为乐视带来了两亿元收入。同时，乐视视频移动客户端日播放量突破1亿大关，成为继优酷之后国内第二家日移动播放量破亿的视频网站。爱奇艺在拿到湖南卫视多个独家资源

之后，进行了专项网络招商，仅《爸爸去哪儿 2》网络播出冠名就拿到了 6 600 万元，一举收回近三分之一的成本。[①] 此外，凭借湖南卫视的独有资源，在 2014 年视频网站年度排行榜中，爱奇艺打败优酷，从排名第二升至第一。

恍然大悟——“独卖”成功，引发媒体市场争夺 IP、培育爆款，进行全 IP 开发的构想

2013 年，整个互联网视频行业也处于“震荡”中。一方面，互联网视频行业开始进行深度整合，爱奇艺与 PPS、土豆与优酷又分别与百度、阿里巴巴两大互联网巨头进行强强联合，盛大收购酷 6，人人网收购 56 网。通过并购重组，视频网站拥有了更雄厚的资本，开始大量购买内容，拓展渠道，版权价值的地位凸显。

另一方面，湖南卫视爆款内容迸发出的强大能量，对媒体市场具有强刺激。不仅传统媒体追求爆款，新媒体也开始调整思路，强力介入内容制作。在 2013 年互联网视频企业掀起版权抢购热潮后，购买版权的成本水涨船高，视频网站纷纷将目光投向自制内容，大量网络自制剧、自制节目诞生。虽然体量、制作水准当时还不及传统电视台，但视频网站已经迈出了内容自制的第一步，努力向传统媒体的制作水平靠拢。2014 年，IP 争夺战从电视圈向外辐射，各大新媒体包括视频网站、门户网站等大量收购创意、小说、游戏等版权，进行全 IP 开发构思，2014 年因而被业内称为“IP 元年”。

2015 年 6 月召开的上海电视节，这个本属于传统媒体的聚会与节日，

---

① 《大数据告诉你：〈爸爸去哪儿〉撬动上百亿产业链》（http://blog.sina.com.cn/s/blog_709ad98b0102v46f.html）。

却让参会的湖南广电人感受到了不一样的氛围。电视人的聚会俨然成为互联网大佬们的舞台，他们的目的就在于聚合传统媒体的内容资源，社会新媒体公司纷纷高调宣布与传统广电行业进行内容制作合作，互联网视频媒体关于自制新剧和节目的发布会成为记者关注的焦点。这次盛会也传来了关于天价版权的消息：腾讯一口气签下 NBA（美国职业篮球联赛）未来五年在中国市场的独家网络版权，总成本高达 5 亿美元；爱奇艺花巨资定制和独播《盗墓笔记》，被定义为它的大片计划。至此，内容版权在视频网站的核心价值地位已经凸显。

一个拐点：从“独卖”到“独播”

对湖南卫视来说，“独卖”这一举措并不止步于“获得天价”，它不仅探索了爆款内容价值，也是湖南卫视、湖南广电探寻后续发展之路的一次重要实践。

天价“独卖”之后，湖南卫视面临三个新课题：

> 是继续卖资源得快钱，还是利用 IP 内容打造线上平台？
>
> “独卖”后，湖南卫视与新媒体的关系出现紧张，如何规划新的传播矩阵？
>
> 如何再出现象级内容？如何与新媒体公司的野心分庭抗礼？

经过反复的讨论、求证、分析后，湖南广电确定了三个方向。

一是湖南广电、湖南卫视不仅要成为内容商（to B，对企业），还应该搭建独有的线上平台（to C，对消费者）。根据对当时的媒体环境分析，湖南广电如果从销售网络版权向独播转型，有三个方面的有利条件：一是湖南广电拥有业界一流的内容制作能力，其搭建平台需要的时间，可能会比新媒体搭建强大内容制作体系需要的时间还短；二是互联网正由 PC 端向移动端转型，移动互联网的兴起给所有准备互联网化的企业提供了一个时间窗口；三是我国政府正逐步规范对互联网的管理，这给正规内容生产企业介入互联网带来了新的机遇。

为此，湖南广电最终决定，放弃短期版权收入利益及互联网平台的宣传资源，着眼长远，依托优质内容打造为我所有、为我所控的网络视频平台，实现“融合发展，以我为主”。

二是以湖南卫视 IP 作为抓手，推进芒果媒体融合。湖南广电从“独卖”后，决定实施“独播”。2014 年 4 月 20 日，湖南广电亮出了芒果独播的旗号，湖南广电拥有自主知识产权的内容只在以芒果 TV 为平台的网络视频、互联网电视、IPTV、手机电视上传播，湖南广电将快乐阳光旗下新媒体平台金鹰网、芒果 TV 进行改版融合，推出了全新的芒果 TV 网络视频平台。此次春天的行动旨在通过全网独播强化独家优势，自主建立规则，被湖南广电人称为“我们的亮剑”。

芒果 TV 独播的第一个项目是湖南卫视 2014 年第二季度重点节目《花儿与少年》。2014 年 4 月 25 日，《花儿与少年》正式播出后，芒果 TV 两天的点击量达到 561 万次，大大高于以往任何节目。不过，因为流量骤增，卡顿现象严重，芒果 TV 加快解决技术问题。2014 年 6 月 13 日开始播出的《花儿与少年》大结局，在芒果 TV 两天的点击量达到 1 200 万次。在湖南卫视的强大输出下，芒果 TV 用户量、视频点击量增长迅速；独播策略实施后，芒果 TV 只用了一年的时间，就获取了一线商业视频网站需要四五年才能累积的用户下载量。

三是对湖南卫视内容生产力升级，以“原创爆款”为目标，指导内容创作、拓展合作模式、优化管理模式。当时国内电视行业节目同质化现象非常严重，在《我是歌手》《爸爸去哪儿》取得成功后，全国各卫视先后推出 24 档亲子类节目，韩国节目版权也被各家电视台争相竞购，价格水涨船高，好的节目版权成为稀缺资源。湖南卫视从中看到，跟风模仿不可能取得成功，购买海外节目版权也不可能成为可持续发展的动力，只有加大原创力量，通过采取优胜劣汰、鼓励竞争的方式增强内部创新活力，才能保证“现象级”节目不断出现。

因此从 2014 年开始，湖南卫视调整内容制作策略，推动由模仿引进向原创转型，推出了《变形计》《花儿与少年》《一年级》等原创节目。与此同时，湖南卫视积极探索制播分离，向市场汲取优势力量及服务。湖南卫视的内部创新活力被极大地激发出来，生产出了一系列标记着“芒果出品”的内容产品，不仅带来了较好的收视率，同时也促进了湖南广电新媒体、新业态发展。

一种痛点：“独播”后的压力重重

一石激起千层浪，湖南广电的独播战略引发市场强烈的争议，看好、质疑、观望、唱衰，各种舆情纷沓而至。2014 年 6 月，《南方都市报》发表《收紧版权　芒果 TV“独播战略”下的节目营销之变》一文，文章中大量描述了这种争议：“艺恩咨询分析师杨洋认为，对芒果台来说，传统企业与互联网接轨是改革的一项竞争策略，有利于激励整个行业对优质内容的生产力。”“掌握传媒联合创始人简昉认为收紧版权是一种倒退，降低本来源于市场竞争带来的价值最大化，‘独喂亲生儿子’，经济效率是低下的。”文章还以“流量的困境”为提示，预判湖南卫视面临的压力，引用宁哲网络合伙人王新宇的观点，“靠个别栏目撑起的流量，能提升单个栏目的广告价值，并不能提升湖南卫视官网的品牌价值，而卫视官网影响力并不能完全等同于湖南卫视的影响力，反而会给网站运营带来麻烦”。他认为这种做法可能削弱电视台自身的影响力，因为原来是多通路推广单个栏目，而现在只有自己的官方渠道，所以广告价值也会相应衰落。同月，《人民日报》

海外版则发表《芒果独播战略究竟挑战了什么》一文，从行业发展角度对芒果独播战略给予了肯定："卫视实行'独播战略'，既能促使自身在节目原创性上多用心，又能带动其他网站的自力更生，这对整个行业的发展来说是好事，对广大受众的自由选择来说，意义更大。"

独播，对整个芒果媒体融合来说，起着关键性作用；对湖南广电长远发展来说，也是利大于弊的举措；但对湖南卫视来说，却有着难言的"痛"，需要承担来自内外的多重压力。

一是"推广之痛"。传统电视平台早已习惯与互联网进行互动。网络媒体给予的推介资源越多，如新浪用微博来推动，腾讯用微信给予支持，其他网站也以最好的位置推介，往往越能反向刺激频道的收视率。事实上，在"独卖"试水中，湖南卫视就收到来自多个渠道的宣传施压。当时几家大网站答复，认为"价格过高"，曾直白表示"我不买就不会播你的节目，我不播你的节目，你所有的露出在我这里也没有，你要考虑一下你的互联网影响力"。

在独播之后，湖南卫视与其他媒体的关系变得十分微妙。以往对方会主动传播节目，而独播后，众多网络平台配合度降低。湖南卫视在与四大门户和其他大的网络平台沟通时，已经失去了以前的议价能力，对于没有视频版权的节目，网络平台不会出资源来推广，这也让推广部的工作很被动，经常只能靠刷脸来解决。

二是"版权之痛"。内容成为 IP、IP 转化为产品的关键在于版权。从湖南广电融合发展的经验可以看出，只有掌握了版权才能实现多屏分发、多元开发。因此，在湖南广电的 IP 开发模式中，形成了湖南广电所有节目的信息网络传播权以芒果 TV 为主平台运营，IP 化衍生手游由芒果互娱公司主导，电影由天娱传媒公司专业化运作，电视剧、动漫则分别由芒果传媒、金鹰卡通等团队运营，各团队深度参与创意和 IP 生成过程，在版权共享中采用内部市场化交易的机制。

对于湖南卫视来说，一方面，其对自主生产的版权没有 100% 的掌控权，即使是近年来，也有部分项目通过快乐阳光分发到其他平台，但卖给谁、与谁合作等，不在湖南卫视的掌握范围。另一方面，作为湖南广电研发、生产 IP 的“大户”，其基本上不享受 IP 长尾效应带来的价值，这一定程度上削弱了员工在研发时对长远价值链铺陈的积极性。事实上，近几年市场上对 IP 的开发，并不只是从单个项目或者单面内容出发，更多地在产业链的综合布局上，如《偶像练习生》《创造营 101》等，它们除了节目外，与艺人经纪公司、演出公司、商家等都是进行多面合作，共同进行粉丝经济的打造与维护。

三是“经营之痛”。湖南卫视对芒果 TV 的输出是深度的、全面的，不只是节目、资源、渠道，更是用户与品牌基因的平移。由此，湖南卫视核心价值的独有性在一定程度上被削弱，特别是在“00 后”网生代族群中，由于湖南卫视对新媒体的依赖，甚至很多用户认为湖南卫视与芒果 TV 是同一平台。这对湖南卫视本身的用户、广告、品牌经营都造成较大的困扰。

这些困扰和痛苦伴随着湖南卫视走到今天，在得失权衡之间的湖南卫视选择了隐忍和抗压，选择了不断创新和调试自己的媒体策略，有些问题找到了独到的解决方案，有些痛苦还是未解的难题，在与新媒体融合成长的道路上，湖南卫视还有很长的磨合期要走。

可以说，《我是歌手》《爸爸去哪儿》的天价版权引发了频道与市场的一场“海啸”，这既可以看成是芒果媒体融合实践的起点，也可以看成是拐点。从更长远、更宏观的布局来看，传统媒体增长空间有限，新媒体已是大势所趋，湖南广电“独播”战略有着大刀阔斧的开创性。当然，在进程中，湖南卫视面临新的压力与挑战，但其始终坚决拥护和响应媒体融合发展这个时代的要求，这也是湖南卫视必须承担起的新的历史使命。

湖南卫视过去为湖南广电的发展已经做出了重要贡献，现在在湖南广电新型主流媒体中的地位也依然不可动摇，未来更需要进一步做强湖南卫视，强化自身的输血和造血功能，引领马栏山传统媒体人向全媒体人的进化，引领中国传统电视向全媒体平台的进化。正如湖南卫视总监丁诚所说：“人到中年，要防腻祛油，就要给自己定一个摸高的标准，有勇气再打开一个新世界的大门。”

团队建设——“我家”系列诞生记：芒果的“根”

陈歆宇工作室火了。

从 2018 年到 2019 年近一年时间里，陈歆宇工作室连续拿下频道 5 个大型季播节目：《我家那小子》（2018 年 Q3 周五后晚间）、《亲爱的客栈 2》（2018 年 Q4 周五后晚间）、《我家那闺女》（2019 年 Q1 周六后晚间）、《我家那小子 2》（2019 年 Q2 周四后晚间）、《我家小两口》（2019 年 Q3 周六后晚间），且收视、热度、品牌都受到市场及用户认可。

除了已播或在播项目，其团队的《我家那老板》《2019 汽车之家 818 全球汽车夜》《2019—2020 湖南卫视跨年演唱会》三个方案已中标，进入储备或准备阶段。

在短时间内，陈歆宇工作室快速将“我家”产品拓展成系列品牌，占领市场亲情观察类节目高地……陈歆宇工作室究竟为何能爆发强动能？湖南卫视又究竟有何魔力，在传统电视媒体人才大量流失的背景下，不仅留住了核心人才，还可以不断向市场输送爆款？

人员流失？有，但受冲击小！

众所周知，属于创意领域的媒体行业人才流动向来较高，且随着媒体格局发生变化，人才“出走”体制一度成为潮流。当前传统电视台面临的危机中，其中核心一条就是“人才危机”。

出走新媒体

在电视圈竞争时代，电视台作为媒体语系中的核心，储备了大量具有专业技术、生产能力、管理能力等的人才。而近几年，随着新媒体的迅速崛起，不少人才从体制内流向市场，他们要么到互联网任职高管，要么自立门户成立自媒体、制作公司等，例子比比皆是。例如曾任职中央人民广播电台副台长的王晓晖任职爱奇艺首席内容官；原浙江广电编委、浙江卫视总监王俊 2019 年正式加盟阿里巴巴，目前公开职位为阿里巴巴集团大文娱优酷的副总裁；曾任职第一财经总编辑的秦朔成立自媒体“秦朔朋友圈”；还有大量知名制作人从电视台转向新媒体。

无论是高级管理人员，还是导演、制作人，传统媒体掉的是“肉”，瘦的是整个身躯，往往领头的都走了，团队也就跟着走了。人才的流失，让传统媒体损失的可不仅仅是单个项目，而是创新生产力。这也是在制播分离“潮流”后，大量传统媒体出现内容空心化的重要原因。

芒果系人才闭环

作为国内内容生产的领军型平台，湖南卫视一直以来都是各平台挖掘人才的“重灾区”，“挖角”现象一直没停歇过。早些年，有杨晖、易骅、陈晓东等出走。近年来，谢涤葵、廖柯、都艳等也相继离开湖南卫视，但芒果媒体融合的推进能为“芒果人才”的流失“止血”。

芒果的媒体融合始终坚持以人才为本，从痛点出发，以问题为导向，不断探索激活人才队伍转型发展方式与手段。在融合进程中，一方面，湖南广电积极探索“1+1”合作机制，加速人才队伍的融通，例如2015年，在芒果TV从“独播”走向“独创”的关键时期，具有丰富节目生产、平台运营经验的湖南卫视副总监丁诚调入芒果TV，担任总经理，为芒果TV内容自制奠定基础，之后，培养了互联网经验的丁诚又从芒果TV调回湖南卫视担任总监，对于湖南卫视积极参与实施芒果媒体融合战略积累了宝贵的经验。另一方面，背靠两套语系，芒果TV及芒果系公司以对接市场化的机制，吸附部分人才转型新媒体，例如吴梦知、单丹霞等，如今已经成为芒果TV内容生产的业务骨干。尽管从湖南卫视的角度来看，他们离开了，但从芒果生态来看，他们只是从传统媒体湖南卫视转移至互联网媒体芒果TV，属于内部人才的迁徙与融合，形成了芒果内部的人才流动闭环。因此，一定程度上，芒果媒体融合的推进为“芒果人才”的流失进行了“止血”。

与此同时，湖南卫视人才新生力量正在不断崛起，是未来集团化道路上创新视频文化的主力军，也是创新发展的发动机。

综合来看，近几年湖南卫视的人员控制得当，增长适宜。从2017年到2019年上半年，湖南卫视的员工总数只增加了60人，增长率仅为3.6%，但节目生产规模却大幅攀升。2019年，湖南卫视在2018年编排的基础上，推行贯通周四十点档，“730”档、周末白天中午档，减少外制节目，改为频道自制，试点泛黄金档时段，2018年上半年播放量为10 339分钟，2019年上半年播放量为19 437分钟，增长9 098分钟，同比增长88%。由此来看，平台人数增加与生产规模的提升具有一定的匹配性。

尽管有部分制片人流向了芒果系其他平台甚至体制外市场，但在湖南卫视不断释放的生产力和创新机制的强推之下，新的核心业务骨干迅速崛起，如徐晴、陈歆宇等佳作不断，成为市场公认的金牌制作人，任洋等年轻制片人也得以快速成长。

情感留人、制度留人、生态留人

尊重付出的情感留人

管理是否有魅力，在于对人性的把握，做到对人性的尊重是基础。多年来，湖南广电惜才、爱才、尊重人才的故事不胜枚举。在湖南广电内部，有一个属于自己的传统，就是给予创新团队与人才“台长嘉奖令”的荣誉，后来，为了鼓励内容创新，台长嘉奖令就演变成了台内最有仪式感的一项颁奖活动，只有突破性、现象级的精品爆款，才能问鼎湖南广电最高荣誉——大堂颁奖，由湖南广电人在现场共同见证。徐晴工作室就曾经凭借《一年级》和《声临其境》两档节目获此殊荣，她在获奖现场曾说：“我们就是一群爱痴人，毫不动摇地盯着节目的每一个环节去创作、创新。”“爱痴”是长沙话，意思是不投机取巧，扎扎实实干事，用爱痴精神把事业做到极致。

在人才管理、团队建设实操中，湖南卫视逐渐意识到，传统的行政审批、管控思维等会导致团队与服务部门、管理部门之间的摩擦越来越多，因此，湖南卫视班子在后续的团队建设中，确定了“服务而不是管控”的思路：

管理者也是服务团队，尽量减少通过行政审批的方式进行管控，增加团队在创新、生产等方面的自由度；管理者承担相应的责任与风险，不把所有责任都压在团队身上。

建立科学的管理与风险防御机制。例如针对创新节目，至少要经过三轮考核才能进入最终上档。第一轮，方案上交后，由创新研发中心组织进行初选；第二轮，通过初选的方案进入创新飙计划宣讲，在宣讲中，由频道总监、各中心部门主任、副主任、经理等组成的评委团进行打分；第三轮，创新飙计划优胜项目进入样片生产，依据成效最后决定是否上档。

同时，频道管理层不断加强团队和服务管理，支援部门的互通互信，积极为团队在研发、生产、营销、传播等方面“扫清障碍”。

给人才赋权的制度留人

在内部机制创新上，湖南卫视的探索始终走在前面，从频道制、制片人制到工作室制度，一直成为同行交流的话题。这些制度的核心是给创新者赋权，在内部生成一种良性的竞争机制，解放生产力。

优化激励机制，鼓励创新创优

湖南卫视近年来重新构建激励机制，把过去的收视奖励办法变成宣传、创新、收视多维度的评估体系，更为科学与系统；调整分配制度，鼓励多劳多得，改变体制内“吃大锅饭”分配的现象，让绩效偏向于高承压、高付出、高成效的员工。

试行双职工通道，是对普通员工职业晋升的又一创新举措。在 2018 年底的频道年会上，湖南卫视总监丁诚提出“2019 年七件大事”，将“试行双职工通道”作为其中一项。“双职工通道”指的是将专业型人才划分成 8 个等级，对每个专业、每个等级的角色定位、职责权益、任职资格标准和任职评审办法等进行详细的设定。它开辟了专业型人才晋升通道，让员工更有动力投入业务的自我提升与全面革新。

相信年轻人，提供机会与舞台

湖南卫视创新“飙计划”之“30 未满”专为年轻导演设立一方舞台。2018 年，历经多轮筛选，“95 后”年轻导演杨晚、肖焱睿、周若微共同打造的《解忧邮局》，以及“90后”资深摄像王家熹主创的《钻石骑士》脱颖而出，分别夺得冠亚军，成为湖南卫视选送参加ATF（亚洲电视论坛）模式大赛的重点项目。为此，研发中心成立专项组，分别与两个方案主创进行6次策划会，从模式架构、核心看点、人设选择等方面不断精细打磨方案，并协助设计模式概念片、宣讲PPT、现场宣讲互动等参赛筹备事项，以便毫无经验的年轻导演们，在登上国际舞台宣讲方案时，更加契合国际市场对原创方案的评判标准。孵化培育的成效喜人，鏖战5个月，湖南卫视公益类原创模式《解忧邮局》击败百余个来自亚洲各大电视台、制作公司的原创模式，作为唯一一个中国模式入围Top5决赛，并一举夺得2018年ATF模式大赛亚军，《钻石骑士》也入围Top10。两位年轻人登台领奖的“高光”时刻，也是湖南卫视原创模式迈出国门、获得国际认可的闪耀瞬间。

除了“30未满”制度之外，芒果师徒“一带一”制度也是湖南卫视人才培养机制的创新，具有鲜明的个性与超前的意识。湖南卫视近年来与众多高校保持良好的合作关系，2019年在清华、复旦、西安交大等多个名校设置校招专场，精心挑选百余名优秀学子进入第五期芒果训练营，成为湖南卫视源源不断的储备力量，如《声入人心》首季制作团队平均年龄仅有24.5岁，正是因为频道管理层摒弃经验主义，放手培养新人，不吝给予机会，年轻团队才得以脱颖而出。

推行工作室制度，激活团队能量

我们发现，多年的成功和相对优越的待遇让大量优质团队和优秀导演失去了“狼性”，守成心态日渐凸显。而在激烈的全媒体环境竞争中，内容平台最大的风险就是怯于创新。

如何最大限度地应对市场变化，吸收市场经验，释放体制内的生产力，激发一线团队创新活力，留住核心人才？湖南卫视经过充分调研分析，推出了工作室制度。

湖南卫视具备推行工作室制度的基础条件。一是拥有丰富的人才储备，导演接近 600 人，节目团队 25 支，这样规模的人才队伍在国内市场上也是少见的。二是具有独立完整的制作支撑体系，除了强大的研发支持和资源聚合能力外，湖南卫视还拥有包括制片、演播、艺统、导摄、服化道等 100 多人的支撑保障系统，工种齐全，作业流程成熟规范，这样的支撑系统和平台号召力是湖南卫视 20 余年发展过程中逐步建设和完善起来的，与 20 多个前后期团队一道，经过多年的磨合和培养，形成了湖南卫视独树一帜的企业文化。三是湖南卫视愿意给人才优厚的待遇及晋升空间，探索建立和完善一个完整的内部竞合生态。

工作室制度实施前，电视平台内容生产制度发展的主要阶段，如表 2–2 所示。

表 2–2　工作室制度实施前，电视平台内容生产制度发展的主要阶段

制度	形式	酬劳分配方式	问题
科组长制	一个节目就是一个事业属性的部门	事业编制为主，按身份分配	动力不强
栏目制	以节目为中心，制片人按照节目发展自行聘用人员	按劳分配为主	栏目下掉后，团队如何存续
大兵团作战	制作中心根据需求，统一调动人员、整合资源、监制内容	按劳分配为主，与效益有所挂钩	与市场公司相比，激励性不够强

为顺利推行工作室制，湖南卫视制定了一系列激励措施。一是品牌激励。推动工作室创立自主独立品牌，把工作室当频道内部“特区”，用一系列政策来帮助强者更强，帮助能力和经验突出的制作人获得更好的创作环境。二是创新激励。增加频道创新节目版面、推行常规创新“飙计划”、“30 未满”年轻人创新计划和样片生产、试播制度，为工作室增加创新出口，

为优秀人才提供用武之地。三是用人激励。下放工作室人员招录、用工权力，无论从外部招聘还是内部用工，领衔制作人都有直接提拔的权力。四是收益激励。打通绩效分配，以“投入产出”为依据制定“项目价值奖”，该奖最大的突破是以奖励的形式让创作者分享创收红利，既奖励制作老牌项目的创收增收贡献，也奖励新创项目的开源贡献。五是发展激励，支持工作室承接芒果 TV 的制作项目。

自 2018 年 1 月以来，湖南卫视工作室制度试行一年半的时间，先后分两批成立了由刘伟、徐晴、王琴、王恬、沈欣、陈歆宇、刘建立、安德胜、洪啸、孔晓一、秦明和卞合江 12 位制作人领衔的工作室，这些工作室拥有 26 个节目团队中 51% 的导演人数，主创完成了频道接近 80% 的自办节目量，创造超过 90% 的频道营收，进入样片制作和上档播出的所有创新方案中的 70% 来自这 12 个工作室。

工作室制度中有一条创新的规定——“任命年轻导演担任项目总导演”，在关键岗位大胆启动新人，给予年轻人才在项目实操中独当一面的机会。刘乐说：“我的成就感、满足感，都来源于努力被看到。”这位《快乐大本营》导演，因为对毕业主题感兴趣，代表工作室提案了《毕业歌会》的竞标。谁知道方案通过后，工作室直接任命她为《毕业歌会》总导演。刘乐说：“从未想过要当总导演，当时只是代表团队想拿下这个项目。”对于第一次的独当一面，她总有些“诚惶诚恐”“当没有制片人在我面前帮我挡事时，我一开始会慌张，但与此同时获得的是成长和自信，判断的能力、思维的笃定都在项目的实际操作中得到了极大的提高”。刘乐感叹道：“湖南卫视最可贵的是保护内容创造者的一种天真，作为相对市场而言的温室，这里能为创作者的意志保持独立自由提供环境。”湖南卫视总监、党委副书记丁诚曾表示：“给什么都不如给政策、给机会、给未来。让优秀的制作人永远站在 C 位。”湖南卫视工作室制度这种“能不留遗憾地将个人创想推到观众面前，对诸多专精内容创作的年轻导演来说，是极致的吸引”。因此，在工作室制度施行的一年半来，除了刘乐，还有《第29届中国电视金鹰奖颁奖晚会》总导演王霞（王琴工作室）、《2018快乐中国　爱情歌会》总导演陈震（徐晴工作室）、《2018中秋之夜》总导演杨子扬（刘建立工作室）等脱颖而出，逐渐成长为频道新的骨干力量。

当然，在实际运行过程中，工作室制度还存在不少“短板”，与真正的市场化工作室相比，刺激性有限，存在“天花板”，工作室的人事权还不够自由。为此，湖南卫视又进行了工作室2.0版的升级动作：一是强化对头部人才的保护，如实行制作人与项目总导演分设，鼓励制作人优先指派35岁以下优秀导演担任项目总导演，给工作室增添活力；二是建立制作人联席会议机制，如鼓励制作人牵头，组建各类创新小组，定向攻关；三是上线“电子信息管理平台”，实现人、财、物管理更加规范化，资源匹配更加高效透明。

构建创新系统的生态留人

从灯光、道具到字幕、音效，湖南卫视每一个精细的工种都力争在行业中成为最专业的，正是这些要素汇集成了一种难以复制的生态与系统。在这样的生态里，只要有好的创意，就一定能够实现，就能出最好的精品。为什么许多湖南卫视优秀的导演、制片人在离开后市场价值降低、成绩大不如从前？关键在于创新支持系统。只有激活制作生态、内容生态，构建强竞争力的创新生产播出闭环，才能为人才提供更多的工作与发展空间。

生态闭环还体现在湖南卫视打通总编室、节目制作中心、创新研发中心三大板块资源的联动协同：总编室用数据分析、编排策略与营销推广提供创新引导及创新变现；创新研发中心以“飙计划”提供创新资源和创意方法；节目制作中心用工作室激活创新动力（见图2–6）。湖南卫视的创新闭环由此形成，让有能力的人在湖南卫视都能找到一片属于自己的“天空”。豆瓣发布的2018年度电视综艺榜单中，评分最高的10档内地电视综艺，湖南卫视占6档，其中3档为原创。这似乎可以佐证创新闭环的成效初显。

在此之前，湖南卫视的创新大部分都是由管理层发起、自上而下进行的，虽然这种方式有目标、有需求、有方向、效率很高，但方向选择、创新类型的制定大多依靠频道少数决策层，而要产生现象级节目，创新需要草根力量。工作室制度实行后，责权利明晰，创新的动力更强。从这个意义上来说，“我家”系列制造者陈歆宇团队的爆发不是偶发事件。

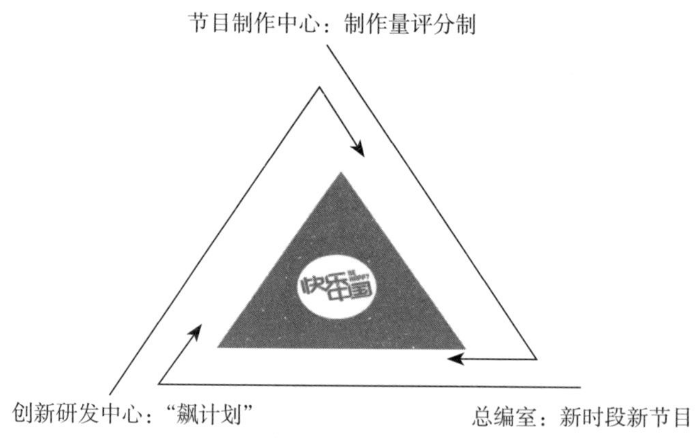

图 2–6　湖南卫视创新闭环

无论是人才培养策略的创新还是工作室的探索，都是为了在面对更深刻的变革时，平台拥有更多溢价能力，面对未来市场更激烈的竞争时，团队拥有足够的先手优势。“湖南卫视及湖南卫视的核心制作团队，一定是未来集团化道路上创新视频文化品牌的主力军，也是创意产业发展的发动机。”总监丁诚希望湖南卫视节目制作的未来，是从良性竞争开始的。因为他明白，要强壮卫视有机体，人才“细胞”的活力尤为重要。

内容生产——《声入人心》：湖南卫视爆款论

2018 年，是任洋来到湖南卫视的第 8 个年头。

2018 年初，在悉心策划、反复推演后，29 岁的任洋带着他的原创方案，以个人名义、单枪匹马登上湖南卫视第七轮“飙计划”宣讲台。15 分钟宣讲、50 余页 PPT、4 位音乐学院学生现场助阵，在赢得现场阵阵掌声后，他高分拿下当场冠军。

2018 年第二季度，任洋开始组建团队，进行《声入人心》样片生产。缺人手，他亲自带实习生；缺经验，请来《天天向上》制片人沈欣作为节目监制……

2018 年第四季度，《声入人心》以黑马之姿点爆市场，以 9.1 分拿下 2018 年豆瓣评分最高的电视综艺节目，助推芒果 TV 点击量超 7 亿，成功捧红“梅溪湖 36 子”，并获得湖南广电 2019 年 1 号“台长嘉奖令”。

2019 年 4 月 7 日，在法国举办的 MIPTV 春季戛纳电视节上，湖南卫视《声入人心》全球鉴赏大会盛大举行。湖南卫视总监丁诚在活动上正式宣布《声入人心》原创模式签约发行北美地区，并与 CAA 中国[①]CEO 顾抒航、美国知名制作公司 Vainglorious 首席执行官 Whitney Sudler-Smith（惠特尼·施达勒–施密斯）现场完成签约。

事实上，行业里一直都在探究，湖南卫视究竟有何诀窍，能够不断地向市场输出爆款节目。或许从《声入人心》身上携带的“30 未满”“单枪匹马”“原创”“精英文化”“台长嘉奖令”“模式输出”等标签上，可窥见一斑。

---

① CAA 中国是华人文化产业投资基金（CMC）与创新艺人经纪公司（CAA）在中国的合资公司。——编者注

“爆款孵化基地”

2018年初，湖南卫视总监丁诚对于频道这一年的运营思考提出了“爆款方法论”，他如此分析爆款与湖南卫视的关系：“用数学的语言说，爆款是个随机事件，全世界都没有什么十拿九稳的方法可以打包票，说爆款就爆款。但有一件事情我们可以做，就是提高湖南卫视出爆款的概率：打破守成心态，以‘爆款’为标准，指导内容创作；打破求稳心态，以‘爆款’为目标，优化管理生态；打破坐商心态，以‘爆款’为动力，拓展合作模式。”这是湖南卫视管理层对爆款的核心认识，其实，多年以来，湖南卫视一直不断地孵化爆款，尤其是进入全媒体时代以来，湖南卫视的爆款产品已由模式输入逐步进化为原创精品。

密集推新，成功率最高

在2013年至2019年上半年，湖南卫视推出的96档节目中，有5档节目全国网平均份额超过了10%，分别是《爸爸去哪儿》前三季、《我是歌手3》，以及《偶像来了1》；有38档全国网份额位于5%~10%；仅有23档节目全国网平均份额低于3%，且多是“730”时段节目或功能性较强的节目（见表2–3）。另外像《妈妈的牵挂》《我是未来》《儿行千里》等节目尽管收视表现一般，但在其领域中还是有较强的引领性，如《儿行千里》豆瓣评分最高达到了9.2分。

从湖南卫视2013—2019年上半年创新节目分布来看（见表2–4），湖南卫视近几年来创新节目推出密集，其中2017年、2018年新节目数量分别为10档、11档，占到节目总数量的一半以上，且推新效果突出，特别是大型季播节目，在首季大部分都有较高收视与热度表现。因为有海量精品节目矩阵夯实基础，7年以来，湖南卫视也成为市场上推新率最高、成功率最高的频道。

表 2–3　湖南卫视 2013—2019 年上半年主要节目收视分布

全国网份额表现	节目数量（档）
≥10%	5
7%~9.99%	11
5%~6.99%	27
3%~4.99%	30
＜3%	23

表 2–4　湖南卫视 2013—2019 年上半年创新节目分布

年度	节目总数量	新项目数量
2013	10 档	4 档
2014	11 档	5 档
2015	15 档	7 档
2016	12 档	5 档
2017	16 档	10 档
2018	19 档	11 档
2019 年上半年	13 档	4 档

具体来看，近 7 年来的推新项目为：

2013 年：《我是歌手》《爸爸去哪儿》《中国最强音》《奇舞飞扬》。

2014 年：《花儿与少年》《我们都爱笑》《亲爱的加油》《星剧社 2014》《一年级》。

2015 年：《偶像来了》《奇妙的朋友》《全员加速中》《真正男子汉》《噗通噗通的良心》《好好学吧》《恋家有方》。

2016 年：《我想和你唱》《旋风孝子》《夏日甜心》《透鲜滴星期天》《妈

妈的牵挂》。

2017 年:《中餐厅》《亲爱的客栈》《向往的生活》《为你而来》《神奇的孩子》《七十二层奇楼》《奇兵神犬》《我是未来》《儿行千里》《让世界听见》。

2018 年:《我家那小子》《声临其境》《我是大侦探》《嗨!看电视》《嘿!好样的》《快乐哆唻咪》《幻乐之城 2018》《少年说 2018》《声入人心》《亲亲我的宝贝》《快乐中国剧好看》。

2019 年上半年:《恋梦空间》《神奇的汉字》《放学后》《巅峰之夜》。

除了新品，经典品牌节目也在不断自我创新，不断自我成长，不断引领市场。以《快乐大本营》为例，与湖南卫视同龄的《快乐大本营》将棚类明星综艺做到极致，尽管岁月流逝，节目形式、内容与观众都在变，但“快乐”与“青春”的内核不变。作为长寿型节目，其并不拘泥于某个形式或单一内容，总是根据市场、社会、大众的偏好和情绪不断进行创新升级，22 年来留下非常多大众耳熟能详的环节。近些年以来，《快乐大本营》尽管收视数值上有所变化，但在同时段始终保持着第一的地位，且领先优势依旧相对突出。以 2019 年上半年为例，其比同时段排名第二的省级卫视全国网份额高出了 66.20%（见表 2–5）。

表 2–5　2013—2019 年上半年《快乐大本营》全国网收视表现

年份	收视率	份额（%）	同时段排名	份额比排名第二的省级卫视高（%）
2013	2.28	6.67	第一	66.40
2014	2.24	6.59	第一	63.60
2015	2.54	7.57	第一	163.40
2016	2.02	6.47	第一	177.10
2017	1.58	5.61	第一	123.70
2018	1.23	4.64	第一	78.40
2019 年上半年	1.05	4.20	第一	66.20

从模式引进到芒果原创

湖南卫视是最早打开门户、了解海外节目与模式的频道之一，借鉴与参考国外模式曾给湖南卫视的创新带来国际视野及最新理念，但湖南卫视在海外模式的学习与运用上从来不是照搬照用，而是始终坚持“以我为主”的立场。一是坚持“以我为主”的引进：是否符合频道核心受众及中国观众的收看心理，是判断其是否具有引进价值的主要标准，而不是简单粗放地引进。二是坚持“以我为主”的改进：在十余年的学习互动中，湖南卫视积累了极其丰富的改造经验，打造了自己的节目宝典，让其转换成真正具有湖南卫视特色、带有湖南卫视烙印的新品牌；三是坚持“以我为主”的速度：一方面，第一时间派研发成员及团队参加全球模式创意产业会、电视节，收集一手节目情报，另一方面，根据湖南卫视节目规划的需要，包括播出季、竞争结构的变化等进行针对性的梳理与学习。

近年来，国家广电总局越来越提倡打造中国风格的原创精品，加上海外模式出现匮乏、国内对模式争夺加剧的状况，湖南卫视意识到要依托频道原创能力的积蓄与提升，加大自主研发的力度，并积极地向海外推广、输出。从 2017 年 7 月开始推出的创新“飙计划”，让原创有了被孵化的制度基础。2018 年 4 月 7 日，《声临其境》代表中国模式登上了法国戛纳电视节的主舞台，从此，全世界都开始关注属于中国的原创，关注湖南卫视的原创作品。《声临其境》总导演徐晴说：“我们的节目创意也许冷门、垂直、小众，我们的嘉宾也许冷门，可这两个冷门元素叠加、放大，恰恰成就了热门和爆款，也许这就是创新的奇妙之处。”作为一个完全没有模式可以借鉴的纯原创节目，《声临其境》的成功表明，随着当今综艺风向标的改变，那些风格同质化、表演形式化、艺人流量化的综艺老三套已经慢慢过时，整个社会的审美情趣在提升，唯有对世界范围内节目趋势进行整体研判，对当下社会热点痛点进行创意化表达，才可能源源不断地推出《声临其境》这样的爆款。

2018 年 12 月 6 日，在新加坡 ATF 亚洲电视论坛上，世界知名模式研究公司 K7 Media 向全球电视人推荐了《声入人心》，认为它具有全球市场发行的潜力。“现今综艺市场台综、网综井喷式上档，同质化现象越来越严重，从垂直细分领域抢占题材蓝海，引领性的原创新模式显得尤为重要。相比较大而全的头部综艺，垂直细分更能精准地聚焦受众群体，切中观众刚需，用户黏性和互动性更大，是探索原创中国电视模式好的路径选择。”这是《声入人心》制片人任洋和他的团队对爆款综艺新趋势的思考。

2018 年成为湖南卫视海外推广的元年，这一年，湖南卫视力求激活和打造其在全球市场上“芒果原创”的全新品牌形象，积极推进其从模式买方向模式卖方的身份转型。2018 年，除了《声临其境》《声入人心》，湖南卫视还先后将《摇啊笑啊桥》《生活哆唻咪》等更多频道原创项目或创意输出国际市场，并取得了良好的口碑和成绩。

爆款频出的背后

如果说单个爆款的诞生，还可以归结在运气、机遇上，那么，一个平台能不断地推出爆款，其背后必然有适应孵化爆款的“土壤”和机制。

去“油腻”，强平台

现在说不求进取，年轻人叫“丧”、叫“佛系”，中年人叫“油腻”，老年人自然不抱期待，只剩下“白头宫女说玄宗”。“油腻”，指人到中年世界观僵化，失去想象力，价值观油滑、落俗，失去反思能力，就像自己给自己施了“定身法”，定身在昔日的荣光，定身在过往的成功经验里。

22 岁的湖南卫视，以防“中年油腻”作为重要切入点，在实际工作中，不断克服成功经验带来的保守主义与教条主义。尽管对手众多、生存环境越来越恶劣，但湖南卫视不留恋于过去的成功，始终给自己树立一个高标准，每次都以创业的勇气与果敢，去创造 IP、创造爆款产品。所以，湖南卫视的产品打造中，推陈出新最为突出，不少有市场的项目如《百变大咖秀》《花儿与少年》等也被新项目替代。所谓大浪淘沙，就是湖南卫视自我革新、不断超越的一种姿态。

22 岁的湖南卫视，以“把握时代脉搏”为创新的根基，与社会、市场、观众始终保持共情共鸣。对于项目的开发，一般说来有三个层次：最浅表的层次是对资源的追逐，以艺人资源、IP 资源为核心，开展项目开发；中间的层次是对新题材、新领域的探索，以未知领域为核心抓取项目突破口；最高级的层次是对价值观的探索，以触动观众、市场的共同情绪点、共同观念为核心，进行研发。湖南卫视在 IP 资源层次、新题材层次的探索方面，经验丰富且成效突出；对 IP 价值观的探索已经开始。

22 岁的湖南卫视，以“做强平台，做强时段，做强观众”为己任，为爆款孵化提供好“场所”。爆款的出现，一方面在于有引爆的“基因”，另一方面在于有引爆的“场所”。湖南卫视尽力为爆款诞生提供优质环境。譬如，对于产品运营，湖南卫视是以形成平台合力去推进的，包括线上线下多栏目、多嘉宾、多话题的互动。又譬如湖南卫视将周六后晚间定位于“爆款孵化基地”，以前导节目《快乐大本营》高且稳定的收视、观众作为起点，来对新项目进行孵化，往往事半功倍。索福瑞全国网数据显示，每期从《快乐大本营》顺流到周六后晚间项目的观众规模达到 2 500 万~5 000 万。

破“管控”，强“供给”

以前，湖南卫视与其他平台一样，项目研发主要依靠节目团队进行，随着对创新的力度、成功率要求增加，频道与团队之间就会产生越来越大的摩擦，从而削弱创新力。

一是25个团队无区别、无层级地进行项目档位竞标，频道窗口有限，25个团队很难都轮上主创项目，大量的制作人陷入一年到头接不到活的焦虑中。

二是多依靠团队进行自主创新，创新动力小，且不少团队认为不自由，在创作过程中使用人、财、物时受到较多掣肘，职能部门管控也难以到位。

三是针对创新，似乎理所当然，频道激励有限，这与市场热烈追逐创新力、高激励的机制形成明显对比。

四是压力大都在团队，管理层与之关联度较低，团队无安全感。

长此以往，频道的一些制片人逃离体制、流向市场，有些员工不愿意创新，人浮于事。为此，湖南卫视急需要一场“自我革命”，破除“管控”思维，构建生态化的创新机制，给予创新最强的保护与供给。

革新一：以创新研发中心为枢纽，统筹创新大局。

2017年初，湖南卫视重构创新研发中心，原《快乐大本营》制片人罗昕担任创新研发中心主任，负责频道新品开发。创新研发中心下设三个部门：情报部、共研部、外制部，对频道、国内和国际所有信息渠道进行覆盖，且改变以往的“自上而下”的推新模式，实行双线并行，鼓励团队、个人“自下而上”进行方案研发。

革新二：构建高动力、高包容、高胜率的创新机制（包括“飙计划”“30未满计划”“样片制度”等创新举措）。

引领潮流，持续创新——创新“飙计划”。自2017年7月起，湖南卫视启动创新“飙计划”。何为“飙”？上古时期的一种神兽，跑得比风快，毕生追求极限速度。这个字恰好契合了湖南卫视创新的态度——加速创新，不追随潮流，永远只引导潮流。截至2019年6月底，第十五轮“飙计划”征集，收到了来自频道内各工作室、团队、导演个人及社会各界的创意提案共计 1 141 个，精心筛选后，研发中心已举办了 17 场“飙计划”宣讲会，并产出中“飙”提案 32 个，其中包括样片立项提案 23 个，上档储备提案 4 个。

除了创新方案数量多外，创新“飙计划”还呈现出以下几个特征。

一是创新的主动性增强。以往均是团队提方案，而“飙计划”后，有不少以个人名义进行的方案宣讲。《声入人心》就是任洋以个人名义提出的方案。二是方案的呈现方式多样化。以前大部分的创意只存在于 PPT 中，而在创新“飙计划”中，有的还提前录制小样片来辅助呈现，让创意变得可视、可观、具有说服力。三是创新的效果突出。多个市场级热款出自“飙计划”，大型原创声音魅力竞演秀《声临其境》是创新“飙计划”第一轮的冠军方案，《少年说》是第二轮“飙计划”高分方案，《声入人心》是第七轮的冠军方案。

开辟时段，提高胜率——样片制度。原创想要成功，试错必不可少，也只有在具体的实际操作中千锤百炼，才有可能趋向完美。为此，湖南卫视在国内率先推出样片制度，凡是创新“飙计划”选中的好项目，都有可能打造成样片。一方面，频道积极开辟新的时段窗口，为创新节目提供更多的机会。例如周四后晚间，白天黄金时段，周六、周日泛黄档开辟“青春风向飙”等。另一方面，在特殊的节点，推出样片试播带，如在 2019 年的端午节小长假期间，推出端午尝鲜特辑，三个新项目样片进行点映，分别是《一出好戏》《书法大会》《我们见面吧》。此外，除了在电视屏进行点映，湖南卫视有意在芒果 TV 打通样片试播带，鼓励原创节目大胆试错，推动原创方案落地。样片制度不仅对创新落地有积极作用，对于广告金主更是重大利好的消息。广告商可以提前直观地看到想投项目的效果，能够更加自如地选择自己喜爱的项目，让投资更准确，减少“盲投”带来的风险。

管理担责，立安全感——总监责任制。每一个原创创新项目，必须落实到每个总监会责任人身上，总监会成员把项目的担子和风险担起来，让团队能放开手、放开胆子去搏，而不是把责任都压到团队身上，减少了“搞业务的在水里扑腾，搞管理的在岸上吆喝”状况的出现。

革新三：以主动进攻的姿态，来增强创新力。

第一，打造多渠道、多方式、多联动的创新“窗口”。

抢第一时间点，拿下市场好剧、好综艺模式，对国内外市场及趋势保持高敏的状态，让湖南卫视成为市场热资源、热模式的首选平台。

放下姿态、拿出诚意、拿出机制来联合各路资源方，共同开发潜在的爆款产品。近几年来，随着社会公司实力逐渐加大，引入优势资源合作已经成为卫视平台增强自身实力的重要途径。据统计，在2017年的省级卫视收视率前50名的节目中，有60%的节目为平台和社会公司联合出品。湖南卫视创新研发中心外制部也在积极拓展新的合作方式：《向往的生活》采用的是合作全投全制的方式；《幻乐之城》采用双方联合制作的合作方式，由合作方酷博特文化提供艺人和舞美等资源，卫视则派出由洪涛领衔的顶尖制作团队，在内容呈现上负全责。

学习新技能，不惧新不畏难。对于新技术、新趋势，芒果人总愿意“尝鲜”。在2015年的小年夜春晚上，湖南卫视就大胆创新，力邀年轻观众人群中超具人气的Vsinger（禾念旗下虚拟歌手的统称）旗下虚拟歌手洛天依，通过AR（增强现实）技术，与甜歌天后杨钰莹共同演绎洛天依名曲《花儿纳吉》，创当晚收视高潮，并引发芒果TV、新浪微博、各大视频网站等多平台爆炸性讨论。

第二，主动推进多族群、多领域、多圈层的创新“破圈”。

立足于年轻、家庭，注重“三高型”人群的锁定，湖南卫视平台及所有节目都以“青春”“年轻”为核，借助电视家庭大屏的优势，注重家庭关系的辐射，注重高学历、高消费、高传播力人群的培育。湖南卫视精英型三部曲《声临其境》《幻乐之城》《声入人心》在本科及以上学历人群中都具有高竞争力与传播力。

立足于社会痒点、痛点和共同情绪点，湖南卫视越来越注重多元文化、社会多触角的呈现和价值观的呈现。“慢生活三部曲”及“我家”系列，就是把握住了都市人群追求自由和无束生活的心理特征，创建了独特的价值观。

立足于频道、客户、市场需求，湖南卫视越来越注重不同体量、不同类型项目的创新突破。在“730”带、白天午间时段，湖南卫视不断推出小体量节目新品，其中“730”带主打年轻、学生型观众，推出了《少年派》《放学后》《神奇的汉字》等系列节目；白天午间时段以高互动、闯关类为主，推出了《摇啊笑啊桥》《更上一层楼》等冲关类节目；针对下午开机率上涨时段，湖南卫视也有意开辟“泛黄档”，目前已在周末推出“青春风向飙”，与芒果 TV 合作，芒果 TV 的《哈哈农夫》《变形计》《新生日记》就在湖南卫视该时段播出。

近年来，湖南卫视保持着高涨的创新氛围与势头，保持着创新的高成功率，一定程度上缓解了芒果融合传播中平台高输出带来的压力。当然，在实际操作中，因为气质与基因天然相符，也存在湖南卫视与芒果 TV 创新的同质化问题，已呈现出某种“重合性”的巧合，如双方都在亲情观察类节目方面有所用力，都有想法推出乐队节目等。因此，在后续融合发展中，芒果融合生态需要思考怎样破除当前创新的高重叠现状，利用各自的用户、平台、渠道等特征，寻找各自的内容特色，实现真正的“1+1 > 2”的效果。芒果的融合，并不是传统媒体与新媒体的此消彼长，而应该是在此长彼长的逻辑中找到规律与方向。

由湖南卫视的内容创新历程可以看到，中国电视文艺面临着新时代浪潮的挑战，“大众宠儿”的传奇还能延续多久？张华立副台长曾在新中国电视事业诞生 60 周年之际发表过一篇关于电视艺术的理论文章，他这样描述他眼中的电视文艺的未来：“在貌似连接越来越密切的现代社会，孤独感却更加强烈，这就是我们的情感宿命：我们追寻心灵启迪，沉浸于集体认同，都离不开仪式文化。电视内容的道统相较于去中心化的碎片依然发散着人性的温度，‘此时此刻，所有人’，就是该道统不死的本质。电视文艺开启的仪式大革命，曾经或仍然奠基着人类情感表达的高度，也植根于此，电视文艺一定将为人类文明永续光辉。”

剧场建设——《人民的名义》为何会在湖南卫视大爆？

2017 年初，湖南卫视总编室拿到《人民的名义》全剧样片，大家在惊喜和担忧交织的情绪中看完了全片。惊喜的是太久没见过这样的题材，故事悬念感、冲突感强，宣传人员连续两个通宵追完了全集；担忧的是，湖南卫视很少播同类型的剧，男性倾向，几乎没有爱情线，演员热度不高，情节还有点烧脑。湖南卫视剧场一直走女性青春路线，这个剧在湖南卫视的平台上播出，能有好的收视效果吗？

在经过多方审慎的讨论、研究后，湖南卫视决定拿下《人民的名义》，且为了保证其得到安全高质的播出，频道在编播、宣推等方面进行提前布局，综合考虑社会情绪、频道节奏等多方因素，将该剧安排在两会结束之后，与前剧套播方式播出，提前一个月启动屏上宣传，制作 14 条宣传片，最大化本剧的传播效果。在该剧播出期间，湖南卫视执行了严格的自审自查，品推部门每天及时跟踪舆情，适时删减、调整敏感内容。

2017 年 4 月，《人民的名义》大爆，创下近十年中国电视剧收视率新纪录，全国网单天最高收视率达到了 5.58%（见图 2–7）。仔细分析后，我们可以发现《人民的名义》大爆并不是偶然，除了高稀缺题材、高品质

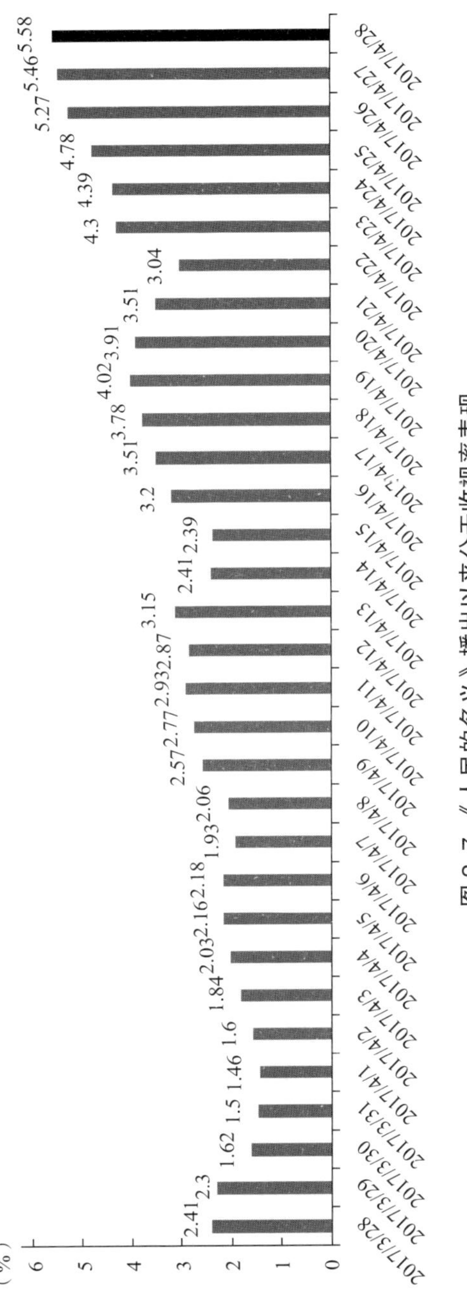

图 2-7 《人民的名义》播出以来分天收视率表现

资料来源：索福瑞全国网。

制作的因素，更是湖南卫视剧场品牌、剧场战略、剧场生态的一次全面爆发。

高稀缺、高能量、高传播

湖南卫视高稀缺的剧场布局、高能量的剧场品牌、高竞争力的剧场营销，为《人民的名义》大爆提供了良好的“土壤”。

高稀缺

湖南卫视高稀缺的剧场布局由定位清晰、分工明确、各有侧重的三大剧场（金鹰剧场、钻石剧场、青春进行时）构成，三者之间互补互助，在国内电视屏版面中独树一帜。尽管2018年以来，钻石剧场与青春进行时进行了合并，但两者定位、风格还是有明显的差别。

金鹰独播剧场——频道之重，必不可少。金鹰剧场是湖南卫视收视的龙头和重心，展现着频道核心气质，是整个频道的收视支撑。定位于国民性、品质感，主打广谱受众、全年龄层女性受众。

钻石剧场——频道特色，市场稀缺。湖南卫视曾针对市场上的优质古装剧，开辟了钻石剧场，专攻古装剧集。定位为古装偶像、豪华稀缺，主打女性、年轻、粉丝受众。

青春进行时——核心资源，立足将来。从营销方面来说，周播栏目剧无论在品牌植入还是产品植入方面，都拥有非常大的营销空间，潜力无限。从战略布局来说，周播栏目剧是对湖南卫视的能力打造，能够为湖南广电媒体融合战略开发和培养新型电视剧制作团队、探索新型电视剧制作方式，成为湖南广电抢占市场高地的重要手段和核心资源。定位为探索性、创新性，主打年轻、先锋、精英受众。

高能量

湖南卫视三大剧场是现象级剧的孵化基地。

一是有较大的“观众池”为“基座”。仅就黄金档而言，湖南卫视金鹰剧场 2013 年以来，全国网日均观众规模 5.6%，推及人口约 7 200 万，比同时段排名第二的省级卫视高出 3 000 多万观众。其中在巅峰时期的 2015 年，金鹰独播剧场日均观众近 1 亿，现在尽管观众规模有所下降，但在同时段仍处于领先地位。

二是有独有的版面为支撑。目前在市场上，仅有湖南卫视金鹰独播剧场在 20:00~22:00 左右播出，其他省级卫视大都在 19:30~21:20 播出，与其他频道形成差异化的版面竞争。

三是有超人气的收视规模。除了《人民的名义》，湖南卫视近年来也推出大量的现象级剧，如《武媚娘传奇》《花千骨》《楚乔传》《旋风少女》《漂亮的李慧珍》《知否知否应是绿肥红瘦》（以下简称《知否》）等均来自湖南卫视剧场。索福瑞全国网数据显示，2013—2019 年上半年，市场上收视率最高的 50 部剧集中，有 40 部来自湖南卫视，占比达到 80%，特别是排名前 30 的剧集中，仅有《霍元甲》《青年霍元甲之冲出江湖》来自央视八套，其余均出自湖南卫视。

高传播

具有创新力强、执行度高的剧场话题、人物、事件营销。

湖南卫视往往将剧场与栏目热度打通，在全媒体平台进行精细推广，针对剧集内容，引导与对接社会多情绪。以《知否》为例，湖南卫视播出前以明星、剧情、IP 等相对娱乐性的话题为主，播出后以剧集内容对当代生活投射的社会性议题为主，如家人之间的相处、夫妻之间的相处、婚姻嫁娶等方面，效果突出。美兰德网络数据显示，《知否》播出期间，微博话题 # 电视剧知否知否应是绿肥红瘦 # 阅读量达到 170.8 亿，讨论量达到 8 208.3 万，共有 147 个热搜词，181 次登上微博热搜榜，累计热搜值 3.85 亿，位列 2019 年上半年电视榜第一。

繁华与落寞，挣扎与坚守

尽管湖南卫视剧场风光无限 20 年，成绩斐然，但繁华背后，难掩剧场的真实生存窘境，如今，要面对的是前所未有的压力与迷茫，前所未有的挣扎与坚守。

从电视剧政策环境、市场环境、产业链分布来看，七年间变化巨大，资本的介入催生了电视剧价值链的新格局，湖南卫视作为传统电视媒体的代表，在电视剧的议价权、话语权、购买力等方面的优势削弱明显。粗略来看，国内电视剧产业链分布主要经历了三个阶段（见图 2–8）。

传统期。该时期为买方市场，电视台作为播出平台、占有主导地位，观众以电视为唯一的渠道进行收看，剧集产生的长尾效应主要在各个电视频道。

视频网站起步期。该时期也为买方市场，电视台作为购买、播出的主要平台，占领主导地位，而视频网站为辅，优势资源与话语权掌握在电视台手中；观众以电视收看为主，视频网站收看为辅，长尾效应经过电视平台多轮跟播、重播实现，视频网站作为辅助收看平台，由于普及率不高，收视效应不明显。

资本介入、视频网站高速发展期。由于大量资本介入，展开了对头部资源的激烈争夺，该时期滋生了“天价剧集”“天价演员”“天价制作”等现象，电视平台购买力下降，在购买中的话语权、议价权明显削弱，而卫视拼播大剧，进一步抬高剧集价格，特别是顶级大剧，双台拼播价格甚至高达 600 万元一集。凭借资本力量，视频网站深入电视剧产业链前端，逐渐成为市场主导力量。在这个阶段，观众的收看行为呈现出明显分化，而电视台获得的剧集版权多为单屏、单次（或多次）播出版权，长尾效应主要在视频网站。

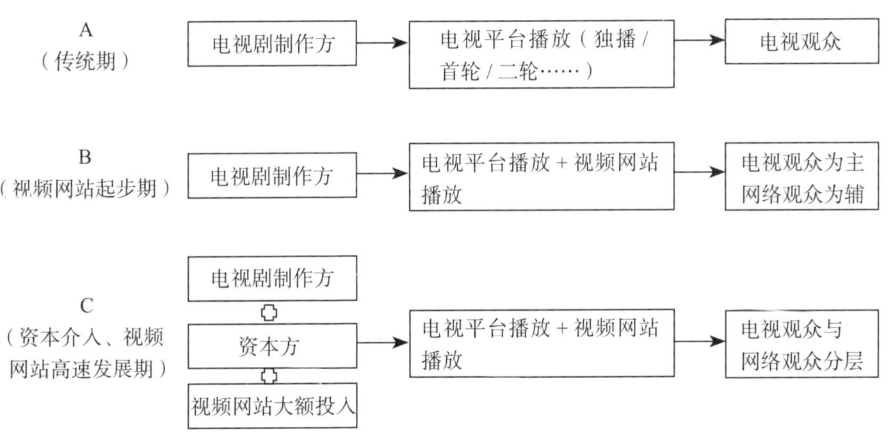

图 2–8　国内电视剧产业链的三个主要阶段

在此背景下，电视平台剧集编播方式发生了巨变：从开始的独播，逐渐变成拼播、台网同步，甚至现在多频道多剧场以先网后台作为主要的编播方式。

从另一个角度来看，视频网站的大量需求、资本的入场，加剧推动了产能过剩、泡沫严重、供求失衡的市场。这种情况带来多种后果：内容焦点分散，受众习惯跑偏，泡沫产品爆发，主流审美异化。

面对所有的改变，一直坚持独播的湖南卫视，面临的压力较其他平台更大，怎样维护剧场品牌？怎样争夺强势资源？是放弃独播进入拼播，还是坚守阵地？这些都成为频道必须面对的实际问题。

周播剧的台网融合实践

除此之外，湖南卫视剧场还在台网融合实践中贡献了周播剧战略的实践与探索。

与日播剧每日“约会”的收看形态不同，周播剧每周以限定式的体量播出，推进节奏快、信息量密集、有充分的话题发酵时间，具备十分年轻态的传播方式，并且符合全媒体互动时代的发展规律，由此逐渐成为国际通行的剧集制作刊播模式。此外，周播剧通常体量不大，成本相对较低，编排方式更加灵活，因此在收视及投入方面的风险都相对降低，同时小体量、轻巧型的剧集更适合多季开发，充分发挥其长尾效应，更年轻、更新颖的创作方式使得其生命力更强。由此，在欧美、日韩等国家和地区，周播剧成为主流之势，不仅呈现出巨大的收视、创收及传播能量，且各有特征。

美国周播剧：高度商业竞争、悬念制胜，存在独特的剧迷现象。周播剧在美国全周晚间大面积点状播出，9 月中旬至来年 5 月为播出季；其黄金时段周一至周六 20:00—23:00，周日 19:00—23:00，各大电视网情景喜剧、情节系列剧以周播的方式轮番播出。其中情节系列剧是一个大类，按情节连贯性可分为独立剧、连续剧。前者每集一个故事，相互独立（如《CSI》），后者环环相扣，以悬念勾连（如《迷失》）。按内容来分，情节剧以科幻、犯罪、医疗、冒险、奇幻为主。

韩国周播剧：市场垄断，收视超高，三大电视台品牌各有所长。韩国的周播一般是以一周播出两天进行排播，且几乎由 SBS、KBS、MBC 三大电视台包揽拍摄，各有所长。KBS 的偶像剧较温情庄重，擅长大构架下设置小故事；MBC 剧目种类较多，但以长篇剧、历史剧而著称；后起之秀 SBS 一向以推出新人、新鲜组合著称。所以，韩国周播剧较容易形成阶段性的大热点及全民偶像，《来自星星的你》《太阳的后裔》《迷雾》等都是来自周间周播剧。

对于国际通行的剧集编播模式——周播剧，湖南卫视敢于大胆借鉴与尝试，在国内率先进军周播剧领域，成为湖南卫视产品布局中的重要一部分，也是芒果媒体融合中的关键性一环。

可以说，湖南卫视重新定义了国内周播剧概念，其传播与互动方式十分符合湖南卫视十点档年轻、潮流、新锐的频道定位。与其他国家的“纯周播剧”（每周一集或两集）不一样，湖南卫视引领的国内周播剧潮流，是介于传统的黄金档日播剧和“纯周播剧”之间的独特存在：一方面，形态有异，一周播 4~8 集，这是基于国内电视剧产业链及用户收看习惯进行的排播，既可以逐渐培育国内周播剧产业链，也让国内观众逐步适应周播的收看习惯；另一方面湖南卫视的周播剧以周播为其名，精品为其实，“高概念、低成本”是其在残酷市场竞争中的立身之本。

湖南卫视通过周播剧，构建了独有的电视剧生产体系。周播剧的制作模式不仅有利于湖南卫视在电视剧题材方面的不断探索与创新，也有助于自制团队的孵化与新兴艺人的培养。近年来，湖南卫视通过周播剧向市场输送了一批新锐的剧集题材与优质的偶像新人，为电视剧市场注入了新鲜活力。

湖南卫视通过周播剧的制播诞生了一批有市场影响力的品质剧，打通与年轻人互通的桥梁，不断向年青一代传递积极阳光的潮流意识。这些周播剧以实现“引领青年人”这一责任为主旨，用年轻人喜闻乐见的方式，通过故事的方式向年轻受众传递正能量，频道遵循广电总局要求的“小正大”原则，支持“小而美”的自制剧创作，注重新人和新导演的培养孵化，以及芒果系艺人的养成。2015 年周播剧场“青春进行时”正式诞生，剧场全年平均收视位列同时段第一。其中频道自主打造的首部 IP 剧《爱的妇产科》首度尝试美剧式风格，成为市场周播题材的先驱者，精良的故事内核与场景设计、贴合社会的话题植入，让其拥有突出竞争力。同年暑期的

《旋风少女》将青春校园与竞技题材相结合，因其展现年轻人热血拼搏的气质与频道高度契合，首季全国网平均收视率2.42、平均份额15.31%，成为剧场全年收视率纪录保持者，持久占据话题热榜。2016年的《旋风少女》第二部在第一部的热度加持下，继续以“旋风之势”横扫收视与话题，全国网份额继续破10%。2017年“青春进行时”始终坚持品牌、受众定位，同时对题材风格不断探索尝新，播出了《漂亮的李慧珍》《浪花一朵朵》《不一样的美男子2》《路从今夜白》《进击吧闪电》等青春系列剧，展现年轻人在不同领域青春上进的拼搏精神，其中《漂亮的李慧珍》在春节档强势霸屏，收视不断走高，全国网平均份额8.5%，为周播剧场夯实基础。2018年新版《流星花园》在尊重原剧作的同时，结合当代年轻人价值观念与生活现状进行二次创新，屡创收视新高，全国网份额多日破10%，掀起追剧热潮。

湖南卫视的周播剧打造促进了台网融合发展，在实践中探索了资源、受众、品牌的深度互动。从更高层面来讲，周播剧战略其实是芒果台网融合内容战略中的重要组成部分，与湖南广电的整体发展目标相契合。在芒果媒体融合进程中，电视剧资源是重要一环，电视剧生产是媒体产业链重要的一端。为了提升湖南广电整体电视剧的自制能力，减少对其他电视剧制作公司的依赖度，湖南广电将自制电视剧作为芒系生态中的重要内容战略，其中湖南卫视的周播剧场是主要的播出及输出“窗口”。湖南卫视周播剧场“青春进行时”每年以不低于208集的体量，完成向芒果TV资源输出、受众输出及品牌价值共振。这是湖南卫视将“台网融合”战略落实到具体执行的重大举措，特别是在芒果TV启动之初，通过周播剧的制播实践，不仅为芒果TV和湖南卫视双平台提供了自制电视剧资源，同时让芒果TV以较小的成本实现了独播电视剧资源的获取。这一战略不仅提升了芒果影视在影视剧内容生产方面的实操能力，同时助力芒果TV的影视剧版权库建设。依托于芒果TV这一网络平台，湖南卫视的周播剧也实现一定的话题发酵与互动活力，助推双平台融合发展。

但由于自制周播剧的生产与团队建设有一定的培育周期，这两年对频道也形成了一定的压力。

湖南卫视以向芒果影视委托定制的方式，承诺每年不低于208集周播剧捆绑芒果TV独家版权。因湖南卫视与芒果TV签订了每年必须完成208集播出的硬性指标，使得卫视版面灵活度受限、部分标准降低。在版面规划时，需充分考虑到剧集播放的集数要求，使得后晚间编排被剧场捆绑，相对固化。

目前湖南卫视周播剧是以与芒果TV独播的合作方式进行的，导致市场上其他台网绑定项目无法引入频道，同时剧集投入成本相对比较固定，难以适应市场的变化，相对于BAT三家联采价格，价格优势不高，因此在前端难以捕捉到市场上的优质资源。且由于成本固定，部分项目成本受限，适合多季开发的优品仍然较少。虽然在长期探索过程中，我们找到了一些小而美的创新类型，但在声量与市场影响力上还远远不够，并且在现有的生产模式下，内容质量参差不齐，没有真正达到周播所需的品质与特点。

与此同时，由于后晚间段剧集本身对广告的吸引力较弱，带货能力相对较低，植入性广告与硬广有限，也给周播剧的自制带来投入产出比不高的压力。

虽然周播剧的生存现状还存在一定的困难，但整体来看，其长远的意义与价值要高于短期的利益，周播自制的跨平台属性决定了它是新一轮媒体融合的助推剂，更是嬗变过程中的活跃因子，为湖南广电电视剧全产业链的打造贡献了孵化平台。就芒果双平台而言，青春气息浓郁的周播自制剧正日益显现其独特优势，尤其是它在成本控制和题材把控上的结构性优势，正好符合广电新政的精髓。当然，周播自制毕竟是行业新军，芒果生态的周播自制剧还需要探索多维度的培育机制。

寻找新风口

重压之下，湖南卫视的剧场建设既要坚守自身的优势与特色，又要与时俱进，不断进行升级开拓，探索新策略、新方法，寻找新风口。

一是坚持独播，保存剧场品牌与特色。坚守独播的背后，不是盲目的自大。金鹰独播剧场定位为“第一国民剧场”，坚持“美好生活，青春旖梦，时代节拍”的气质调性。独播剧场是湖南卫视多年来坚守传统媒体阵地的重要窗口，作为主流媒体，湖南卫视向来以传播正能量、传播文艺精品为己任，面向家庭大屏，给予观众安全的、可信任、有营养价值的资源，独播剧场早已成为平台回馈给市场和社会的礼物。独播概念是湖南卫视坚守剧场品牌的关键元素，只有保证资源的独一性，才能真正实现剧场的引领价值，坚持独播才能继续保持频道编排版面的差异化优势，更灵活地根据频道特色调整宣传与播出；独播气质也是湖南卫视坚守独有特色的重要形象。独播策略能避免千台一面，促进影视剧创作的百花齐放，提供更多播出空间和平台，鼓励更多公司、团队、个人投入文艺创作中来。

二是构建独有的评估体系与决策机制，防范风险，提高胜率。湖南卫视创新成立了联合购片小组，实现了电视剧购买机制的透明。联合购片小组由台节目交易管理中心、财务部、广告经营管理中心、纪检监察室、审计部、湖南卫视总编室派专人组建，逐步完善建立了集体决策、内部制约机制。联合购片小组参加影视剧制作公司项目资源推介会、看片会，参与全国电视节及影视剧博览会，掌握并汇总影视剧市场信息；实行电视剧审片与议价“两条线”，集体谈判，议价客观，互相制约、监督，电视剧审片及版权管理工作人员各司其职，互不干涉，独立开展工作，独立向联合购片小组汇报工作，所有议价流程都有会议纪要、图片、会议录音。之后，由其组织合约签约上报流程，执行、监督电视剧付款流程及其他后续事宜。湖南卫视总编室、节目交易管理中心、第三方公司背靠背的评估方式，最大力度保障评估的科学与公正，防范了腐败风险，杜绝了交易风险。

三是搭建更大自制剧生态，构建导流互通的电视剧共生体。当下的市场竞争环境已经发生巨变，新媒体迅速崛起，抢滩上游资源，布局全产业链，裹挟资本压注电视剧市场，来势汹汹。传统电视媒体“买卖式”为主的合作模式、完全依赖广告的创收渠道远不如视频网站多元，湖南广电利用现有的产业基础、双平台优势，控住内容与渠道两大核心资源，借鉴新媒体的有效经验，尽早把控住产业上游，以自制剧策略从根本上解决成本与品质的相悖关系。

湖南卫视继续以周播剧为阵地，培育精品电视剧的自制能力。“青春进行时”剧场着力打造类型化新意剧，加强自制剧的探索和深耕，给频道内团队以孵化空间，给市场上优质的新编剧、新导演、新演员以表现空间，力求在类型创新、内容本体创新、创作手法创新上寻找突破。

自制剧的突破方向在于，湖南广电正在集中湖南卫视和芒果 TV 双平台优势资源，打造芒果系自制电视剧品牌，提出了两个“三分之一”的概念，即湖南卫视金鹰独播剧场采购芒果系公司自制剧每年不少于播出总量的三分之一，芒果艺人在芒果系公司自制剧中占比不少于三分之一。卫视频道与芒果系旗下四家内容制作公司，从题材立项、项目立项、项目跟踪、播出等方面，都在建立较为科学的评估、制作、管理和播出流程与机制。随着该制度的实施，从周播剧到日播剧，湖南卫视自制剧范围进一步扩大，湖南卫视也因此拥有区隔于其他电视平台的独一无二的自制剧生产能力和生产矩阵。

2019 年，湖南卫视日播剧场以定向和常态两种方式开放了内部定制渠道，只要符合评估流程、符合频道需求和定位、符合政策要求，湖南广电旗下四家公司（芒果影视、芒果娱乐、天娱传媒、芒果 TV）的自制剧都可以按照程序进入湖南卫视的定制体系。

湖南卫视也为自制剧搭建了更有品质保障的流程，例如以责任人的机制，专项跟进每一个定制项目，与编剧和导演进行更深入的对接沟通，通过制度、机制的完善，确保项目的品质。

在内容自制上，湖南广电有更大的雄心，旨在联合影视圈内重磅华人导演、顶级创作团队、顶级制作平台，深度发掘根植于社会土壤、有中国文化传承意义的传奇故事，致力于开发兼具主流价值与高效传播力的超级题材，利用双平台优势相互导流观众，实现平台、艺人、广告、版权、宣传等资源的全面互通，充分发挥双平台效应，创造出更具想象力的芒果影视品牌。

湖南卫视在多年的影视剧创作编播过程中认识到，边拍边播作为国际上影视剧的主要制播模式之一，对提升当下中国影视剧的制作水准，改变电视剧市场目前存在的创新乏力、类型扎堆、明星天价等问题有着积极的探索意义。因此，2020 年，湖南卫视计划在非黄金档时段尝试边拍边播模式。湖南卫视自制剧也将向更前端的版权、投资方面延伸，努力实现全产业链升级。

一方面是超级剧集带来的想象空间，在理想状态中，湖南广电希望逐步建立一个以湖南卫视、芒果 TV 为驱动引擎，以广电旗下的市场主体为依托，以打造电视剧优秀人才梯队为核心，以精品思维和创新思维为导向，代表湖南广电内容核心竞争力的芒果电视剧共生体。另一方面是湖南卫视面临的现实压力与挑战，这些压力与挑战来自自制剧的投入、创收、版面、编排空间等。《自私的基因》一书中曾这样描述："成功基因的一个突出特征就是无情的自私性。在某些特殊的情况下，也会滋长一种有限的利他主义。"芒果自制，是媒体融合进程中一个"自私"与"利他"的矛盾体所在，因此，在顶层设计与湖南卫视的现实生存之间，或许需要找到一个新的平衡点。

艺人体系——湖南卫视“造星工厂”大揭秘

在湖南广播电视台金鹰大厦的左侧，有一条不宽的内部马路，每逢湖南卫视有重要节目录制的时候，就会有全国各地的粉丝自觉汇聚在这里，这条马路成了粉丝们有机会与明星见面的通道。这条马路的右边是湖南卫视为粉丝们打造的“粉丝楼”，左边一墙之隔的圣爵菲斯酒店是著名的网红粉丝酒店，粉丝在这里流连忘返，期待与明星的不期而遇。粉丝经济与马栏山的繁荣息息相关，马栏山也成为国内市场公认的“造星工厂”，湖南卫视则是马栏山造星力量的“C 位担当”。

上星 22 年来，湖南卫视源源不断地向市场“造星、推星”，可以说目前国内近九成的当红明星都与这个平台关系密切。他们的星途或发源于此，如李宇春、张靓颖、华晨宇、何炅、汪涵、谢娜、李湘、梅溪湖 36 子等；或在此大热，如赵丽颖、杨幂、李易峰、迪玛希、邓紫棋等；或焕发事业的“第二春”，如林青霞、黄绮珊、李健、张韶涵、百变五侠等；或成为行业“红人”，如知名制作人洪涛、龙梅、罗昕、徐晴等。

如今，在新媒体挟资本的冲击下，传统媒体的粉丝消费逐渐被新媒体的流量消费替代，湖南卫视这座“造星工厂”也正面临着一半火焰、一半海水的尴尬处境。

一半火焰：国内最大的“星空式”生态

综合来看，湖南卫视的“星空式”生态由四部分构成。

一是强大的主持人团体，微博粉丝量之和近 4 亿，市场独一无二。可以说，在国内省级卫视中，湖南卫视的明星主持人资源是最有品牌价值、最具人气、最能引发关注的，也是最全能多面的。湖南卫视目前拥有“快乐家族”和“天天向上”两个国内具有独特价值的主持群及新晋力量“天天四小花”。若再加上通过《快乐大本营》的“下一站是我”及《嘿！好样的》出道的李浩菲、马思超、侯朋岩、刘承林四位主持新人，截至 2019 年 6 月底，湖南卫视四大主持团体在微博的粉丝量之和近 4 亿（见表 2–6），在国内市场上属于高度稀缺资源。

表 2–6　湖南卫视主要主持人微博粉丝量分布（截止时间：2019 年 6 月 30 日）

单位：万

<table>
<tr><th colspan="2">快乐家族</th><th colspan="2">天天兄弟</th><th colspan="2">天天四小花</th><th colspan="2">主持新人</th></tr>
<tr><td>主持人</td><td>微博粉丝</td><td>主持人</td><td>微博粉丝</td><td>主持人</td><td>微博粉丝</td><td>主持人</td><td>微博粉丝</td></tr>
<tr><td>何炅</td><td>11 235.784 7</td><td>汪涵</td><td>未开通微博</td><td>梁田</td><td>190.006 9</td><td>马思超</td><td>412.029 1</td></tr>
<tr><td>谢娜</td><td>12 397.834 8</td><td>大张伟</td><td>1 061.93</td><td>沈梦辰</td><td>722.714 2</td><td>李浩菲</td><td>336.941 5</td></tr>
<tr><td>李维嘉</td><td>3 252.836 4</td><td>王一博</td><td>1 906.025 8</td><td>靳梦佳</td><td>281.355 1</td><td>侯朋岩</td><td>110.947 9</td></tr>
<tr><td>吴昕</td><td>3 686.610 4</td><td rowspan="2">钱枫</td><td rowspan="2">542.989</td><td rowspan="2">刘烨</td><td rowspan="2">72.487 3</td><td rowspan="2">刘承林</td><td rowspan="2">104.186 1</td></tr>
<tr><td>杜海涛</td><td>3 657.572 9</td></tr>
</table>

湖南卫视之所以拥有如此优秀的主持人团体，是因为它是最有市场价值、品牌形象最为鲜明的卫星频道。主持人同节目、电视剧、大型活动一样，是湖南卫视的重要产品线，同时也是频道节目的代言人，是频道精神与气质的化身，是频道品牌的人格标志。

二是头部剧集、头部综艺带来的艺人共振。湖南卫视向来以为观众提供最顶尖的内容、最优质的资源、最热门的模式作为追求。因此，诸多市场头部艺人、制作公司愿意与湖南卫视一起合作、实现共赢。王菲、章子怡、林青霞、范冰冰、关之琳、陈奕迅、谢霆锋、赵薇、舒淇、TFBOYS、赵丽颖、杨幂等当红明星及组合，都与湖南卫视有着密切的合作，共同缔造了不少被网友称为“活久见”的文娱事件。《快乐大本营》《天天向上》这些老牌综艺栏目多年都能保持对艺人免费出场的强大号召力。

三是强平台、强内容、强营销共同捧热的新星矩阵。除了早期的选秀节目成批地“造星”，湖南卫视这些年凭借专业领域的强内容，为各个领域造星：《我是歌手》让不少有实力、有个性的“冷门”歌手走向大众，不管是因参加《我是歌手 2》而创下粉丝量增长 1 000 万纪录的邓紫棋，还是 5 分钟就走红中国的“进口小哥哥”迪玛希，都堪称节目造星最强案例；《爸爸去哪儿》让单个明星向明星家庭升级，每个参与的明星家庭热量与粉丝量都迅速飙涨；《声临其境》让有实力、有品性、有追求的演员在市场中也火了起来，赵立新、喻恩泰等老戏骨圈粉无数；《声入人心》则让美声从小众火到了大众，催生了在高知人群圈粉能力极强的梅溪湖 36 子……这些在湖南卫视平台上冉冉而起的新星，都带有深深浅浅的芒果烙印。

四是被市场、用户、行业公认的专业名人矩阵。湖南卫视的“造星力”其实并不局限于台前明星，它还是国内媒体行业的“黄埔军校”，在这里培育、成长了大批优秀的制片人、导演、舞美、灯光、化妆师等广电行业各个工种的专业大咖。且不说在行业内具有专业地位的洪涛、龙梅、龙丹妮、罗昕等顶尖制片人，就是芒果“Tony”（托尼）的造型能力、宣传片剪辑师的包装能力，也都在业内小有名气。

湖南卫视的“星空式”生态是构建在平台、内容及体制上的，并不是无根基、漂浮的。湖南卫视独有的能量、特质、用户及引导力是造星、推星的基石，在索福瑞全国网中，每年有 12 亿观众通过电视收看湖南卫视，且其快乐、青春、新锐、潮流的特质，深受女性、年轻观众喜爱，而该族群也是最容易追星、成粉的族群。

湖南卫视强大的产品版图、内容生产及营销能力，是较其他平台更容易“出星”的关键要素。在当前这个粉丝消费盛行的时代，“月抛型”“日抛型”偶像不是一句段子而是事实，且“自来水式”走红越发艰难，因此背靠强大的内容输出与营销渠道，才能够批量、常态造星。

不管是针对幕前，还是幕后，湖南卫视较其他平台都具有相对灵活、相对领先的"造星体制"。一方面，不排斥"出名"，平台主动推金牌制片人与团队，以个人命名的工作室更是将个人和团队的品牌打造作为制度设计的重要一部分；另一方面，在国内卫视频道中，算是较早且相对较为完善地进行了艺人经纪规划；还有重要的一点，就是在针对项目进行可行性评估时，"是否能够造星"也是评判项目是否上马的一个重要维度。

一半海水：被颠覆的造星规则

尽管在造星领域，湖南卫视起点较高，但随着网络造星能力的崛起，湖南卫视"造星工厂"的强大壁垒开始被打破，游戏规则开始改变。

一是多方力量进场争夺"造星蛋糕"，湖南卫视"造星力"被分摊。随着总局对电视屏选秀节目政策的规范，以及视频网站内容力量的崛起，原本在电视平台具有强造星力的选秀节目和选秀团队转移至了网络。这两年，凭借选秀移植的成功，视频新媒体成功打造了第一批明星，爱奇艺的《偶像练习生》《中国有嘻哈》，腾讯的《创造 101》《创造营 2019》，优酷的《这就是街舞》等网络选秀节目，都捧红了一批被当代年轻人追捧的新星，如乐华七子、NINE PERCENT、火箭少女队等，都是目前市场上具有较高人气及话题热度的网络明星。

在过去的数十年间，中国的艺人经纪模式历经了从"保姆型"经纪、"代理型经纪"到明星工作室经纪几个阶段的迭代。如今，互联网平台又将艺人经纪引入另一个发展的蓬勃期。互联网丰富多样的内容生态正在催生对艺人的大量需求，涵盖各个领域，从传统的偶像型艺人、演员型艺人、主持型艺人，到电商网络红人、短视频红人等，形成一个巨大的需求缺口，为艺人尤其是新人的推出提供了广阔的空间。

在互联网平台的推动下，艺人市场版图也正在重构。2018 年初，爱奇艺的《偶像练习生》横空出世，迅速汇聚了近百家经纪公司，打开了国内互联网平台深入艺人经纪市场的新纪元。此后，其他平台也纷纷试水，各种偶像养成类节目纷至沓来。这类节目的火爆，令市场嗅到商机，催生出大量艺人经纪公司。公开数据显示，2017 年国内经纪公司的数量为 3 036 家，而在 2019 年第一季度后，该数字已飙升至 11 279 家。格局的改变也逐渐削弱湖南卫视造星的“江湖地位”，尽管这两年来湖南卫视依旧推出了不少特质鲜明的新星，但不可否认，以往“一枝独秀”的造星生态已被互联网打破。

二是互联网平台的强势介入重塑了传统艺人经纪产业生态，湖南卫视“前店后厂”、相对原始的培育方式局限性凸显。互联网的强势介入不仅对艺人经纪的数量及分布产生巨大影响，更重要的是改变了生产链和游戏规则，使得原来“手工作坊”式的艺人培育，进入工业化、产业化的转型升级。主要表现在以下方面。

全民制作人驱动，加速艺人养成。互联网造星的实质其实是全民制作人驱动。艺人和粉丝之间的关系变成了陪伴式、养成式，两者可以共同成长，从不完美一点点走向健全，这是互联网造星模式与传统造星模式之间最大的不同。特别在传统电视平台受到政策局限，在选秀、投票、互动等方面大幅受限时，互联网的高互动优势凸显。如《偶像练习生》《创造101》等选秀综艺推出后，各平台采取打榜、弹幕的方式，来加强观众、粉丝与节目、嘉宾的互动性。

粉丝经济盛行，节目社交型设计突出。互联网平台构筑的以星粉互动社区为代表的社交渠道，也为艺人和粉丝之间提供了过去没有的交流空间。例如在爱奇艺的泡泡社区，通过明星“空降”、打榜、特色活动等多样化的交互方式，艺人与粉丝之间形成黏度更高的互动联结。

对艺人价值深度挖掘的产业链铺陈迅速且完善。一方面，互联网不像传统电视平台一样线性编辑、版面受限，它可使用多种方式为艺人提供更多的曝光机会，放大他们的市场能量、延长他们的职业周期。以腾讯 2018

年推出的《创造 101》为例，除了每周的正片内容、花絮内容、个人直拍内容外，在成团前推出六档衍生综艺，主要针对女团成员进行全方位的展现，以补充正片看不到的细节，而成团之后，也迅速地推出了两档团综（见表 2–7）。这不仅进一步向粉丝展现了自己的个性魅力，而且提高了粉丝的黏度和忠诚度，在团综的磨合中提升艺人实力。

表 2–7 《创造 101》成团之前和之后腾讯推出的衍生节目

	序号	衍生节目	类型
成团之前	1	《创造 101 悠享版》	加长版
	2	《创造 101 导师教室》	导师教室真人秀
	3	《101 进阶练习室》	练习室真人秀
	4	《101 宿舍日记》	宿舍真人秀部分
	5	《创造 101 评级连连看》	评级考核真人秀
	6	《创造 101 幕后纪录片》	偶像个人纪录片
成团之后	1	《横冲直撞 20 岁》	青春探险真人秀
	2	《火箭少女 101 研究所》	101 专属团综

另一方面，互联网平台也善于联动旗下各个板块的业务，对艺人商业价值进行更好的挖掘。2016 年，爱奇艺创始人龚宇首次提出“苹果树”的生态概念，如今这一系统已经涵盖文学、游戏、音乐、直播、商城等业务分支，成长为一片茂盛的“苹果园”，并衍生出九大“内容货币化”手段，包括广告、付费、出版、发行、授权等。基于如此庞大的业务体系及货币化手段，艺人 IP 的价值得以被放大。[①] 例如爱奇艺针对《中国有嘻哈》《偶像练习生》《青春有你》等热门节目的人气选手，开发出形式多样的衍生品，并在爱奇艺商城进行销售，取得了很好的市场业绩。在传统艺人经纪市场

① 《互联网平台的高速发展，将会为国内艺人经纪产业带来哪些机遇？》（http://www.sohu.com/a/314073034_100097343）。

中，艺人的价值实现大多依赖于外部的影视资源和商业代言，而互联网平台的业务生态体系为艺人 IP 的开发提供了更加多元化的出口、更加高效的运转机制，从而最大化激发了艺人的商业价值。

在国内艺人经纪生态发生变化的同时，湖南卫视相对传统的“前店后厂”的艺人培育机制能量削弱明显。因此尽管平台依旧造星，但出现了不少问题，如王牌主持人仍在，但动力削弱，且梯队青黄不接；新人“红”在湖南卫视，但长尾获利不在该平台；带有芒果标志的艺人在迅速减少；即使是成团多年的“快乐家族”“天天兄弟”也不断面临着“解散”的舆论压力……

在芒果媒体融合进程中，芒果艺人生态构建的理想与现实之间仍有较大“鸿沟”；湖南卫视作为主播出与造星平台，输出大于输入。

在芒果媒体融合中，构建芒果全媒体生态是出发点，也是目标。具体来看，主要体现在三个方面。一是生态融合：将内容生产力发挥到极致；二是大屏小屏整合：打造差异化大会员体系；三是 IP 上下游聚合：将 IP 价值释放到最大化。在视频平台、影视制作、游戏开发、电商业务、艺人经纪、衍生文创等六方模块下，激活存量资源，打通上中下游产业链，发挥业务协同，达到“内外联动，聚合发展，开放共赢”的效果，将价值释放到极致，芒果艺人生态也是其中重要的一环。

设计规划中的芒果艺人生态，是以湖南卫视、芒果 TV 作为强内容平台，造星、推星及用星；天娱传媒放大艺人经纪优势，特别是歌手类、偶像类艺人，芒果影视、芒果娱乐放大影视制作优势进行联合培育。为此，2019 年湖南广电特颁布了“两个三分之一”制度，其中一个就是针对芒果艺人的培育机制：“芒果艺人在芒果系公司自制剧中占比不少于三分之一。”

而在实际执行过程中，离该制度的完善落地还有一定距离。湖南卫视在芒果艺人生态的打造中，输出价值明显大于输入价值，例如湖南卫视自制节目中大量启用了天娱艺人、芒果娱乐艺人，湖南卫视头部主持人资源也大量向芒果 TV 输送，但湖南卫视的新艺人、新生主持人反向输出至芒果系自制剧还远远不够，这也使得湖南卫视新生艺人难以被迅速推及市场，获得观众的认可。

造星：能否重返主场

面对造星规则被颠覆，湖南卫视充分利用湖南广电媒体融合的全媒体平台优势，进行了多方位、大胆的探索与创新，效果初显。

在湖南卫视内部，为增加主持人新生力量，特意开辟栏目进行针对性的挖掘和培育。如在《快乐大本营》中开辟“下一站是我”、周四后晚间的《嘿！好样的》，进行主持人选拔，李浩菲、马思超、侯朋岩、刘承林四位脱颖而出，并在平台后续多档节目中不断露出、成长，形成了湖南卫视主持新圈层。

为全面加强对艺人管理的提质增效，湖南卫视于 2015 年 10 月成立了演艺部经纪组，开始引入全约艺人，开始仅有沈梦辰一人签约，截至 2019 年 7 月，已有 8 位全约主持人及 6 位全约艺人加盟。三年多的时间里，湖南卫视演艺经纪组经历了业务初探期、体系建构期、圈层搭建期、价值升值期等多个阶段的业务升级，在完成了湖南卫视主持人梯队建设后，不断发掘主持人的成长空间，拓展其作为艺人的商业价值，让主持人品牌反哺平台，为节目带来效益。从一减一增两个数据，可以看到其中的变化：仅 2018 年，主持人参加台内 51 档节目及样片，按照其对外同类型演出的市场价格进行计算，共为频道节省约 9 596.5 万元，在市场艺人片酬高涨的形势下，为频道节省了大量开支。同时，卫视演艺部经纪组作为创收部门，三年多的时间里，为频道创收 5 864.5 万元，为频道艺人经纪的商业化运作探索了经验。

为提升平台老牌主持人的参与动力，提出了“名人堂飙计划”，充分利用及放大主持人的资源、能力及创意，给予主持人更多转型空间，例如幕后制作人、投资人、合作人身份等。

在芒果艺人生态里，为放大所邀嘉宾及节目造星的衍生价值，湖南卫视为芒果 TV 发展会员业务提供衍生节目制作支持。为支持芒果 TV 的会员业务需求，节目制作中心现已完成《歌手》的衍生节目《歌手的秘密》和《我们的师父》加强版的制作上线，《声入人心 2》、《中餐厅 3》和《我家小两口》的衍生节目已上线。

为提高艺人的使用效率，推动造星的深度融合机制，湖南卫视主动邀约芒果 TV，建立艺人邀约协调机制，尝试统一协调价格与资源，互相支持各自平台签约艺人参加对方的主流节目，进行艺人培养资源的互换，实现“艺人打通”的深度融合，协助打造芒果生态全平台的造星系统。

湖南卫视的造星梦工厂，黏合粉丝数十年，伴随着中国几代年轻人的快乐成长，是频道生生不息的快乐源泉。随着造星规则的被颠覆、游戏规则的重建，单靠单屏单功能来推星的时代已过去，湖南卫视的星途漫漫，应背靠芒果媒体融合的优势，在艺人运营、品牌建设、市场对接和资源整合上有更大的企图心，打造遥远星空中那片最璀璨而独特的星系。

广告经营——洪涛身边的一瓶天价水

2015 年新春伊始，《我是歌手 3》如常首播，韩红、孙楠、古巨基等实力唱将加盟，更新颖的赛制、更精致的舞美、更专业的设备、更真诚的呈现，让《我是歌手》的热度继续升温，为湖南卫视的 2015 年献上一个如歌的开篇。这一季的《我是歌手》，除了极具品质感、话题度的节目本身，# 洪涛身边的一瓶水#登上微博热搜——极简式植入、话题性埋入、高价值输出等，引发了业内对植入式广告价值的新探讨，湖南卫视背后的广告运营从而也进入大众关注的视野。

这些年的广告“传奇”

如果我们从电视广告行业为视角切入，对2003年至2018年中国电视广告市场做一个回顾，可将其大致分成三个阶段。一是以硬广为主的阶段，以品牌广告为主，依托的是平台；二是以植入广告为主的阶段，更多的是注重广告与节目内容的有机结合；三是以广告“带货能力”为主的阶段，此阶段广告企业主更注重内容对企业变现的效果，与企业经营直接相关。而湖南卫视恰逢其时，由于拥有年轻的受众群，受到客户的最先追捧，其往往能比全国竞媒广告红海大战提前一个周期抢占广告行业新热点，开辟新蓝海。可以说湖南卫视十六年勇立潮头，成为各时期热点行业的“品牌广告高地”。特别是进入媒体融合的全媒体竞争格局之下，湖南卫视不断以独有版面、稀缺内容、经典品牌、年轻特色、品质服务进行营销创新，在广告经营上也走在行业的前端。

洪涛身边的一瓶天价矿泉水

一提到《我是歌手》，浮现在大家脑海中的，除了音乐、歌手，还有洪涛宣布结果时的花样“喝水”环节，这个环节已成为《我是歌手》品牌的记忆点之一。

景田百岁山和《我是歌手》的合作始于2015年第三季节目。当时品牌营销的背景，正是内容营销崛起，软性广告比重大幅上升，逐渐超越传统硬广的时代。而湖南卫视《我是歌手》作为王牌IP，对品牌的吸引力越发增强。

为了拓展广告产品的类别和形式，增加创收空间，时任广告部主任的宋点，提出了“内容为王，创意为先”的营销策略，抓住广告产品这一根本点发力。的确，植入式广告的价值评判和创意实施要复杂得多，要找到情绪、情节最合适的切入点，与节目融为一体，一如针灸，要找准穴位，才能一针见效。景田百岁山和《我是歌手》的合作创意，便是来自宋点主任和景田百岁山相关负责人的一次普通谈话。当聊到《我是歌手3》节目时，他结合景田百岁山的特点提出了“洪涛身边的一瓶水”的概念，瞬间就抓住了客户的心。策划部、整合部与节目组热烈讨论后，决定采取一种全新的“极简式”营销策略，不做加法做减法，用最干净、最自然的方式呈现产品。

《我是歌手》是一档竞赛性质的节目，在宣布结果的时刻，必然是观众心理期待的顶峰，情绪和注意力都会在这一刻集中到电视屏幕上，容易让“洪涛身边的一瓶水”成为情绪的载体而形成观众记忆点。“洪涛身边的一瓶水”配合“宣布结果前一分钟广告”，成为内容营销的经典案例，在各大广告奖项上多次获奖，成为《我是歌手》一个被观众熟悉的标志性符号。

史上最贵的“零点90秒”

2014年起，湖南卫视广告营销进入巅峰期，各大广告主在有限的广告资源内你争我夺，各不相让，将卫视广告的单价推向了顶点。卫视广告部不断加强在产品端的创意研发，《跨年演唱会》诞生了湖南卫视史上单价最贵的一条广告。

《跨年演唱会》诞生于超女时代，是湖南卫视持续十几年经久不衰的王牌IP，已成为娱乐圈一年一度的狂欢盛会。而围绕着“跨年”的营销，也成为广告主们竞相展现创意的舞台。卫视广告部也意识到了“跨年”的价值，不仅在软广上下功夫，拓展产品体系，也把创意延伸到了硬广上。

卫视广告部围绕“跨年超级碗”的概念，不断打磨概念，雕琢产品，并且与各大品牌不断沟通，最终诞生了“零点90秒”这个价值千金的产品。它是2015年湖南卫视的第一条广告，也是单价最高的一条，达到2015万元。蒙牛特仑苏被这个“新年头彩”的概念打动，成为第一个吃螃蟹的品牌。

事实上，卫视广告部在与特仑苏的合作里，早已突破了硬广的范畴，而是把它置于品牌跨年营销的整体活动中，融合了悬念宣传片、微博互动活动、广告内容创意等。而零点90秒广告的出现，则是层层铺垫后的闪亮登场。作为画龙点睛的一个部分，关注度最高的《跨年演唱会》，开启了品牌一年的吸睛之路。

随后，“零点90秒”成为每年“跨年”的标配，继特仑苏之后，蓝月亮、长城哈弗等品牌纷纷拿出不一样的创意，在新年伊始上演精彩的营销好戏。

《偶像来了》：品牌客户对原创的高信赖

《偶像来了》这个节目正式播出是在2015年的第三季度。作为一个大型原创节目，在上档之前可谓一波三折，在节目的策划期，几乎没有人能说清其节目模式，它也没有确定的明星嘉宾和明确的制作团队，可以说是“三无”产品。但是，即便在这样的情况下，早在2014年10月的招商会上，OPPO便以创纪录的4个亿锁定了该节目的冠名权。与湖南卫视合作多年的OPPO，在原创面前毫不犹豫地选择冠名，对湖南卫视的创新表达了极大的信任。事实证明，湖南卫视并没有“辜负”OPPO的“信任”，由陈汝涵领衔制作的《偶像来了》首季CSM全国网平均收视率1.74、平均份额11.12%，CSM30城市组平均收视率2.06、平均份额9.23%，节目在周六后晚间播出了顶尖黄金档的效果，是2015年收视最高的新项目。且首季林青霞、朱茵、蔡少芬、谢娜等的加盟话题十足，播出期间微博提及量 865.9 万次，位列综艺榜第一，成为热门人物与事件。此外，其颠覆性的“泛舞台”真人秀，极致展现了东方女性之美，成为市场稀缺品牌，受到年轻观众和女性观众的高度认可与追捧，这与 OPPO 的品牌形象、潜在用户等高度契合。

跨年演唱会全网同步直播：融媒之下的奇迹

融合营销、整合营销是身为传统媒体的湖南卫视一直在探索的创新路径，2017 年的《跨年演唱会》成为湖南广电融合营销的经典案例。为进一步打通台网渠道，尝试湖南卫视 IP 的网络同步直播，卫视广告部在文威主任的带领下，积极与芒果 TV 协同沟通，最终在年底的《跨年演唱会》上实现了芒果 TV+ 爱奇艺 + 腾讯视频 + 优酷的四网同步直播。除了四大网站利用自身资源推广“跨年”，直播涉及的软广、硬广也在四网得到了完整保留，极大增加了广告价值。此消息一放出，就备受市场期待。在 11 月初的招标会上，《跨年演唱会》的插播广告成为各大品牌争相竞购的标的。单条 15 秒广告最低成交价超过了 120 万元。其他诸如冠名、合作伙伴等软性资源亦水涨船高。最终，《跨年演唱会》实现了一晚创收 3 个亿的奇迹。而数字背后，是台网协同产生的增值，从中也能看出媒体融合对内容价值带来的提升，此后也坚定了湖南卫视和芒果 TV 在营销端持续深化打通融合的决心。

“传奇”背后的“三力”支撑

七年以来，湖南卫视广告营销的“传奇”还有许多，如卖断货的“猴姑米稀”、实现逆袭的“夏普电视”、广告比节目更精彩的“叶子面膜”等。

传奇的背后，不是偶然，不是突发，更不是运气，而是湖南卫视“三力”的厚积薄发。

公信力——湖南卫视出品有保障

一是品牌价值力有保障。湖南卫视是高价值平台——在世界品牌实验室最新发布的“2019年中国500最具价值品牌”排行榜中，湖南广电以702.32亿元估值位于总榜第68位，稳居省级广电第一位，在广电传媒中仅次于CCTV。它也是高价值产品生产者——平台播出的节目90%为自制内容，不仅是市场上新品成功率最高的平台，也具有市场上数量最多的高收视节目集群。

二是社会公信力有保障。作为家庭中屏的引领者，湖南卫视坚守初心，将正能量输出作为最基础也是最核心的诉求。22年来，湖南卫视每档节目都是以追求“真、善、美”作为基调，来向大众展现美好生活及积极向上的价值观。在营销领域，针对湖南卫视“年轻、时尚、网感、创新”的气质，不断吸引创新型企业与品牌，打造湖南卫视“创新行业助推器”形象，助力中国改革与创新发展。

三是产品把控力有保障。湖南卫视对所有上屏产品都会进行严格的三审制度。一方面，湖南卫视对于上档的节目有高标准要求，强大的生产制作团队和生产顶级项目的能力，让产品品质有保障；另一方面，湖南卫视作为平台方，对于广告商的资质，产品的安全性、真实性，以及播出的广告内容等，会进行严格审核与把关，杜绝虚假型广告在屏幕播出。

青春力——湖南卫视强大带货力

湖南卫视是国内率先提出锁定“年轻”的电视平台。22年以来，它与年轻人一起不断塑造时代的“青春”内涵。

青春 1.0 时代：以大型项目为点，以周播王牌为面，统领年轻人审美。在该阶段，互联网刚起步，中国电视产业行业迅速发展，湖南卫视形成以“王牌周播栏目”+“大型项目”为核心的“青春 1.0”竞争格局，一方面极致放大《快乐大本营》《天天向上》等王牌节目，另一方面用《快乐女声》等大型项目作为拓展年轻文化的冲锋阵地。青春 1.0 时代的湖南卫视，不仅深耕于节目模式的首创，还致力于对年轻人审美的培养和情绪的释放，在市场上是顶尖领先者。《快乐女声》与“想唱就唱”的蒙牛酸酸乳创下了营销神话，《快乐大本营》与 vivo、《天天向上》与特步成为一代人青春的品牌烙印。

青春 2.0 时代：湖南卫视以“季播”的方式延续创新力，紧追年轻群体文化。2013 年以来，面对中国电视行业的跟风现象，湖南卫视对年轻观众的兴趣点进行深入研究，开拓青春 2.0 时代。湖南卫视利用“季播”的方式，从年轻人的情感需求出发，持续创新，将年轻化的风帆从“娱乐”转向“情感”，从“游戏”转向“专业”，让“青春”持续发力。《我是歌手》《爸爸去哪儿》《花儿与少年》《偶像来了》《真正男子汉》《我想和你唱》等在年轻观众中具有超强的竞争力。在这个阶段，湖南卫视除了满足 1.0 时代的审美和情绪需求，还花费更大力度探索年轻人的“外部世界”。所谓外部世界，一方面指节目在形式上更加注重与周围环境的互动，另一方面，在内涵上更加贴近年轻“群体文化”。在互动中，植入性广告诉求变得合情合理，《花儿与少年》中嘉宾的旅行装备不经意间就会成为爆款，《中餐厅》中张亮的“卤菜配方”成了热搜，金典与《我是歌手》一起成为高品质的代表……

青春 3.0 时代：湖南卫视不拘形式，垂直化引领年轻人的价值观。与青春 1.0 和青春 2.0 的“爆款”思维不同的是，所谓青春 3.0 是与互联网平台形成品牌区隔，与传统电视节目形成品类上的区分，是与圈层化的年轻人达到高度的配合。在节目的投入上，摈弃以往用“咖位”撑起节目的做法，以造星为主；在节目内容上、话题上进行更新和升级；在方式上，湖南卫视打破常规的“季播”和“周播”的概念，更加自由地进行节目创新，转换“追随”年轻人的姿态，更加鲜明地“引领”年轻人的审美与价值观，如《声入人心》鼓励“勇敢逐梦”的价值观，《声临其境》激励“突破自我”。在这个阶段，湖南卫视加强圈层营销，品牌价值对广告产品进行高值赋能。《向往的生活》中传递的是“做更好的自己”，其中植入的猴姑米稀、小度等指向“更有品质的生活”，两者互相捆绑、互相成就，形成高品牌溢价。

创造力——湖南卫视敢于“破圈”

一是营销方式“破圈”：从注重硬广向软广、创意型广告、内容型广告升级。湖南卫视的广告创意走在市场的前端，具有强带货力。每年湖南卫视都会针对市场需求与频道规划，推出广告策划新品。例如，2017 年，恰逢湖南卫视上星 20 周年，其引入夏普品牌，以湖南卫视上星 20 周年特别合作伙伴的身份，在频道一系列资源中展现夏普身姿。这一身份打破了单一节目、单一时间段的常规合作形式，围绕上星 20 周年这一事件，把频道宣传片、硬广、晚会、栏目植入、新闻报道、公益活动等串成一条主线，实现了战略层面上的紧密结合。这一高屋建瓴的合作得到了市场积极的反馈，当年一季度，夏普在各个销售渠道的销量持续上扬，一举扭转了富士康收购前持续下滑的势头，成为家电市场的一匹老黑马。

针对内容营销，卫视广告部组建了以年轻人为主体的内容执行团队，深入节目制作的各个环节，不断创造和寻找新的广告形式，形成了一整套植入广告的产品标准。从产品设计到执行创意，都形成了一系列新的操作体系。如在植入广告的操作中，逐步形成了以融合度和传播度为核心的植入评价标准，摆脱了单一依靠曝光度的植入评价，并在此基础上制定了植入广告的回报描述体系，得到客户的认可。而在具体的执行中，也催生了许多新的合作样式，比如《花儿与少年》出现了“OS 标版”,《真正男子汉》出现了产品空镜,《偶像来了》出现了广告蒙太奇,《我想和你唱》出现了花式口播,《中餐厅》出现了原生广告,《幻乐之城》出现了定制品牌秀等，这些层出不穷的营销创意也体现着湖南卫视无所不在的创新精神。

二是营销渠道“破圈”：从单屏营销到跨屏营销，从单平台营销到芒果生态的融合营销。湖南卫视广告部在 2014 年便意识到，电视流量对手机 App 有巨大的引流作用，他们开始研究台网融合、实时互动的广告新玩法，随后与快乐购合作搭建的互动 App“芒果扫货”就是一次大胆尝试。在《爸爸去哪儿 3》的招标中，这一新技术便带来了近 9 000 万元的增量。尽管出于各种原因，“芒果扫货”项目中途夭折，但它为台网融合营销积累了宝贵的经验。在 2017 年的飞鹤项目中，卫视广告部联动芒果 TV、芒果互娱、快乐购的平台，为客户提供了一套台网整合的营销方案，试图从品效两方面为品牌带来收益，此举尽管并未形成真正整合的营销模型，但成为芒果生态型融合营销的有益探索。尽管遭遇诸多挫折，但湖南卫视在渠道融合方面的创新并未停止。2018 年的《跨年演唱会》成功打通了芒果 TV 及腾讯、爱奇艺、优酷，实现了多平台的同步直播及广告权益的最大化。

三是营销客户“破圈”：从传统支柱型行业到抓住创新型行业的“风口”。广告是经济发展的风向标，如今，广告行业的“风口”无疑是互联网。经过近两年的不断“破圈”,“嗅觉灵敏”的湖南卫视已成为最吸引互联网、邮电通信类客户的平台，打造了一个屏上的互联网行业品牌集散地，营销费用在五大竞争卫视中占比达到 32%，不仅合作品牌数量多，合作节目多，而且以大权益合作为最大亮点，冠名企业高达 10 个，撑起频道 1/4 的广告创收，成为湖南卫视重要的广告创收领域。

而随着大文旅产业的崛起，湖南卫视抓住文旅营销的“风口”不断创新。从2015年以行业集群、实时引流，2016年内容捆绑IP定制，到2018年整合营销，提供全案服务，湖南卫视与客户正在共创文旅大IP，对行业的深度锁定远远超过其他卫视。

当然，湖南卫视与众多媒体一样，也正面临着广告运营的巨大压力，且这种压力较其他平台更为复杂。随着经济下行压力的增大，广告市场“盘子”总量在不断缩小，更加重了传统媒体广告运营的难度。湖南卫视的收视率和广告创收虽然仍保持着领头羊的位置，在全国的省级卫视中保持绝对领先优势，但严峻的现实还是使连续多年实现高速增长的湖南卫视遭受了前所未有的冲击。

另一方面，双赢的广告营销深度融合机制还在探索中。在芒果媒体融合中，湖南卫视与芒果TV的整合营销还在试行中，整体量不大，且以湖南卫视输出为主。2014年开启独播战略以来，湖南卫视的节目IP和视频内容均归属芒果TV，这样卫视广告经营和芒果TV就产生了天然的联系。双方在经营上曾经多次进行探讨，围绕广告产品、客户资源、宣传推广、IP授权展开深度合作。湖南卫视广告部一方面努力调整独播之后的一系列变化，一方面积极尝试与芒果TV进行资源打通。但是，因为芒果TV的发展与湖南卫视的高相似度，湖南卫视原有的广告核心价值被稀释。湖南卫视与芒果TV在品牌产品、用户、资源、渠道甚至广告客户等方面，出现了一定的重合，两平台在广告经营中出现了既有合作又时有摩擦的竞合局面。再加上软广时代，广告客户对产品价值的评判标准在不断改变、升级，对内容的穿透力、广谱的辐射力及产品的长尾效应等要求越来越高，湖南卫视对内容网络版权的把控力还需进一步增强。

在双重压力之下，湖南卫视一方面继续抓头部内容建设和爆款节目的打造，丰富产品体系、创新营销手段、全面开发各时段资源的广告价值。如今，纯粹为品牌做广告的企业已经越来越少见，广告产品的变现能力、带货能力是企业主最为关注的，湖南卫视根据新的市场需求，积极探索新的广告营销模式，绑定内容、拓宽渠道、建立传统媒体和新媒体的深入整合营销机制，提升营销价值，加强对短视频等新媒体广告模式的研究，拓展垂直领域客户群，寻找新的增长点。

在芒果媒体融合的上半场，湖南卫视充当着“全方输入”“基因留存”的主力军角色，为芒果 TV 及芒系内容生产制作公司提供优质 IP 及播出平台保障；在芒果融合的下半场，湖南卫视正面临巨大的考验，如何放大媒体融合对湖南卫视的反哺价值，或许是它需要思考和面对的新课题。

第三章

芒果 TV: 打造芒果媒体融合新引擎

2014年4月28日，在全台中层以上干部参加的周例会上，一份会议纪要记录了吕焕斌台长当时的一段发言："希望全台的同志都要关注芒果TV，要给他们提意见，要给他们挑毛病。星期六开会的时候，我给他们挑了二十多个毛病，一条一条，我是到处搜集意见，包括屏幕、台标、小设计、打开的界面，一项一项跟他们对，这个要几天解决，什么时候解决。我希望他们能够在尽可能短的时间内，进化到像优酷一样。"

这番讲话离芒果TV正式亮相刚刚过去七天，话语间充满着焦虑和不安。如一颗深埋地下的种子，在命中注定的位置，微妙的起点，周遭黑暗，还看不到黎明的微光，芒果TV开始了艰难而曲折的破土历程。

2018年7月，芒果超媒成军，芒果TV成为中国A股市场唯一的国有互联网视频平台。此时，离"种子的破土发芽"过去4年时间。2019年，芒果TV日活跃用户从当初的30万暴增至7 200万，手机App下载安装激活量超7.9亿，有效会员突破1 500万，年净利润从当初的亏损到2018年盈利近7亿元。芒果TV已跻身中国网络视频行业第四，成为中国最早一家实现盈利的视频网络媒体。2019年8月，工信部发布的"中国互联网企业百强"，快乐阳光（芒果TV）由2018年的第30名，挺进到第20名，[①]

---

① 《工信部发布2019年中国互联网企业100强》（https://baijiahao.baidu.com/s?id=1641810843468572339&wfr=spider&for=pc）。

成为唯一进入前 20 强的国有互联网企业。湖南广电的媒体融合芒果实践被国家广播电视总局评价为“广电行业融合样板”和“标杆级案例”。

“新的转机和闪闪星斗”，记录着芒果 TV 这颗小种子破土、发芽、生长、进化的全过程。这个过程会让你相信，生命的力量与顽强存在于每一个个体的成长密码中，它创造了我们，而保存它、壮大它，是我们负重前行的终极理由。

平台进化史——独播—独特—独创的模式创新

芒果 TV 是湖南广电旗下唯一的互联网视频平台，是从马栏山这个传统广电大院里走出来的新媒体。这个出身注定它要在成长过程中探索与其他社会互联网企业完全不同的生存方式和成长路径，同时也要守住初心，擦亮国有互联网视频第一平台的金字招牌。“独播”起步，“独特”突围，“独创”壮大，在变与不变中抉择探索，芒果 TV 成为竞争激烈的视频行业的“搅局者”，重构了中国互联网视频行业的一些规则、定式。这些改变可以从芒果 TV 平台的进化历程中一窥端倪。

“超女”的红利与金鹰网的初创

故事要从湖南卫视的新媒体网络平台金鹰网的诞生讲起。早在 2004 年，湖南广电就创办了旗下核心网络平台金鹰网（www.hunantv.com），力图为网民打造中国“第一网络娱乐生活平台”。秉持这个理念，金鹰网很快从次年火遍中国的《超级女声》赚到了第一桶金。这场盛大的全民娱乐给湖南广电带来了可观的收益，直接收入高达 4.6 亿元，相当于当时中国内地许多省卫视一年的总收入。乘着“超女”红利的快车，金鹰网迅速实现了多业务、多维度发展。当时的金鹰网由湖南快乐阳光互动娱乐传媒有限公司运营。快乐阳光成立于2006年，成立的初衷本不是为了向互联网视频突围，而是受益于2005年《超级女声》带来的短信增值红利，因而成立的一家专门运营网络增值服务及网络版权分销的公司。2009年12月8日，湖南广电将金鹰网内提供视频直播和点播服务的“芒果网络电视”模块独立出来，启动独立域名，面向市场进行品牌运营，定名为“芒果TV”。此时“超女”的红利早已褪去，因受体制制约，快乐阳光无法突破融资瓶颈，视频网站全行业靠资本烧钱，缺乏明确盈利预期。当时的芒果TV籍籍无名，基本上是免费的内容分销平台。直至2013年，芒果TV被列入湖南广电媒体融合发展的重要议事日程，改头换面的芒果TV才有了新的命运转机。

不要现金要未来：独播的诞生

2014年4月20日，湖南广播电视台召开党委会议，决定放弃《花儿与少年》的版权销售收入，用于扶持自己的媒体平台。在台党委的主导和力推之下，金鹰网和芒果TV进行改版融合升级，推出全新芒果TV网络视频平台，新平台采用原金鹰网域名，品牌呼号定为“芒果TV”。几天后，网上开始流传一条湖南广电的内部要求：“今后，湖南卫视拥有完整知识产权的自制节目将由芒果TV独播，在互联网版权上一律不分销，以此打造自己的互联网视频平台。整个湖南广播电视台一定要高度重视版权，特别是自制节目的版权（自制和引进节目），一定要包括或者尽可能包括互联网版权，所有节目的版权都要掌握在我们自己手上。全台所有频道制作的节目，绝对不允许擅自和外面的新媒体合作。”这则消息的流传让湖南广电措手不及，之后的5月8日，湖南广电通过湖南卫视官方微博正式发布了这条消息，代表湖南卫视表达了将采取版权独播战略，并且不遗余力地用独家内容扶持旗下互联网视频平台的决心。至此，芒果 TV 正式在视频行业扬帆起航。同时，湖南广电进一步加强内部消息披露的严格管理，杜绝此类事件的再次发生。

芒果 TV 独播在当时无疑是一个震惊行业的选择，“舍不得孩子，套不着狼”大概是最适用于形容湖南广电的长远打算了。可以说，芒果 TV 的独播转型既是湖南广电一个冒险的决策，又是一个不得不提前做的明智决策。事实上，当时外界对芒果 TV 的独播战略争议很大，较多电视台认为“打通平台才能制造出现象级节目，独播会限制节目的推广和发展”。作为竞争对手的主流视频网站持观望态度，认为此战略风险极大，它们认为湖南卫视虽然拥有质高量多的内容，但缺乏 UGC 的参与，无法形成持续流量和固定用户。且视频网站已经有了自制内容的意识，在网络视频行业，湖南卫视的经验和用户基础还是比不过主流视频网站，这一战略并不具备完美的条件和时机。

作为独播的首部自制节目，《花儿与少年》为芒果 TV 转型打赢了第一仗，上线首日播放量突破 200 万起，短短两个月便完成了全网独立用户超 1 000 万的目标。独播为芒果 TV 带来了大量的点击量和用户，即使在版权分销给爱奇艺的情况下，《爸爸去哪儿 2》相关视频在芒果 TV 的播放总量也突破了 1 亿大关，并在 2015 年 1 月 1 日借助热播的《我是歌手 3》，冲到了 App Store 免费榜榜首。上线一年便取得如此骄人的成绩，芒果 TV 做到了之前金鹰网做不到的跨越式发展。

摆脱克隆身份：独特之路的挣扎与探索

网站要自己做内容吗？——在制播分离大潮中保留核心竞争力

视频竞争的核心是内容，关键词是独播。视频网站要想尽可能多地吸引流量和用户，就得尽可能多地拥有高质量的内容版权。为了压倒对手、争抢更多用户，爱奇艺、优酷土豆、腾讯、乐视等视频网站展开资源抢夺大赛，力求“人无我有”，节目版权价格迅速暴涨。

芒果 TV 独播的初期，主要内容来自湖南卫视节目资源，这基本上是湖南广电内部的准制播分离模式，这种制播分离模式看起来很“省事”，视频平台不用培养节目制作团队，但也存在节目质量不好把控、节目调性和平台用户不搭等弊端。同时，湖南广电的节目体量毕竟有限，还远不能满足视频平台海量的节目需求，而从市场采购头部内容，一是会让视频平台越来越没有差异——观众是被大明星、大 IP、大制作吸引来的，对视频平台的品牌毫无忠诚度，用户黏度也不高；二是购买价格也不菲，对于创业期的芒果 TV 来说，购买头部内容的现金流有限。

芒果 TV 很快意识到，只做独播网络平台还远远不够，只有组建自己的核心制作团队，才能避免天价版权竞争，实现真正意义上的内容把控，增强平台的核心竞争力。2014 年，芒果 TV 实行独播后不久，就推出首档原创自制综艺节目《偶像万万碎》，节目以诙谐有趣的形式分享明星生活，颠覆了传统访谈节目的单一模式，以独特的内容形式吸引了不少用户。《偶像万万碎》上线一年，总播放量就突破 2 000 万大关，微博话题阅读量近两亿次，这给当时还是个“愣头青”的芒果 TV 注入了一剂强心针。此后，芒果 TV 不断加强自制内容的产出，追求优质节目并强调原创性。视频网站自己做内容，芒果 TV 坚定地迈出了第一步。

如何提升视频平台的核心竞争力？芒果 TV 不断在内容和形式上进行摸索，出品了许多自制内容，并以一档推理真人秀节目——《明星大侦探》——获得原创的突破。从节目定位到角色设置，《明星大侦探》都以独特的视角表达了主流意识形态，以寓教于乐的形式让人们关注并思考现实社会中的问题。它的出现展示了芒果 TV 正在获取的原创能力。此后，芒果 TV 又陆续推出了《妻子的浪漫旅行》《我最爱的女人们》《女儿们的恋爱》《密室大逃脱》《新生日记》等综艺节目，确立了独特的核心竞争力。

“总编室负责制”下的大平台运营策略——独特之路的逐步落地

作为湖南广电一手扶持发展的新媒体，芒果 TV 继承了湖南广电传统平台“总编室负责制”的特色基因，制定了大平台运营策略。平台是内容 + 数据 + 技术生态的连接者，承担了平台“牛鼻子”的角色，从全局角度为芒果 TV 做出预算分配、内容编排和运营决策，走出了一条独特的发展道路。

一是以差异化版权引进为突破口，控制预算成本。芒果 TV 正式上线时，竞品平台大多具有强大的资本为其撑腰，在“爱优腾”三巨头霸主地位的笼罩下，芒果 TV 显得势单力薄，既不能盲目购买市面上动辄千万上亿的节目版权，同时要考虑用户需求、投资回报、口碑热度，找出预算分配的最优方案。

毋庸置疑，卫视综艺加自制节目是平台内容的核心。芒果 TV 的初始用户源于湖南卫视综艺粉丝，湖南卫视在版权上的大力扶持，加上王牌自制综艺《妈妈是超人》《明星大侦探》系列的口碑流量双丰收，基本能够满足芒果 TV 核心用户的需求。但为了拓宽平台的受众层面，进一步提升芒果 TV 在视频行业的影响力，引进差异化版权节目成为必要选择。

芒果 TV 在为大龄观众、北方观众、男性观众提供喜好的内容方面，一直是短板。为了弥补不足，2019 年，平台决定将部分预算用于采购其他卫视的版权综艺节目，如《最强大脑之燃烧吧大脑 2》《青春环游记》《笑傲江湖 4》等，节目播出后，每档节目的日均活跃用户都达到预期，完成 ROI（投资回报率）目标，像《笑傲江湖》这类喜剧节目，对提升芒果 TV 在北方用户的占比具有明显效果。该节目是芒果 TV 综艺频道布局“喜剧节目专区”的首次试水，也为 2019 年第三季度推进《跨界喜剧王 4》独播奠定了基础。芒果TV以湖南卫视和自制节目为核心，差异化版权引进为突破口，选择性分销为策略，逐步打造差异化视频网站，走上独特发展之路。

二是独创差异化新型编排，做午间档开荒领头羊。在经历全面独播成功抢占视频网站一席位置之后，面对竞争对手的强势阻击，2016年伊始，芒果TV自制节目开始将目光瞄准空白已久的周间午间档，尝试节目运营差异化创新编排。

2016年4月，芒果TV自制节目《妈妈是超人1》避开与卫视晚间黄金档及强势平台常规晚8点档的正面竞争，首创12点午间档，成功抢占周间午间档编排高地，并独创"1+N"创新编排模式，以节目正片携手N档衍生节目，一档节目每天有更新，每日有惊喜，正式开启芒果TV综艺独特编排之旅。此番大胆创举，给芒果TV带来了不小的回报，《妈妈是超人1》以6.72亿的总点击量跻身2016年网络综艺播放量排行榜第9位，这也让芒果TV少了试水时如履薄冰的小心翼翼，在继续垦荒周间档时有了更大干劲。

2017年，芒果TV大胆地将两档头部综艺《爸爸去哪儿5》和《明星大侦探2》，分别从每周五、周日的晚8点档迁移至每周四、周五的中午12点档，这让脱离了晚间流量高峰时段的《明星大侦探2》与第一季相比，点击量涨了一倍，《爸爸去哪儿5》更是以全网破52亿的流量收官。

除了《妈妈是超人》《明星大侦探》，2018年《妻子的浪漫旅行》《野生厨房》等超S级[①]节目均安排至午间档。2018年骨朵数据显示，《明星大侦探4》《妻子的浪漫旅行》在2018年11月网综的全网热度排名里，分别位居第一、第二名，《野生厨房》排在第四位。在芒果TV的启示下，竞争对手也从2018年开始大范围入局午间档，优酷更是接连将自己的三部头部

① 一般综艺节目根据量级由大到小可分为"S级"、"A级"、"二线"和一般节目等类型。——编者注

网综《这就是铁甲》《火星情报局 4》《挑战吧！太空》都安排到了午间档。午间档成为视频网站争相抢夺的新高地。

2019 年，芒果 TV 又大胆地将《女儿们的恋爱》编排在周三档，此举大幅度提升了芒果 TV 周间用户量，同时收割全端热搜 193 次，微博热搜 62 次，14 周周连冠。

较早的布局、独树一帜的创新编排，芒果 TV 自主探索开辟了一条专属芒果系网综的“午间黄金档”，这是一次互联网思维的创新实践。目前，芒果 TV 综艺频道人均播放次数和播放时长已跃升至全网第一，这样的成绩离不开芒果 TV 主打独特之路的战略，也离不开芒果 TV 执牛耳的独特精神。

三是以年龄差异化运营，拓宽用户覆盖，打造频道独特运营模式。芒果 TV 的播放用户结构组成是以年轻用户为主，少儿、大龄用户为辅。数据统计显示（见图 3–1），2019 年 6 月，芒果 TV 的用户中，18~24 岁年龄段占 55.6%，其次为 25~34 岁，占 26.0%，少儿用户和大龄用户占比在 10% 以内。为了满足用户多元化的需求，芒果 TV 发展出电影、电视剧、综艺、动漫少儿、音乐娱乐等十余个频道，每个频道都有其独特的运营模式。而每种运营模式的制定，都离不开大数据分析，针对不同年龄用户群体的喜好与个性化需求，精准推送不同内容，拓宽芒果 TV 在主流用户之外的覆盖面。

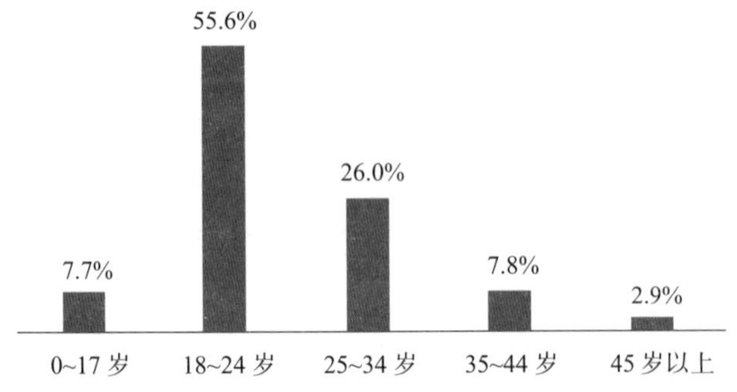

图 3–1　2019 年 6 月芒果 TV 播放用户年龄分布

作为平台内容支柱的综艺频道，是按照不同特征用户精准放送的。一方面，针对青年用户，综艺编排主打脑力开发、青春成长、正确婚恋观、健康生活理念、思想道德建设这 5 大“营养”维度，其中属于脑力开发的《明星大侦探》《密室大逃脱》等烧脑型 IP 的节目带，是芒果 TV 最具特色的节目带，使芒果 TV 保持对竞品平台的优势。另一方面，针对大龄用户群，拓展家庭大屏用户，芒果 TV 在 2019 年上半年建立了与北京卫视、天津卫视的全年合作，每季度至少引进一档一线卫视的 S 级节目，目前已经合作成功的节目包括江苏卫视《最强大脑》、浙江卫视《青春环游记》及东方卫视《笑傲江湖》，这种方式满足了大龄用户、家庭用户对喜剧类节目的需求，也有利于提升芒果 TV 在江浙、北方地区的用户量级。

而在电视剧频道方面，则采取“头部内容 + 圈层内容”的基本内容策略。电视剧频道通过构建三大剧场，在深耕垂直青春年轻女性用户群体的基础上，不断扩充悬疑谍战、都市现实等多种类型剧集，差异化布局进一步拓展新用户群体。如低成本的《奈何 BOSS 要娶我》以青春加甜恋元素组合，在 2018 年寒假档成功突围，为芒果 TV 带来超过百万的新用户；金芒果大剧场则是精挑一线卫视品质剧集，主打白领和轻熟型受众，由芒果 TV 出品、北京卫视播出的都市话题剧《我们都要好好的》，拉新量超过 600 万，其中白领用户的占比超过 40%。2019 年，还重磅推出“迷你剧场”，利用用户周一至周五的晚饭时间，打造 15 分钟迷你剧下饭档，其中《彗星来的那一夜》一鸣惊人，总播放量超过 3 亿。

除了核心的综艺、电视剧频道之外，运用“差异化用户拓展”最典型的例子就是动漫少儿频道的建设发展。综艺起家的芒果 TV，为实现更宽广的用户覆盖，从自身节目制作和芒果生态的优势出发，打造了动漫少儿频道。与彼时竞品主打日本动漫、成人动漫不同，芒果 TV 从一开始就瞄准 0~14 岁青少年用户群体，采取“全球高品质动画 + 独有少儿节目”的内容竞争策略，在动漫少儿领域走出了一条差异化的竞争之路。2015 年起，芒果 TV 主动推出“芒果少儿节目带”，引进金鹰卡通等频道超 20 档少儿节目进行网络独播，节目话题的多屏互动、“电视 + 互联网”的创新直播、多样化的运营手法，给播出平台及节目内容带来了更大范围的曝光，填补了网络平台少儿节目内容的空白。芒果 TV 打造动漫少儿板块的终极目的是产业变现。2018 年，芒果 TV 宣布启动自制动漫业务，首个动漫形象“芒果崽”于“青春芒果节”上诞生。动漫业务以动漫形象为核心轴，串联起芒果超媒各板块业务，极有可能在芒果这艘超级战舰内完成产业变现的闭环。

芒果生态圈：独创之路的爆款逻辑

在“唯快不破”的互联网时代，只有快速完成产业整合，实现整体战略布局，才能建立起一定的规模优势。为此，湖南广电战略性地打造了一个芒果生态圈，在影视、音乐、社交、硬件、游戏等领域积极布局，为产业生态的持续发展提供了支撑。而今，芒果 TV 不仅在内容上继续巩固优势，更是在渠道、平台、管理、技术、业务等多层面，助力湖南广电芒果生态圈的打造。

芒果超媒——打造芒果生态圈资本圈层

“芒果超媒”的成军，实现了从“新媒体”到“全媒体”的升级，形成了同频共振的芒果生态资本圈层。

2018 年 4 月 26 日，快乐购以发行股份购买资产的方式收购了快乐阳光、芒果娱乐、天娱传媒、芒果影视、芒果互娱 5 家公司，重组上市，并更名为“芒果超媒”。自上市以来，芒果超媒这支铁军的发展势头强劲，2018 年实现营收 96.6 亿元，同比增长 16.8%，净利润 8.9 亿元，同比增长 21.03%，芒果 TV 连续两年成为业内唯一盈利的新媒体视频平台。2019 年

5月，中移资本控股有限责任公司、中国人寿资产管理有限公司一共以20亿元现金，获购芒果超媒5 725万多股股票，中移资本控股成为芒果超媒的第二大股东。近几年来，公司通过重大资产重组实现主营业务的优化转型，芒果生态圈全媒体产业链协同效应也得以充分发挥，芒果系视频平台闭环生态链，成为芒果TV独特的竞争优势。

2018年9月，芒果TV成立了新业态拓展部，包括芒果文学、芒果抓娃娃、芒果听书及芒果游戏，完成从项目孵化走向新业态拓展的生态布局。目前，新业态拓展部已成为产业发展中心，最早的芒果阅读运营项目已经过半年，新业态各项目的产品线数量近30款，产品形态涵盖PC、H5（移动端的移动页面）、M站（移动端）、SDK（软件开发工具包）、小程序、App等多种形态，初步与芒果TV主站形成了产品联动矩阵。同时独立设计并研发了适配多业态登录及多支付形式的SDK、新业态运营数据及可视化管理系统，确保在相对稳定的技术和产品平台上拓展新业态。

2019年，芒果TV也正在积极拓展芒果闪购、芒果课堂、金融、体育等新业态。芒果TV新业态以引入与平台相匹配的异业项目为形式，以将优势资源与部门内容打通融合为模式，全面建设起多元化产业链生态，沉淀芒果TV品牌族，为芒果超媒的腾飞实现多重赋能。

从湖南卫视到芒果TV——打造芒果生态圈产销闭环

芒果生态圈以马栏山为圆心形成内外双层生态圈，其中内环指的就是以“马栏山”为聚集地，以湖南卫视、芒果TV双平台为核心的媒体群。这个媒体群包括湖南卫视在内的3家卫星媒体、10个地面电视频道、十几个电台频率及以快乐购、芒果TV为核心的新媒体群和各类影视制作公司。通过内部定制与制播分离的模式，芒果生态内环内部高度协同，实现由产到销的闭环。

闭环的运作，让芒果实现了从演员到剧本全程把控，不仅保证了内容优质，也大大降低了生产成本。2018 年暑期档，芒果超媒旗下芒果娱乐出品的剧集——新版《流星花园》登陆湖南卫视“青春进行时”剧场。芒果 TV 决定全网独播，播出期间该剧将芒果 TV 电视剧频道流量拉至新高，同时在 TV 端打破了以往的增长规律，成为仅次于安卓端的第二大流量贡献端口。

拓展“朋友圈”——打造芒果生态圈产业链外环

合作体系再向外就是以芒果 TV 为核心形成的顶级“朋友圈”：在内容领域，有观达、颖立、华策、完美、蓝港等最为紧密的合作伙伴；在渠道上，有华为、咪咕等强劲有力的合伙人；在资本合作中，有中国移动、中国人寿等国企大咖；在全球，还有谷歌、索尼等行业顶尖的国际公司。从芒果超媒到湖南广电，从内容创作到节目分发，形成了一个纵贯上下游的全产业生态开放体系。

就拿外环生态下芒果 TV 推行的“超级合伙人计划”来说，其通过构建优质的“内容合作朋友圈”，实现共同增值。2019 年，芒果 TV 投资的电视剧《我们都要好好的》，5 月 8 日登陆北京卫视黄金档，由芒果 TV 与优酷联合上线。这部由刘涛、杨烁主演的都市生活剧，聚焦丧偶式婚姻、抑郁症、中年危机、职场生存压力等社会话题，一经播出就引起热议，为期 21 天的播出周期，12 天取得同时段的收视冠军。新浪微博话题 # 我们都要好好的 # 阅读量高达 11 亿，总流量达到芒果 TV 剧史前四，大结局当天的流量较首播增长了 252.32%，平均每天流量增长 12%。该剧开播后累计拉新超过 600 万，在同年播出的电视剧中拉新表现一枝独秀。

2019 年 5 月 11 日，芒果 TV 的自制家庭代际和谐促进真人秀《我最爱的女人们》在东方卫视播出，网络由芒果 TV 与优酷拼播。节目通过对不同家庭相处日常的真实记录和观察，引发观众对婚姻、亲情及代际沟通的思考，传递和谐的家庭理念。首播上线 3 小时，收割全端热搜 15 次，引发娱乐、情感、社会话题全民现象级讨论，微博主话题 # 我最爱的女人们 # 阅读量超 22 亿，讨论量达 25 万，芒果 TV 总播放量达到 10.6 亿次。

芒果 TV 与湖南卫视之外的竞争平台（卫视）合作，带来了芒果 TV 与湖南卫视关系的微妙改变，从一味依赖输血生存到试图摆脱输血、自造基因，这种举动一度在湖南广电内部看来，不异乎“引狼入室”，引发了内部的强烈争议。这是湖南卫视“东郭先生式的悲哀”开始了，还是湖南广电拥抱互联网的姿态更开放了？争议还远远没有结束。

在内外双环的相互作用下，芒果生态圈形成了从产到销的闭环，为芒果 TV 在视频行业中保持核心竞争力，持续产出精品内容提供了源源不断的能量，也引发了湖南广电内部关于生态圈机制、规则、利弊的更深入思考。

两翼齐飞——制播新生态下的反哺和平衡

互联网时代的视频媒体发展模式有两种，一种是互联网原生平台的模式，国外以网飞为代表，对应到我国就是 BAT 的爱优腾模式；另一种是传统媒体融合发展模式，以芒果和迪士尼为代表。

最新 QuestMobile（北京贵士信息科技有限公司）数据显示，2019 年 6 月，中国的移动在线视频行业格局保持稳定，爱奇艺、腾讯视频、优酷占据前三名，芒果 TV 紧跟三巨头平台之后，位居第四。虽然在用户规模上，芒果 TV 和爱优腾还有一定差距，但值得注意的是，芒果 TV App 凭借《密室大逃脱》《我最爱的女人们》等网络综艺的拉动，用户规模快速增长，月活跃用户数环比 5 月增幅高达 11.56%，日均活跃用户数环比增长 8.18%，用户增长速度超前。

在爱优腾占据了较大视频市场份额的严峻环境下，芒果 TV 后起逆袭，做到了率先盈利。背靠湖南广电、仅仅拥有内容成本优势的芒果 TV 已于

2017 年、2018 年两年实现盈利。2018 年 4 月 1 日，快乐阳光发布 2016 年、2017 年审计报告及财务报表，其中，芒果 TV 在 2017 年实现净利润 4.89 亿元，成为国内主流视频市场中第一个实现盈利的综合性视频平台。2018 年，芒果 TV 实现总收入 56.11 亿元，净利润 7.10 亿元。2019 年，芒果超媒有望实现超 10 亿元的业绩目标。

芒果 TV 依靠湖南卫视综艺节目独播立身，壮大之后开始了对湖南卫视的反哺。综艺方面，自制大 IP《明星大侦探》的另一个版本《我是大侦探》于 2018 年 3 月 24 日登上湖南卫视，在每周六晚 10 点播出，首播便以 CMS 全网收视率 0.83、收视份额 6.3% 的成绩拿下同时段所有上星频道第一，成为当晚市场份额最高的综艺节目，助力湖南卫视夺得周六上星频道全天收视冠军。

电视剧方面，芒果 TV 拿下曾风靡全球的少女漫画鼻祖《火王》版权，由芒果 TV 自制的两部《火王》大剧，是新媒体平台向电视平台反哺的又一重磅内容。该剧自开播以后，收视排名始终位居前列，微博话题 # 火王之千里同风 # 阅读量已达 26.5 亿，讨论量 633 万，两部作品播放量合计近 7 亿。网台联动的试水，也标志着芒果 TV 内容制作与 IP 孵化趋于成熟。湖南卫视、芒果 TV 两大平台坚持优质内容创作，互相输送，互相促进，形成了媒体融合发展的核心优势。湖南广播电视台副台长、芒果超媒董事长张华立曾在芒果 TV 发展情况汇报会上，用“认知打通、情感打通、主流宣传打通、运营打通”四个打通，强调进一步全力推进湖南卫视与芒果 TV 的深度融合，真正打造一体两翼的融合机制，用顶层机制保障芒果媒体融合继续朝着正确的方向前进。对于芒果 TV 的平台价值，芒果超媒总经理、芒果 TV 总裁蔡怀军有自己的看法：“对中国企业而言，我认为‘价值’不能简单地等同于‘利润’、‘价格’或‘利益’，只有锻造出自己的核心价值观，才能具备长足的竞争力。在互联网行业更加如此，中国没有网飞，更没有迪士尼，但只要我们树立起正确的价值观，一定会创造出比网飞和迪士尼更加伟大的平台。”对于这位生于 20 世纪 70 年代、365 天都在工作的狂人来说，挑战才刚刚开始；而对于湖南广电来说，自己培养的互联网新生代已然挑起重任。

“内部竞争，总盘优化”，湖南广电一直是在这样的逻辑下不断发展壮大的。吕焕斌台长曾这样评价芒果 TV 平台的发展历程：“从独播到独特，再到独创，以及垂直生态的打造，芒果融媒体发展的每一阶段，都是新老媒体突破彼此逻辑宿命的交互式发展，在一步步的探索中打造了芒果 TV 这艘‘马栏山的挪亚方舟’，形成了今天相对独特的媒体融合芒果模式。”

2014 年“731”会议时，湖南广电人说，要做一个有时代记忆的媒体。

“风后面是风，天空上面是天空，道路前面还是道路。”

内容制播——马栏山基因与互联网王道

在芒果生态内部要锻造出一个新的平台，就一定要具备有芒果特质的核心竞争力。从目前来看，最核心的竞争力在于其强大的内容制播能力。芒果 TV 内容制播生态，宛如一个独立小宇宙，充满了梦想、冒险与欣喜。在不断迭代的互联网大潮中，内容制播曾历经怎样的蜕变与进化？让我们回首那些闪电般的时刻……

2014 年：独播元年的“内容荒漠”

被一榔头敲醒的“一号员工”

2014 年已是“真人秀”的天下，湖南卫视推出现象级的《我是歌手》《爸爸去哪儿》之后，爆款频出。在《奇妙的朋友》节目录制现场，人头攒动，“动物朋友们”热闹不已。只有一个格格不入的年轻人左顾右盼，惶恐不安。最后她一把“抓”住了节目监制洪涛，近乎鲁莽地跟他大谈起来：“芒果 TV 是否可以给节目做网络互动？比如，给动物做 24 小时直播、嘉宾 cut（剪辑）等衍生内容……”

那时的洪涛老师，很耐心地听完了这位年轻人的一大堆构想，却只说了一句：“芒果 TV 先解决网速和人员问题，再来谈内容吧。”

被一榔头敲醒的年轻人，是芒果 TV 内容规划中心节目部的“一号员工”——何忱。所谓“一号”，是因为当时全部门只有她一个员工，挤在一个大开间里，周围只有写代码的、做运营的、卖版权的……

愁了两个多月，每天上午安排面试，入职首要条件是“你下午可以来上班吗？”……就这样，节目部凑起了包括实习生在内的 21 个人。

网综混战，以卵击石

那一年，一场互联网内容的变革战役，早已潜流暗涌。现在回看，才知道，芒果 TV 几乎是气喘吁吁地赶上了中国网综自制元年的末班车。

2014 年，BAT 依靠资本力量强化内容，开启了网综群杀之局。网络综艺作为视频网站实力的象征，拥有大量尚未被开发的领域，引发了乐视、爱奇艺、优酷、腾讯、搜狐等主流视频网站的出手。一批形式新颖、各具特色的网综，冲破了过去的电视综艺环境，亮出了自己的独有气质。这一年，爱奇艺独播中国首档谈话类爆款《奇葩说》；腾讯出品全国首档大型调查类真人秀《你正常吗》，8 期节目网络总点击量超过两亿，《Hi 歌》也号称制作费近亿元，财大气粗的程度赶超电视台；搜狐的隐秘拍摄明星真人秀《隐秘而伟大》，开播不久总播放量就达 1.01 亿……[①]

---

① 《网综十年：从小成本粗制作到大体量全面霸屏》（http://www.sohu.com/a/225288130_100120487）。

芒果TV闯入这场网综混战，凭着借摄像、租机器、临时学剪辑……踉踉跄跄地自制着一些碎片节目——每条约1分钟，一天大约20~30条的《芒果捞星闻》；20分钟体量的周播综艺访谈《偶像万万碎》，在这场网综的战场中，除去湖南卫视的IP内容，芒果TV无异于以卵击石。但唯有以卵击石，才知道自己该有的硬度和厚度。

2015—2016年：从移植IP到内容“垦荒”

“我们将重新定义网络自制的标准！”2015年10月，芒果TV的首届招商会在北上广马不停蹄。会上，芒果TV正式宣布了全面独播后的内容战略。在宣布湖南卫视市场价值10亿的独播资源落定芒果TV的同时，[①]芒果TV也透露了“自制”构想——凭借湖南广电强大的团队背景和独一无二的自制优势，将以“马栏山制造”输出优质内容，建立网络自制新标杆。

而此时，刚刚依靠“独播”站起来的芒果TV，在自制内容的影响上还几乎为“0”，任重道远。

移植IP的第一场战役

2015年，直播平台兴起。斗鱼、花椒、YY等直播社交和聊天室来势猛烈。网络社交主流化，互动直播让用户们热血沸腾。

而彼时，芒果TV新上任的CEO丁诚，计划制作一档具有互联网基因的直播节目，这个想法立刻得到了总台的支持。芒果TV早期制作力量薄弱、创新体系缺失，当时的内容战术构想就是移植湖南卫视IP。

---

① 《芒果TV招商推介会，10亿独播资源遭争抢》（http://www.xxcb.cn/wap/event/wenti/2014-11-14/8944171.html）。

马栏山下，不但有湖南卫视，还有多个地面频道，它们产出过无数优质内容。移植 IP，是“手无寸铁”又可以解决燃眉之急的最佳路径。湖南经视早在 2002 年就生产过全国首档纪实真人秀《完美假期》，聚焦社交，全天 24 小时互动，成为当时移植 IP 的首选。

7 月炙热如火，但心里最火烧火燎的，是时任湖南经视副总监郭晓华和节目部主任周山。他们接到了为芒果 TV 制作大型互动直播《完美假期》的任务，一个月后就要上线。这是一个“不可能完成的任务”——搭建团队、节目策划、甄选选手、搭建录影棚、筹备全套设备系统、了解从没做过的互联网内容……完成这一切的时间，只有一个月。节目组调用了几乎全经视的制作力量，每天挤在芒果 TV 一间狭小的办公间里，焦头烂额，日夜不眠。

8 月 15 日，奇迹般的，《完美假期》如期上线。12 名性格迥异的素人，共同封闭生活 90 天，用户通过弹幕、评论、投票等方式以“全知视角”参与互动，“指挥”嘉宾完成任务。节目采用在线编辑技术，搭建云平台，130 多个机位，400 余人轮流更替，24 小时不间断直播。节目总点击量达到 7.2 亿，创造了中国互联网直播综艺史上的一个制作范本。

这是一次“胆大妄为”的探索。移植 IP 的策略、具有超前意识的网综形式，让芒果 TV 完成了第一次自制内容的“移植术”。

四个“第一”的内容“垦荒”

“要死，就死我一个。”节目部总经理周山，就是带着这样的心情上任的。对于一个湖南经视的中层干部，这意味着他要跳出待了十多年的事业单位，前往市场化公司，从零开始。最后，他服从安排，前往芒果 TV“涉身探险”。

在一间逼仄的大开间里，内容生产的“垦荒”野战开始了。所谓野战，是在资源奇缺、网络竞争凶猛却毫无经验可借鉴之下的游击战，摸石头过河，边打边像，野蛮生长。

在接下来的两年，节目部亦步亦趋地完成了四个“第一”。

一是建立第一个工作室，迁移马栏山内容人才。互联网的内容生产，应该结合市场、资本，把全中国甚至全世界的团队都融合成为动力资源。节目部的几个散兵，虽然已在娱乐资讯和小型访谈节目中磨炼过，但对于大型制作的经验远远不够。在时任CEO丁诚的支持下，芒果TV推出了“项目经理制”——以定制节目的模式，推选项目经理，整合市场人才、供应商资源。这有效地激活了优秀个体，链接了市场能量，但在内容产出上，依然难以实现瞬间飞跃。

互联网比的就是“快”。2015年9月，节目部再度推出新举措，为优秀团队成立节目工作室，保证在统一的内容制作标准之下，赋予工作室最大限度的独立自主权，包括人、财、物的管理权。随后，时任湖南娱乐频道演艺事业部主任的田海，带领节目骨干来到芒果TV，成立了田海工作室。自此，芒果TV迎来了第一支成熟独立的自制团队。

二是引进第一批海外模式，开启自制。受限于资金，节目部尝试引进海外模式，探索独立自制的前路。2015年国庆，芒果TV的第一档引进模式的自制节目《百万秒问答》(*The Million Second Quiz*)，狂欢上线。7天7夜全时直播智力问答，近700人的幕后力量，包括来自美国原版模式公司的技术团队，来自英国的节目系统开发制作公司Ionoco共同参与了节目策划，并在直播现场进行设备组装，全程把控节目技术。

三是生产第一个自制爆款，探索垂直类网综。2016年，周山和制片人何忱，又开始在湖南卫视的录影棚“窜门”。因为在不久前的“重点综艺全台立项会”上，他俩饶有兴趣地阐述了海外模式《明星大侦探》，而湖南卫视的顶级主持人何炅，是节目的不二人选。

获得了幸运女神的眷顾，但当时毫无光环的芒果TV，怎么能请到顶级的主持人加盟呢？芒果 TV 硬着头皮，一次次等到《快乐大本营》录完的深夜，挤进化妆间，尬聊上几句。而当何炅答应的一刻，大家激动得“热泪盈眶”。

2016 年 2 月，《明星大侦探》这档并不被看好的节目，经过反复的模式改造和优化，以兼具烧脑与喜感的游戏真人秀面貌上线，一夜爆火，全季突破 12.4 亿点击量，成为全国网综第一名。芒果 TV 的自制综艺第一次在整个视频网络行业引起了关注。它撬开了芒果 TV 自制生产的封锁线，加速了未来在自制综艺垂直领域的探索。直到今天，《明星大侦探》依然是垂直类网综的第一品牌。

四是移植第一批经典 IP，初建网综新标准。2016 年被称为“网综集团化元年”。伴随着自制网综前几年的发展，各家视频网站纷纷从疯狂烧钱的平台模式，转入加大投入自制生产模式：腾讯视频的自制综艺呈现品类化，组成全品类阵营；优酷土豆的自制综艺多达 10 余档，宣布“每一个用户都能找到一款适合自己的网生综艺”。

被群雄环伺的芒果 TV，在获得湖南广电“独播”资源巨大扶持的同时，开始尝试自主 IP 的“独特”运营之路。凭着《完美假期》的移植经验，芒果 TV 展开了自制 IP 的批量移植，首先从被湖南卫视淘汰的经典 IP 中开始筛选，这样既可以重造品牌余量，又不影响湖南卫视自身的内容生产。首选的三个 IP 是《超级女声》《爸爸去哪儿》《变形计》。

2016 年初，芒果 TV 重启《超级女声》，拼合多个市场团队和内制团队，历时八个月，通过 360 度视角、全直播、全民投票等，迎接疯狂的网综大战。这场战役，推动了芒果 TV 直播体系的优化，广告收入、用户增量成绩尚佳。但同时，大量问题也暴露出来：芒果 TV 缺乏配套支撑；在内容决策上，为提升流量，战线拉得过长；拼盘型的制作，导致整个系统割裂脱节；而最大的硬伤，是在内容操作逻辑上无法摆脱传统媒体的思维，本质上还是一档 1.0 时代的音乐选秀节目。在移植《爸爸去哪儿》时，节目部吸取教训，确保制作团队的独立性和完整性，不但起用原班制作团队的主创班底，而且在配套支持上，也给予无条件保护。《爸爸去哪儿 4》在年轻化、网感设定上，换维创新；设置"实习奶爸""素人萌娃"，差异化人群范本，辐射新型人物关系，解答民生困惑。传播与运营的玩法，也跳出传统电视节目单条正片输出模式，除每周播正片外，首创了多版本的会员单线等衍生节目。芒果 TV 的这些做法，引发了后续网综节目的效仿。最终，该节目总播放量以 25.2 亿成为 2016 年的"网综之王"，并打破了该 IP 在电视端播出时已略显疲态的局面。

2016 年底，芒果 TV 节目部正式升级为节目中心。节目制作团队体系也进入四级管理的细分雏形——工作室、大型自制团队、常态节目团队、定制项目组，并逐步搭建了五支团队：田海工作室、何忱工作室、来自湖南经视的袁白丽团队、常规资讯团队、定制节目团队。

芒果 TV 携带着马栏山的创制基因，在网综市场上虽然产量依然不高，但开创了自制精品的新标准。数据显示，综艺全年流量从 2014 年的 6 000 万增长到 2019 年 9 月的 19 亿，实现了平台质的飞跃。

2017—2018 年：超媒引擎，全链拓荒

2017 年的整个网综市场开始进入寒冬。竞品平台垄断资源，抬高成本；三足鼎立的寡头，累积数年已亏损 190 多亿元。[①] 7 月，新任总裁蔡怀军到任，他不仅要解决盈利这个头号难题，更要带领还没有站稳脚跟的芒果 TV 迅速成为芒果引擎。但到那时为止，全中国的视频网站只有一种运营模式，即以庞大的资本进行版权购买；但是芒果 TV 根本买不起，依靠

① 《血战 2018：优酷、爱奇艺、腾讯视频共预算亏损 190 亿》（http://www.diankeji.com/shuju/40691.html）。

广电资源输血，也日现瓶颈。

规模自制的破局

2017年，芒果TV节目中心尝试系统化运营，设立了树形管理结构。为完善生产链，科学打通内容生产的各环节，陆续设立了六大部门：节目自制部、节目定制部、节目艺人部、节目统筹部、节目技术部、节目制片部。在建制不完善、系统不成熟的状况下，芒果TV更坚定了采用“单品”策略的信心——不打全局战，以人才冲锋，打游击战；不对垒资本竞争，抓住机会点，以单品突围。

从2017年开始，芒果TV全面加大了自制综艺的投入，自制节目6档，定制节目4档，采购版权直播颁奖礼4档，节目产量是2016年的3倍,《萌仔萌萌宅》《真心大冒险》等自制节目脱颖而出。这些自制综艺刺激会员拉新和平台收入，会员收入同比2016年增长126%。到2017年底，快乐阳光在之前已经亏损16亿元的基础上,[①]奇迹般地实现了约4.8亿元的盈利[②]，而综艺的收益成为全平台主力军。这是国内第一个实现盈利的视频网站，成为震惊行业的一次公共事件。

人才互联的深融

2018年，随着快乐购重大资产重组成功，芒果超媒成军，作为主平台的芒果TV进入全链蜕变期，节目制播已成为整个平台越来越重要的支柱。

---

① 《专访CEO蔡怀军——前两年亏16亿，今年要盈利4亿：芒果TV的第二阶段方法论》(https://cj.sina.com.cn/article/detail/5806933453/466734?column=internet&ch=5)。

② 《芒果TV借道快乐购上市，湖南“默多克”怒展资本雄心》(http://t.10jqka.com.cn/pid_94577145.shtml)。

但内容供给不足、人才缺乏的问题也变得越发严重。芒果TV开始全力发展自制，由此进入全新布局——规模引进人才，全线扩容制作。尽管内部的人才争夺战也硝烟弥漫，但芒果生态人才团队的深度融合还是呈现出一片欣欣向荣的景象。

2018年5月，节目中心副总经理吴梦知到岗。作为在马栏山工作了近20年的创意天才，她参与过全类型节目的主创与生产，从综艺1.0时代的《星姐选举》《完美假期》，到2.0时代的《超级女声》《快乐男声》，到3.0时代的慢综艺《花儿与少年》等，出任过天娱传媒的宣推官和内容官，对于体制内和市场具有双轨认知。周山带着她与总裁蔡怀军只进行了大约15分钟的谈话，就燃起了她对芒果TV十足的好奇与激情，并决定加入芒果TV，进行团队的优化培训和内容品控。

不久后，制作人单丹霞的到来为节目中心又注入了一轮新血液。她是《爸爸去哪儿》的制作人，以严谨的管理风格、对内容的精益求精著称。决定加盟芒果TV时，她正在新一季《爸爸去哪儿》的拍摄现场，一边指挥着拍摄，一边成立了单丹霞工作室。

2018年，芒果TV董事长张勇提出要制作一档互联网的《快乐大本营》构想，于是力邀湖南卫视《快乐大本营》的主创导演李晓丹加盟，并为她网罗人才，建立了棚综制作团队。

随后，人才建设出现雪球效应。随着这一波人力的流动，节目中心打开了人才新局面，陆续从湖南卫视、湖南经视、湖南娱乐频道等地面频道和公司源源不断地输入专业人才，极大地充实了节目团队。

仅用了三个月的时间，芒果TV就完成了团队建设新格局。艺人部、统筹部、技术部三大部门为大规模的自制内容生产提供了高效能的支撑。两大工作室+11支自制团队，实现四级管理：独立工作室、S级团队、A级团队、初创团队。这既保证每个团队之间的上升通道和竞争活性，又能保证不同梯度的团队承担与之相匹配的制作，控制内容风险。

建立 IP 矩阵生产线

2018 年初，芒果 TV 董事长张勇在一次会议上表达了自己对内容生产的焦虑，也对年轻的制作团队提出了这样的要求："在媒体性平台里，不要耽误了好时光，去做出令人尊敬的内容才是人生最大的成就。不要被自我的小情绪破坏了梦想，对用户情绪的捕捉比自己的情绪表达重要一百倍。""捕捉用户情绪"启发了团队自制爆款的敏锐感。这一年，团队、资金、生产配套渐进完善，芒果 TV 进入节目生产机制的优化升级阶段。全节目中心 11 支团队（包括自制和定制），全年不限时、不限题材，随时提交选题模式。市场团队、创新研发组的提案，也采取定期召开提案大会，全开放甄选的模式。芒果 TV 设计了全新的品控流程，节目中心有人负责全盘决策，有人协助内容品控，负责人深入节目的策划、编剧、拍摄制作、后期剪辑、宣传播出的全链环节。就是在这样的"情绪"和机制中，迅速诞生了后来的几大爆款节目。

《妻子的浪漫旅行》成为新生产机制下第一个原创真人秀试验。经过反复推演共研，在节目的模式和调性上，最终确定一改过去旅行节目的风格，坚持"广谱受众""让艺人彻底接地气"的节目方向，同时首次采用户外和棚内双线拍摄的执行细节。当时李甜制作的《真心大冒险》还在播出期，接到任务的她面临着巨大的压力，使得她直到《妻子的浪漫旅行》开拍前，依然坐在总经理的办公室谈话，问可不可以退出。在瑞士站拍摄时，因为时间档期协调不顺，她急得差点从山顶上滚下来……

直到节目上线，大家才终于开怀。《妻子的浪漫旅行》节目播放量达 22.6 亿，根据统计数据，在骨朵网综排行榜 51 天排名第一，微博话题阅读量 58.4 亿，同时获得《光明日报》《广州日报》等主流媒体点赞，超 12 000+ 微信公众号讨论，节目获得 2018 指尖综艺榜"最具移动影响力创新综艺""2018—2019 年度融合创新十大品牌影响力网络综艺栏目"等多个奖项。《妻子的浪漫旅行》成为2018年的第一个爆款，节目中心士气大振。

乘胜追击，接连引爆的是第二个情感真人秀《女儿们的恋爱》。节目开拍前，湖南卫视宣布了一个同类型节目的上档计划，而且会领先一个月播出。和湖南卫视最专业的制作团队在内容上的内部竞合，这是第一次。芒果TV决定以“真实”为核心，以差异化的角色组合侧重节目定位，既要避开对湖南卫视节目的同质消耗，也要完成芒果TV自制的创新佳绩。

年轻的晏吉团队，几乎是争分夺秒、协同作战，在边远山区“没饭吃”“打地铺”，最终不负众望——13集节目，以A级投入，完成了S级效应。节目总播放量达13.8亿；根据芒果TV品牌推广部的统计，全端热搜194次；微博主话题阅读量39.1亿，被业内专家称赞为“引领家庭情感类综艺进入5.0时代”。[①]

芒果TV第一次证明了，在节目品质上已经可以实现和“老大哥”湖南卫视同等精良的自制水准，从而获得内容自信，真正升级了自制精品的话语权。

自此，芒果TV进入了自制节目的全面开花期。2018年，节目中心全年产出32档节目，包括15档自制、10档定制、7档纪录片、2个大型活动。高速规模化的内容生产，以“差异化”开启了对网综市场的奇袭，并建立起全新的节目产品矩阵——“综艺带”“亲子节目带”“酷文化节带”“悬疑智力带”“新型情感带”等六大节目带，为不同圈层的垂直用户提供日渐充足和精准的内容。

其中，大型情境类益智互动推理秀《我是大侦探》，反哺登陆湖南卫视，取得收视13连冠，稳居全国网上星综合组同时段第一，[②]是第二季度同

---

① 《〈女儿们的恋爱〉：家庭情感综艺进入5.0时代》（http://paper.cnwomen.com.cn/content/2019-04/25/059176.html）。

② 《邓伦〈我是大侦探〉》获封“全能推理王”》（https://ent.china.com/movie/tv/11015529/20180619/32546758.html）。

时段观众规模最大、份额最高的新综艺节目。

高端大片新标杆

身兼芒果超媒党委书记、董事长的张华立说："在融合发展、创新发展的当下，我们的宣传手段和传播方式当然也要持续创新。"2018 年以来，芒果 TV、湖南卫视双平台与湖南经视、湖南都市、金鹰纪实等传统媒体进行战略合作，推出了《新时代学习大会》《我爱你，中国》《我的青春在丝路》《故园长歌》《时光的旋律》等台网融合的主流大片，其中，《我的青春在丝路》《我爱你，中国》两个节目在芒果 TV 上线总点播量均超 1 亿次。芒果 TV 坚守网络主阵地，力争成为传播青春正能量的新媒体标杆，进一步强化了对年轻人的引领，扩大了主流价值影响力版图。

创作视野国际化

作为一家互联网视频企业，要成为中国文化走出去的生力军，保持一定的国际视野与包容开放的精神尤为重要。

2019 年 7 月 15 日，由国务院新闻办公室对外推广局重点指导，芒果 TV、Discovery（纪实媒体和娱乐公司）联合出品的全球首档跨国联合制作职业体验纪实真人秀《功夫学徒》举行定档发布会。节目中，来自俄罗斯、韩国、印度、菲律宾、越南等国家和地区的年轻人齐聚中国，在中国导师的帮助下体验学习中国职业和技术发展成果，节目于 9 月在芒果 TV 和 Discovery 双平台播出。而已播出两季的《我的青春在丝路》，用中国青年在非洲的生动故事，在湖南和非洲国家间架起了友谊的桥梁，正在筹拍的第三、第四季将打造成国际合拍的重磅版权作品。《妻子的浪漫旅行 2》吸引了国际级艺人加盟，第一季将第一个与中国签署"一带一路"相关备忘录的欧洲国家匈牙利，作为节目的一个目的地，通过文化旅行情感类综艺的形式，拓展两国人民的文化交流。

点赞青春正能量

在芒果 TV 总裁蔡怀军看来，优秀的头部综艺必然会提出独特的价值观，引发广谱的共鸣。芒果 TV 在综艺领域坚持的原则就是对社会责任的坚守与创新，每次对创新节目做评估立项的硬性标准就是它是否反映了当下的社会问题，能否为这些社会问题的解决提供思考。

从社会家庭焦虑点出发，《女儿们的恋爱》“让爸爸正大光明看女儿谈恋爱”再接再厉。在 2019 年 4 月的研讨会上，中国社会科学院世界传播研究中心秘书长冷凇如此评价：“《女儿们的恋爱》开创引领了 5.0 阶段的情感建设型真人秀。节目中的恋爱过程和父女代际，对每个观众而言，都起到了教科书般的作用。”[①]《哈哈农夫》的沉浸式乡村人文体验真人秀，让四位充满故事的明星嘉宾“逃离”城市，不仅将乡村的“日出而作，日落而息”展现给观众，而且通过嘉宾们的劳动传递了“努力才能有收获”的价值观。由七个年轻“流量”明星参与的师徒关系探索体验类真人秀《少年可期》，以“让偶像真正成为青少年的榜样”为突破口，《光明日报》刊文评价：“节目用流行化的表达方式剖开‘传承’的积极立意，让年青一代在前辈艺术家的感染下获得专业和综合素质的成长，有助于实现对当代年轻人的正向引领。”[②]

2018 年 3 月，吕焕斌台长明确提出湖南广电已迎来芒果生态建设下半

---

① 《〈女儿们的恋爱〉以纪录片的方式求真，冷凇：引领家庭情感综艺进入 5.0 时代》（https://baijiahao.baidu.com/s?id=1631287284774037750&wfr=spider&for=pc）。

② 《成长奋斗的故事更动人》（http://epaper.gmw.cn/gmrb/html/2019-04/04/nw.D110000 gmrb_20190404_1-09.htm）。

场——谋内容战略。他这样分析“下半场”:“我说一个不成熟的观点，下半场就是做产品，仅有好平台没有好产品，你的先发优势就会逐渐丧失，只有不断地打造爆款产品，平台优势才会化为生态优势，才能化为发展的胜势。”

上半场建平台、下半场谋内容，芒果 TV 恰恰走过了这样一段历程，携马栏山基因与互联网王道入场，用项目练团队，用团队拼项目，从一无所有到自主研发、自创自投，芒果 TV 的内容创新带着几分“穷人的孩子早当家”的倔强与清醒，也透着一股“不走寻常路”的狼性与野性，以独特的打法和策略，用 10% 的成本收割了市场上 50% 的爆款综艺。[①] 芒果 TV 的爆款、精品，也许就在下一秒。

版权运营——独享与通吃的 IP 必杀技

对湖南广电新媒体发展命运起着决定性作用的“23 条”的第 12 条把 IP 资源视为湖南广电的战略资源，并在中国广电业界首家把 IP 提到了建立知识产权新秩序的高度。将版权作为资产来经营、最大化释放版权价值，这是版权运营最关键的秘诀，也是芒果 TV 融合崛起的必经之道和第一桶金的来源。正是抱着这样的经营理念，芒果人踏上了独有气场的 IP 风云征途。

打开版权闸门，从此通江达海

早在 2014 年芒果 TV 新版上线前，芒果 TV 就开始了版权运营，当时

① 《蔡怀军：从“独特”到“独创”——芒果价值观坚守创新之路》(http://www.sohu.com/a/317106416_488163)。

由广告部负责版权分销，2013 年成立的版权管理部则负责版权采购。2015 年版权管理部升格为版权经营管理中心，承担起芒果 TV 版权内容交易、影视剧制作、IP 资产管理等重要职责。

早在 2006 年，湖南电视台与快乐阳光签署版权授权协议，版权售卖是当时快乐阳光的主营业务之一。在那个“野蛮生长”的年代，大家知道版权有价值，却未曾真正了解它究竟有多大的价值。即使马栏山这样一个诞生了中国最优秀电视内容 IP 的“原创圣地”，对版权的认知也还比较模糊。没有参照的方向，也没有成熟的模式，芒果人只能根据自己的经验在版权经营上不断摸索前行。随着 2014 年芒果 TV 独播战略的实施，湖南卫视综艺节目的独家播出让芒果 TV 迅速积累了大量的流量和用户，同时带来了前所未有的平台升值、广告溢价和品牌影响，这都是之前的版权分销收入无法比拟的更大圈层价值。湖南广电这艘大舟驶进了互联网视频的红海，开始“与狼共舞”。在内容为王的时代，为站稳脚跟，芒果 TV 也开始着手构建一个比较完备的版权资源库，并逐渐发展到目前以分销、采购、投资为一体的生态链。

版权分销的“不变”与“百变”

不同于竞争平台有 BAT 巨头可以依靠，芒果 TV 在发展过程中一直承受着巨大的资金成本压力。就中国整体网络版权成本来说，从 2011 年到 2016 年的五年时间里，电视剧版权费用上涨了 30 倍，[①] 此后虽然国家出台了“一剧两星”、限制演员片酬等政策，但依然未能有效抑制持续上扬的

① 《IP 的天价饭局：影视剧版权价格一年暴涨 30 倍》（http://finance.ifeng.com/a/20160608/14471882_0.shtml）。

版权费。2011 年出品的《甄嬛传》单集版权也就 30 万元，[①] 而后单集千万的版权费已不算什么新鲜事。面对经济压力，芒果 TV 开始积极调整策略，探寻新的收入来源，将一些优质的独家版权开放给其他视频网站分销。有人说这岂不是和独播战略“背道而驰”，但这并非芒果人忘了初心，而是为适应新的形势环境的自我改造，这也意味着独播战略已经升级为独创总体战略的全新一部分。创，便是创造内容、创造利润、创新策略，作为版权运营的价值指南。

版权经营管理中心肩负着芒果 TV 重要的创收任务，这项任务关系到公司的整体经营业绩和上市目标业绩考核。如果说内容覆盖是芒果 TV 的发展核心，那完成创收任务就是必须死守的生命线。在完成这一任务的过程中，版权中心面临着行业的不断变化和多重困难，电视综艺版权在 2017 年后开始行业性跳水，除了头部 IP 以外，市场上对新生综艺兴趣大不如前。而随着经济下行压力增大，娱乐产品更新迭代速度加快，中国电视广告和新媒体综艺硬广投放也开始同步缩水。

宁可不卖，也不贱卖

“我们不忽悠用户，不忽悠客户，也不忽悠自己。我们决不让任何一个合作伙伴吃亏，我们要与用户携手共赢。”芒果 TV 总裁蔡怀军要求全公司秉承这样的客户价值观。正是这样的不忽悠，才有“宁可不卖，也不贱卖”的芒果 TV 节目版权分销底线。为了捍卫湖南卫视电视综艺品牌，守住节目 IP 价值，防止低价分销对节目内容生产及分销客户的致命伤害，除个别纯公益类节目，芒果 TV 全年重点综艺节目销售价格均保持在国内一线

---

① 《2006 年到 2017 年，影视剧版权费暴涨了 7 200 倍？》(https://www.sohu.com/a/195221004_295833)。

水准。

2017 年，湖南卫视和浙江合心传媒联合推出一档生活服务纪实节目。节目极具治愈性，在筹备之初便被其他视频网站看好，它们纷纷向芒果 TV 询价。但经过几轮接触后，某视频网站提出的价格最终被芒果 TV 否决。宁愿独播也不能容忍 IP 价值被大打折扣。事实证明，酒香不怕巷子深，第一季拒绝“贱卖”后，芒果 TV 却在独播口碑和影响力方面实现了双丰收。第二季尚未开播，便有视频网站主动出击，以适合节目“身价”的价格提前锁定了播出权。两家视频网站的联合播出极大地促进了节目的传播，同时无论对芒果 TV 还是对分销方来说，这都是一次成功的合作案例，一方守住了版权价值，一方获取了市场上最优质的内容，双播 = 双赢！

首创“联合独播”

卖与不卖，是一个命题。怎么卖，更是一个考验策略是否得当的难题。卖得好，既能保证芒果 TV 流量和用户不被分流，又能为公司创造可观的经济效益；卖不好，赔了夫人又折兵，还有可能受到对手碾轧。

2014 年，芒果 TV 在保留自身平台播出的基础上，将《爸爸去哪儿 2》分销给爱奇艺，首创“联合独播”的概念，也取得了差异化版权运营的新启示。2015 年《爸爸去哪儿 3》独家播出后，鉴于平台属性与竞争力的考量，芒果 TV 与优酷联合独播《爸爸去哪儿 4》。优酷以男性用户为主，芒果 TV 则以女性用户为主，两个平台属性不同，尽管有一定竞争，但良好的优势互补最终刷新了网综新高度，被观众评为“年度暖心之作”。

以价值为驱动，版权经营大爆发

《我是歌手》是中国电视史上里程碑式的音乐节目，其音频更是多家音乐网站眼里的“香饽饽”。2015 年被诸多行业称为“IP 元年”，在线音乐行业也彻底迈进拼 IP 的时代，各家平台纷纷抢占热门音乐综艺 IP，以期获得更多用户的青睐。但当年芒果 TV 对 IP 价值认识不深刻,《我是歌手》音频分销给 QQ 音乐的费用也仅为百万级，这个价格并不符合该节目后来呈现的市场核心竞争力。

2016 年,《我是歌手 4》启动后，多家音乐平台抛来橄榄枝。芒果 TV 对 IP 价值、自身平台优劣、分销平台用户属性和运营方式进行综合性的考量，通过独到的版权运营模式，最终选择了三家音乐平台进行全网授权。芒果 TV 基于十足的资源价值判断和高度文化自信，秉持对王牌节目的深度解构，谈判上不退让,《我是歌手》的版权费较上一年猛涨。而 2018 年,《我是歌手》的音频版权费已是 2015 年的 10 倍以上，重新定义了经典 IP 的市场价值。知己知彼，深度挖掘才能创造更多的可能性。

分销渠道创新式探索

过去几十年来，中国逐步建立起知识产权法律保护体系，成为越来越重要的知识产权大国。这为版权的发行创造了良好的市场和政策环境，也催生了在一些新兴领域的版权价值挖掘现象。一些新型娱乐方式也为芒果 TV 版权分销开拓了更多的可能性。

芒果 TV 将包括《我是歌手》《快乐大本营》《天天向上》在内的多档综艺节目的航空播放权分销给海航云端，为海南航空机载点播式视频系统提供“芒果专区”内容服务。除此以外，海航云端还在海南航空读物《华翼》、《云端商旅生活》及首都机场 T1 航站楼指定广告灯箱为芒果 TV 进行宣传。和海航云端的合作是芒果 TV 首次将内容分销至“空中”，让覆盖面又开拓了新疆土。比起版权费，海航云端利用旗下资源为芒果 TV 提供的品牌宣传服务更富价值。从此，为航空公司提供特色鲜明的内容播放服务，成为芒果 TV 一个长期可供选择的拓展渠道。

芒果 TV 自 2016 年开始将湖南卫视综艺节目卡拉 OK 领域的独家使用权授予宝声科技，授权费用高达千万量级。在经历了野蛮生长和侵权风潮的阶段后，KTV 越来越重视音乐正版性。在音乐产业进入抢占热门 IP 的阶段后，湖南卫视的内容便成了各方追逐的目标。而芒果 TV 深耕经营，促成了后续每一次的双赢合作。

此后芒果 TV 还创新性地将湖南卫视节目音频授权给荔枝、喜马拉雅电台，《完美假期》IP 授权图书出版，《火王》IP 授权游戏开发，《中华文明之美》授权给华润万家超市播放。芒果 TV 适应市场的发展节奏，不断转变经营思维，不再单纯依靠过去视频平台、音乐平台等传统的分销方，而是开拓进取，尽可能地拓展渠道，创造价值最大化。

审时度势：版权经营别具一格

芒果 TV 的版权策略必须是满足平台发展的内容需求，即便是独家内容分销层面，也应在获取发行收益的前提下尽可能保证平台利益。

经过五年的摸索，芒果 TV 逐步建立和完善起内容评估引进流程、版权链审核流程、介质交付流程、电子付款流程、版权管理电子化系统、版权内容财务分摊系统等配套措施，以规范化的管理制度来确保采购流程符合政策法规及内控审计的要求。从过去纸质化、人工化的版权到现在电子化、数据化的“智慧版权”，芒果 TV 的版权规范性和先进性在整个广电系统首屈一指。

高质采购，采购价全网最低

2014 年，芒果 TV 重新起航。为保证公司的每一分钱都能花在刀刃上，芒果TV确立了版权合作采购机制。结合2013年底充库的采购内容，共购买电视剧1 841部、电影4 274部、动漫1 746部、综艺125部等，合同金额数亿元。虽然和BAT还无法比拟，但较之芒果TV以前的情况已是飞跃式的突破。

采购节目虽然数量巨大，但多为底部流量内容。彼时芒果TV的主要策略是以覆盖湖南卫视剧场内容为主，这是基于当时芒果TV用户黏性与湖南卫视高度重合及自身预算有限而做出的无奈之举。因此，在无法拼版权费的阶段，精准化采购成为首选。在扩大基础影视库的同时，芒果TV逐步提高对湖南卫视优质剧的采购比例：2015年湖南卫视金鹰日播剧场全年播出14部，芒果TV引进8部，覆盖率57%；钻石周播剧场全年播出5部，芒果TV引进4部，覆盖率80%；青春周播剧场全年播出8部，芒果TV除自有版权6部以外单独引进2部，覆盖率100%。通过两年的发展，芒果TV已开始跳脱出充库的原始阶段，开始迈入高质、高效的采购新层面。

“抄底”乐视，抢占精品版权库

2016年10月，乐视爆发资金链风波，尽管采取了相应措施，但依旧被巨额债务所牵制。在业内人士眼中，乐视视频之前能够跻身国内“四大视频网站”并一时风头无两，手握大量版权是决定性因素。根据《每日经济新闻》的报道：即便在“内外交困”时期，乐视网也从未放弃对影视版权的“买买买”。2016年底，乐视网影视版权账面原值从约61亿元增长至80亿元，到2017年6月底，乐视网影视版权账面原值增长至104.78亿元。[①]

① 《乐视网预亏百亿还有“后续” 60亿影视版权面临逐步减值风险》（http://finance.ce.cn/rolling/201802/01/t20180201_28002003.shtml）。

当乐视爆出债务危机时，乐视网手里的版权内容成为各家公司“虎视眈眈”的资产。当时《伪装者》《琅琊榜》创下收视狂潮，胡歌主演的《猎场》的独家版权刚好在乐视网手里，这也自然而然成为大家眼中的“肥肉”。在谈判初期，芒果 TV 就直奔该剧而去，想以采购 + 资源置换的捆绑形式，既拿到《猎场》独家版权，也解决之前双方的版权债务问题。通过不断的谈判，最终芒果 TV 开出了相对高于其他视频网站的条件，作为回应，乐视方面也终于拿出了更为优质的片库资源进行交换。最终双方完成了重要协议的签署，实现了从两败俱伤到共赢互生。

芒果 TV 此次通过现金采购 + 置换的方式从乐视手中“抄底”了包括《猎场》《浮出水面》的独家权益及《大话西游》的非独家权益，同时获得乐视《古剑奇谭》《奋斗》《武则天》等 130 部经典片库剧的授权。通过二次发行，一线卫视播出电视剧 7 部，这为平台下一年的发展获取了核心竞争资源，而对乐视而言，芒果 TV 的现金支付及尾款抵扣，也在一定程度上缓解了乐视其时的资金压力。此次合作，成为版权业界的经典案例。

从联合采购到独家采购的跨越

在视频网站的版权市场，独家采购既意味着高昂的授权费用，也意味着需要承担一定的风险，如果购买的电视剧迟迟不能定档播出，就会“烂”在手里，或者做网络播出，高成本就无处消化。而市场一向奉行“内容为王”的核心法则，优质的内容提供商在交易中有绝对的话语权，而意向买家不仅需要拼真金白银，有时还需要拼用户基数和平台影响力。在发展初期，芒果 TV 因起步较晚，在独家内容交易中，常常不被内容提供商认可，即便愿意出更高的价格，也因自身平台尚不够强大而会遭到对方婉拒。

2014 年，芒果 TV 对外采购了五部独家剧：《深圳合租记》《一见不钟情》《唱战记》《美人制造》《不一样的美男子》。其中前两部为湖南卫视日播剧，后三部为周播剧，芒果 TV 能拿到独家信息网络传播权，离不开湖南卫视的协助。在其他内容方面，芒果 TV 采购的主要是湖南广电旗下资源，比如天娱出品的《爸爸去哪儿》大电影、金鹰卡通卫视出品的《中国新声代 2》《村长去哪儿》。全部独家加起来版权费已过亿，虽然这个价格现在看来可能还不足以匹配一个 S 级甚至是 A 级的项目，但对当时还在靠影视剧数量充库的芒果 TV 来说，这几乎占据了全年二分之一的预算。不难看出，所有独家内容的获取都与湖南卫视内容进行了精准捆绑。在这一阶段，芒果 TV 借用了湖南卫视强大的影响力，但这也是基于芒果 TV 预算有限及平台吸引力不足的现实做出的决策。

2015 年，芒果 TV 无论是在合同签订数量、独家资源引进，还是版权资金投入上都有了成倍的增长。仅国产电视剧就储备了《封神榜》《麻辣变形计》《神犬小七 2 》《旋风少女》《明若晓溪》等十部独家内容。最为引人注目的亮点是独家引进了三个国外节目模式，分别是韩国 JTBC（中央东泽放送株式公社）的《犯罪现场》（*Crime Scene*）、英国华纳的《单身汉》和 All3 传媒公司（All3 Media America）的《百万秒问答》。这三个 IP 被芒果 TV 改造成中国版，促成了自制综艺节目的崛起。

从联合采购到独家采购，意味着平台的良性发展。2018 年芒果 TV 各项独家内容近 200 部（含自制、引进），2019 年前 7 个月已经达到 214 部，其中包括北京卫视播出的《我们都要好好的》，东方卫视播出的《青春斗》等。从资源匮乏到实现全网优质内容的全覆盖，从靠湖南卫视协助采购到独立主动引进其他一线卫视的黄金档电视剧，无论是版权资金还是成本消化能力，芒果 TV 都在实现跨越式的突破。

此后，芒果 TV 逐渐探索出了分销和置换并举的信息网络传播权综合运营之路，并进一步优化采购内容的匹配度和投产比，以灵活联合同业平台的多种合作模式，降低投入成本，实现播出效益最大化。其中频频使用的电视剧置换或者电视剧 + 综艺节目搭配置换的方式，在消化成本的同时，为平台引进了更多、更好的内容。

版权自制：不懈的亮剑

虽然骑上“独播”的战马出发，但版权自制一直是芒果 TV 多年的梦想。努力开创芒果 TV 自制内容的新格局，在新媒体平台打造“马栏山智造”和“芒果出品”的金字招牌，这是芒果 TV 不懈的实践与追求。在 2018 年上海电视节“融合变革中的综艺新趋势论坛”上，芒果 TV 分管电视剧投资与制作的副总裁郑华平就提出了“要打造最青春的自制影视生态”的概念：芒果 TV 将对内生态集合，对外开放合作，为融合变革中的“新电视、新综艺、新生态”创造新价值，为中国电视贡献湘军的一份力量。

从“自制 + 自播”到“自制 + 分播”

2014 年 11 月 1 日，芒果 TV 首部网络剧《金牌红娘》上线，不到一个月时间全平台点击量就破亿，荣居当年芒果 TV 所有电视剧排行榜第八名，巩固了芒果 TV 在全网视频自制剧领域的重要地位。

《金牌红娘》是芒果TV在自制剧领域的小试牛刀，而随着《花样江湖》《搭讪大师》《学童进击》《古镜》等其他自制网络剧的相继播出，芒果 TV 逐渐形成大综艺、大剧、大自制“三驾马车”并驾齐驱的内容战略布局。在这个阶段，虽然质量和口碑都不错，但网剧有平台为用户独家定制的特殊属性，所以通常都是自制自播。

2016 年民国华美奇幻大戏《半妖倾城》上线，这是芒果 TV 和于正合作的首部网络 IP 剧。与以往 IP 剧不同的是，《半妖倾城》创造了剧本改小说与漫画的新模式。在项目筹备初期，因对这个超级 IP 潜在价值的看好，多家视频网站预引进。最终经过综合考量，芒果 TV 和乐视网达成一致意见，以双平台联合播出的名义同步上线该剧。尽管行业无网剧分销的参照模式，芒果 TV 和乐视网在协议阶段也存在一定分歧，但基于内容的优越性，双方最终促成了双平台联合播出的结果。不仅乐视网的加入让内容多了一个渠道播放，而且授权费用可以抵扣接近一半的制作成本。从自制自播到自制分播，这也意味着芒果 TV 在 IP 内容制作上得到了行业认可。

从“自制 + 自播 + 湖南卫视播”到“自制 + 自播 + 其他卫视播”

剧类投资制作业务是难度最大、风险系数最高，也是最具战略意义的业务。2017 年，芒果 TV 完成了这项业务的起步布局,《路从今夜白》《火王》《我们都要好好的》三部电视剧相继开机拍摄，这意味着芒果 TV 从过去定制网剧到现在台网剧质的飞越。事实上在此之前，芒果 TV 先后参与了《择天记》和《甜蜜暴击》的投资，两部电视剧最终都在湖南卫视播出，实现了经济效益和社会效益的双效统一。

《路从今夜白》由芒果 TV 版权经营管理中心影视制作部全程负责立项与制作，并最终定档湖南卫视青春剧场，为芒果 TV 创造利润千余万。由陈柏霖、景甜主演的《火王》的推出，则是一次重磅实验，该剧由彭丹团队负责制作，投资相对较大。在湖南卫视还在内容评估阶段时,《火王》的网络版权便以当时一线大剧的价格独家分销给华视网聚，再由其转销给爱奇艺。《火王》在湖南卫视播出后，迅速吸引了大批剧迷，收视率一路看涨，收官当日在湖南卫视的收视率几近破 1，四大网络平台同时播出收获亿万点击量，口碑与评分齐升。

内容为先 + 渠道跟进是芒果 TV 深度运营自制影视剧最根本的核心。芒果 TV 出品的电视剧《我们都要好好的》与综艺节目《我最爱的女人们》分别登陆北京卫视与东方卫视，是市场对芒果 TV 影视制作实力的充分肯定。

这些内容因有芒果属性的背景却登陆其他卫视，在行业内掀起了不小的波澜。众所周知，芒果 TV 初期主要以从湖南卫视输出综艺节目，而在竞争激烈的视频行业站稳脚跟。当芒果 TV 成熟起来后，制作的电视剧和节目却输出给湖南卫视的竞争对手们。是芒果 TV“忘恩负义”？还是战略抉择？

2019 年 3 月，东方卫视总监王磊卿一行参访芒果 TV，主动提出就双方的综艺节目和电视剧进行台网联动合作。芒果 TV 在综合各方面因素后决定合作，这个决定得到了湖南广电决策层的支持。一直以来，芒果 TV 用户和湖南卫视观众重叠性颇高，合作其他卫视，可以让芒果 TV 市场型、开发型的地位更为凸显；而从广告增值的现实需求来看，芒果 TV 内容在更多一线卫视播出，可以有效提升对广告客户的溢价权，增加广告收益，实现 IP 收益最大化。近几年来，芒果 TV 一直尝试采购其他卫视综艺，但因湖南广电的新媒体平台属性，其他卫视对此均采取封闭和防范的态度，合作难度较高。只有通过合作打破封闭格局，采取开放心态，才能加强芒果 TV 与外部卫视的合作。“两害相权取其轻，两利相权取其重”，这才是芒果 TV 发展创新阶段“不求所有，但求所用”的战略选择。而且，归根结底，芒果 TV 探索发展得好，便是湖南卫视的另一种成功及长效布局。

巧借他山之石

2019 年 5 月 15 日，芒果 TV 在上海重磅发布“新芒计划”。芒果超媒总经理、芒果 TV 总裁蔡怀军，芒果超媒副总经理、芒果 TV 副总裁郑华平，版权经营管理中心总经理唐藩、副总经理任旭到场，以最大的诚意催生精品，助力行业良性发展。该项影视合作计划旨在锁定一批有潜力的内容资源和制作人才，更好更快地提升芒果 TV 影视制作能力，以更小风险、更高性价比与优质影视制作公司达成长久共赢合作。

“新芒计划”项目的主要规划是芒果超媒每年拿出2 000万元，芒果TV每年配套5 000万元，用于市场内外优质文学IP的遴选和改编。签约“新芒计划”的作品将由芒果TV定制进入生产环节，最终有望在湖南卫视和芒果TV双平台播出。签约“新芒计划”的战略合作工作室都为市场上新锐、有较强潜力的影视制作公司或影视工作室，有着成功的影视制作经验、成熟的研发能力、稳定优质的项目储备、较高性价比的制作成本，且熟悉芒果TV平台需求。在通过平台评估的基础上，战略合作工作室每年将和芒果TV合作至少两个项目，且可确保一个项目开机拍摄。战略工作室将优先获得芒果TV优质IP的研发、改编、制作，而其待开发的项目也将优先向芒果TV开放且给予优先开发权。

“新芒计划”的诞生意味着芒果TV在内容创新上加速布局，最大限度地从资金层面激活优质内容创作，带来内容创作者与平台用户的无缝连接。未来，芒果TV还计划签约一批导演工作室、编剧工作室，实现芒果TV核心内容全自制的影视制作生态闭环，通过体系化、工业化标准创造精品内容。

海外运营：做中国文化的“使者”

习近平总书记在党的十九大报告中强调：“加强中外人文交流，以我为主、兼收并蓄。推进国际传播能力建设，讲好中国故事，展现真实、立体、全面的中国，提高国家文化软实力。”[①] 作为行业领先的国有网络视听平台，芒果TV高度重视海外传播，一方面借船出海，利用内容优势叩开海外发

---

① 《习近平：决胜全面建成小康社会　夺取新时代中国特色社会主义伟大胜利——在中国共产党第十九次全国代表大会上的报告》（http://www.xinhuanet.com/politics/19cpcnc/2017-10/27/c_1121867529.htm）。

行的市场大门；另一方面造船出海，积极探索新媒体平台“走出去”战略，推动内容和平台共同“出海”。

芒果 TV 以自制剧集和热门节目的海外发行为突破口，打通海外落地渠道，实现了芒果版权内容在海外的有效覆盖。湖南头部综艺节目《爸爸去哪儿》《歌手》《快乐大本营》《中餐厅》《亲爱的客栈》，芒果 TV 自制综艺《真心大冒险》《功夫学徒》《百心百匠》，尤其是主旋律纪录大片《我爱你，中国》等精品内容已成功落地海外。截至 2019 年 6 月底，芒果 TV 服务覆盖全球超过 195 个国家和地区，覆盖用户数超过 2 200 万，芒果 TV 通过海外版权分销创造利润接近 9 000 万元。

2018 年 3 月，面向境外市场的“芒果 TV 国际”App 在中国香港正式上线至 App Store 及 Google Play（谷歌的应用商店），经过一年的运营，下载量已突破 300 万。可以看到，芒果内容的海外发行为文化“走出去”开辟了一扇版权交易的窗，平台建设“出海”和国际化内容制作的双管齐下，则为文化产业出口另辟了一扇窗，不仅“迈出去”，更是“卖出去”，以此和海外主流市场、主流人群建立更加密切的联系，谱写文化产业国际化的新篇章。2019 年 5 月 27 日，芒果超媒对外发布公告，中移资本控股有限责任公司、中国人寿资产管理有限公司一共以 20 亿元现金，获购芒果超媒 5 725 万多股股票，中国移动占股 4.37%，成为第二大股东。这 20 亿元将用于芒果 TV 版权库扩建和技术平台的升级。芒果 TV 的版权运营注入了资本的力量，自我造血能力已然更强。

从零到有，从有到丰，芒果 TV 经过短短五年的版权精耕，已然摸索出一条属于自己的经营管理之道。同时可以预见的是，芒果 TV 版权经营将继续稳稳站在天生青春的平台上，承袭守正创新的使命，以主流价值和市场价值为帆，以内容与个性化运营为桨，为站在暴风中的芒果 TV 实现快速超越驶出一道关键制胜的航线。

品效合一——广告的逆袭与奇袭

"在广告市场大幅下行的情况下，芒果TV在上半年的广告收入预计还将保持强劲增长。我们分析主要是因为芒果TV在内容营销领域一直坚持品效合一，我们有独特的打法和策略。我们不是简单地迎合客户，而是引领客户创造价值。"在2019年5月"第七届中国网络视听CEO峰会"上，蔡怀军如是轻描淡写。然而这轻描淡写的背后并非坦途，芒果TV走过了一条铺满荆棘的营销之路。

作为一个新生的在线视频平台，芒果TV在变化中不断适应新的市场环境，改变新的营销策略。独播时代，芒果TV借助湖南卫视内容版权，轻松拿下众多大客户大品牌广告预算，成为令人瞩目的广告黑马。但很快芒果TV广告形式单一化、广告内容运作固化、广告流量探顶等弊端逐渐显现。面对逆势，芒果TV从粗放单一的产品投放，到精细化的策略制定，再到内容营销的创新突破，凭借不断成长和成熟的广告体系及方法论，为市场打造了众多品效合一的营销案例，实现了芒果TV从品牌营销"试炼场"到品牌内容营销核心阵地的蜕变。

广告的逆袭：发现"内容营销"

独播的短暂红利

在芒果TV创业初期，凭借湖南卫视热门综艺的网络独播，依托湖南卫视强大的平台势能和内容号召力，芒果TV得以实现广告资源的同频共振。湖南卫视优质IP天生自带高价值营销人群，芒果TV的互联网属性有效地补充了电视端无法覆盖的人群资源，二者为品牌主提供了独一无二的

“卫视＋多屏”的广告解决方案。这一特殊的市场地位和广告模式，为芒果TV一度带来巨大的红利：2015年，芒果TV全平台营收10.6亿元，成为湖南首家年收入过10亿元的网络媒体；2016年，芒果TV广告营收能力每月达到1.25亿元。[①]

尽管因先天优势受到广告主青睐，但芒果TV广告形式的短板逐渐让广告主止步。由于内容版权受限、广告技术不成熟、对门户网站时代广告模块的沿袭，芒果TV仅能为广告主提供以页面广告、角标、硬广贴片、文字链等为主要形式的曝光产品。这些形式是纯粹售卖流量的传统模式，曝光形式是粗暴的，既不能为广告主带来精细差异化的人群触达，也不能通过互动技术实现内容交互，更遑论内容的深度共振和价值共鸣，很难满足广告主的需求和平台自身的发展。在热情消退之后，一些芒果TV先期客户开始陆续撤走预算，芒果TV面临“难有回头客”的营销窘境。

倒逼产品革新

由于单一粗犷的广告形式导致营收受限，从直客渠道又无法挽回流失的客户，为了拓展营收，2015年芒果TV启动全面代理制，意在结合第三方专业公关传播公司的辅助力量，共同为广告商提供整合营销服务。尽管这种代理商模式为芒果TV带来一定的广告客户，也达到了约定的广告投放量，但是根据合同约定，芒果TV要给予代理商5%~25%的代理服务费，这让芒果TV支付了巨额的广告商获取成本。为实现收支平衡，芒果TV只能不断提高权益身份合作费用，而高额的合作费用又让许多广告商望而却步。

① 易柯明.芒果TV从“独播”到“独特”的融合发展之路［J］.中国广播电视学刊，2016（10）:23–25.

新的窘境迫使芒果 TV 开始了广告营销产品的全新探索之路：内容方面，实现了播出模式与内容分销两个方向的升级；广告营销方面，开始对版权广告形式与产品进行全新的尝试，探索与用户深度交互的广告产品，开启节目向内容带观众、观众带市场、市场回馈商家的新产品营销模式转变。

2015 年 4 月，借力《花儿与少年 2》在全网独播，芒果 TV 正式推出基于视频内容触发点击并引导更多浏览、互动、消费行为的全新互动产品——灵犀。这款可以高度融合节目内容与广告内容的个性化产品，能将动态呈现、静态展示、跨屏互动、电商导流等丰富的广告形式植入节目视频本身，最大化实现商品与节目的内容捆绑，真正为客户完成全景立体营销，提升品牌回报。在《花儿与少年 2》中，芒果 TV 用“灵犀”为广告主可口可乐美汁源定制了一场 360 度深景营销，将优质节目内容与广告内容高度融合，满足了广告植入和打通电商的功能。数据显示，以“灵犀”为承载的美汁源互动广告点击率高达 10%，远超行业一般水平。[①] 同程旅游通过《爸爸去哪儿 3》“灵犀”广告呈现，显性点二维码导流转化率达到 50%，App 激活率高达 20%，[②] 数字化营销的精准性与转化效果皆超出预期。

除了“灵犀”，为解决客户没能及时进入拍摄节点的产品露出问题，芒果 TV 联合行业技术公司设计出新产品“易植”，以及“半屏互动”等创新原生视频广告形式，这些形式也为广告主的“IP 营销”提供了更多玩法。2016 年在《偶像来了 2》中，“易植”通过 logo 露出、易植贴、道具植入等多样化的曝光形式，充分展现 Jeep（汽车品牌）自由光丰富且实用的智能科技配置，载着女明星们一起迎接挑战，深度传递“hold 得住万种风情，

① 芒 TIME，《行业动态：可口可乐美汁源抢鲜携手“灵犀” 芒果 TV 深景营销创造行业新佳绩》（2015–06–04）。

② 芒 TIME，《从独播到独特：〈爸爸 3〉网络广告的正确打开方式》（2015–07–16）。

也驾得了各种路况”的品牌理念。在《爸爸去哪儿4》中，“易植”通过人工智能自动匹配场景，将品牌植入与节目剧情充分融合，有萌娃的地方就有迪巧，将“健康成长巧运动”“父爱不缺席”等品牌核心主张传递给观众，让温暖的品牌形象深入人心。芒果TV全面研发的“灵犀”“易植”“半屏互动”等营销产品，区别于传统硬广以贴片为主的单向曝光式产品，在内容场景中的品牌关联点和消费者的主动互动行为之间搭建了互动的桥梁，为品牌创造更大的传播空间，实现广告信息从被动获取到主动参与的转变。

广告产品的内容运营试水为芒果TV开启了版权综艺网络端广告内容运营的新思路。芒果TV开始加大对卫视强势综艺IP互联网思维的二次开发，更大维度获取内容空间和衍生品牌价值。2016年，芒果TV携手《快乐大本营》独家定制的超级IP衍生节目《大本营的秘密花园》上线。作为《快乐大本营》的衍生节目，《大本营的秘密》整季节目总时长不超过4个小时，却轻松收获上亿的点击量，以及超4亿的话题。

超级IP衍生节目的开发让芒果TV在合理利用广电平台优势资源之外，也成为新的内容生产者，为节目正片的播出拓展了传播周期，也最大程度释放了超级IP的二次营销价值。对版权综艺网络衍生价值的深度挖掘，带给芒果TV全新的广告内容营收思路：既然内容本身就是一桩好生意，为何不直接在自制内容上催生广告营收？

进军内容营销

随着网络视听行业的发展，营销市场呈现出受众细分化、渠道多元化趋势。在人人都是自媒体的时代，单向传播模式已经无法有效触达目标群体，传统的平播硬广难以吸引眼球。面对传播环境的变化，芒果TV调整传统的“广而告之”营销模式，向内容营销变革进军。

2015年，芒果TV首档全时全景直播互动真人秀节目《完美假期》携手娃哈哈进行深度场景营销，正式发力娱乐传播内容营销。作为一档全时全景直播真人秀节目，《完美假期》在90天的时间里通过上百个镜头展现选手个人能量。娃哈哈旗下活性维生素饮品作为节目官方唯一指定饮料，随时为选手提供能量。"想要赢，先激活"的全新产品概念也通过选手们的青春智慧得到完美表达。为了配合节目的播出，娃哈哈也发起大规模线上线下互动活动，发掘青春正能量，为年轻个性提供展现舞台，产生的"激活"选手前往《完美假期》现场探班，参与实地体验，与人气选手交流青春心得，一起激活潜力。芒果TV凭借在"80后""90后"年轻受众中的传播优势，全面整合线上线下资源，为娃哈哈提供针对目标消费人群的推广与互动支持，而娃哈哈通过与《完美假期》的深度合作，享受了娱乐深景营销的最大红利。

《完美假期》的广告内容营销初见成效后，芒果TV在个性化营销的道路上越走越宽。2016年，国民选秀IP《超级女声》与观众睽违十年后在芒果TV重来，IP升级缔造无限可能。这个传统电视选秀超级IP落户网络平台，有了全新的赛制和更互联网化的内容表达，广告也进行了内容营销的革命性创新开拓，因此吸引了一直致力于品牌年轻化的蒙牛酸酸乳时隔十年之后再次冠名《超级女声》。芒果TV结合网络云海选、芒果直播拉票、女声学院养成式PK、粉丝众筹特权赛等互联网思维的节目赛制，为蒙牛酸酸乳开拓式定制了一整套全网首创的偶像养成式营销活动。在节目内，选手的成长及表演与蒙牛酸酸乳不断同框、交互，让酸酸乳成为超女晋级的酸甜陪伴。在节目外，芒果TV为其量身定制"一包一码"创新玩法。粉丝通过购买蒙牛酸酸乳产品，获得兑换码，即可在互动平台兑换超级币，超级币与超女选手人气值打通，可以直接为喜欢的超女投票。"一包一码"上线96天便获3 925万人次购买蒙牛酸酸乳，扫出7.49亿个超级币。[①]同年，

① 芒TIME，《一档持续7个月的网络选秀，〈超级女声〉如何保持鲜活热度》（2016–07–08）。

芒果 TV 重磅自制的《明星大侦探 1》上线。芒果 TV 以品牌植入原生场景的形式，深耕剧情内容联动品牌营销，为合作品牌带来巨大效益。

芒果 TV 内容营销上的不断进击斩获斐然战绩，深受日化、汽车、金融、电商等行业追捧，为品牌广告主引入奠定了良好开端。两年间，芒果 TV 实现了从 8 000 万元到 10 亿元的广告创收飞跃，首战告捷。

广告的奇袭：芒果特色营销

随着爱奇艺、腾讯、优酷三巨头的竞争进入白热化阶段，内容营销的比拼也越发激烈。《奇葩说》创造了魔性洗脑的花式口播新模式，《楚乔传》则用创意中插开启网播广告植入新纪元等。在爱优腾纷纷打响个性化营销之际，摆在芒果 TV 面前的是一场形势严峻的营销战役。芒果 TV 要想成功突围，就必须兵出奇招，转换“以我为主”的思路，向“定制化满足品牌营销诉求”转移。经过对自身平台的深入剖析，芒果 TV 抓住自身独一无二的核心优势——优质的内容创造力与正能量价值观，2017 年全面开启了内容营销的奇袭之旅。

内容共创：从《爸爸去哪儿》与“荷兰大牌”说起

芒果 TV 挖掘自身优势求新求变，从硬广产品创新到寻找品牌与内容的契合点，再到与客户共创内容传递品牌概念和价值观，逐步构建起自己独特的内容营销生态链，打造出一系列内容营销的经典案例。

芒果 TV 为诺优能奶粉量身定制了与《爸爸去哪儿》的冠名合作，成功打出“荷兰大牌”的品牌声量。由于一直被称为“荷兰牛栏”的 Nutrilon 在正式进入中国后才被命名为诺优能，所以“诺优能”这个名字对消费者而言非常陌生，在中国市场的知名度急需快速提升。芒果 TV 推荐了现象级 IP《爸爸去哪儿》。《爸爸去哪儿》紧紧抓住“荷兰大牌诺优能”这样一个核心卖点，每期都以“欢迎大家来到由荷兰大牌，不要大牌，里里外外全进口诺优能奶粉冠名的《爸爸去哪儿》第四季”这句口播作为开场。不仅如此，节目中家长和萌娃时不时会模仿甚至抢播这句广告来调侃村长及烘托气氛，潜移默化间的重复播报让观众记住了诺优能这个品牌。此外，芒果 TV 还通过无缝融合的场景及情节植入，配合花字反复输出荷兰大牌的具体卖点，更帮助诺优能举办多场大型落地活动，进一步深化和传播荷兰大牌的品牌概念。通过这一合作，诺优能品牌认知度提升了 384%，并一举获得天猫双十一销量第一的成绩，[①] 这个“不要大牌的荷兰大牌”终于真正走入了消费者心中。

除了品牌理念与内容的打造，芒果 TV 开始重视价值观的情感化表达。美素佳儿与《妈妈是超人》进行冠名合作，节目利用暖心的画风与情节，用有温度的情感营销持续暖动人心。在剧情氛围的烘托下，受众内心的情感更容易被打动，从而更能使观众达到与品牌价值观的共鸣。通过产品与亲情的深度捆绑，美素佳儿的品牌价值观获得了消费者的深度认可，进而成功驱动购买行为。在京东“6·18”年度大促中，美素佳儿高居京东超市品牌销售额热销榜第一名，实现品效双丰收。

此外，芒果 TV 通过内容营销的趣味化表达，注重与年轻人深度沟通，与许多品牌追求的青春气质相契合。2017 年以来，被誉为“国内优质综艺冠名收割机”的 OPPO 深度绑定《明星大侦探》，成为连续三季的冠名商。芒果 TV 结合侦探探案线索收集这一核心场景，为 OPPO 打造了“探案神器”的独特形象：案发现场的蛛丝马迹，逃不过 OPPO 超强拍照功能的侦察；线索收集过程中，OPPO 的高颜值、高性能为明星侦探带来无穷灵感；在案件推理过程中，超长续航的 OPPO 为侦探蓄积推理能量。节目精心呈

---

① TopMarketing，《图说 2016 网综营销力，热门赞助有何气质？》（2017–02–13）。

现大量OPPO名场面：在双重时空中，OPPO是连接时空的唯一媒介；在嫌疑人房间里，一整抽屉的OPPO中隐藏着惊天秘密；在“NZND”系列剧情中，OPPO每次都有惊艳的出场方式，无论是OPPO之歌，还是OPPO rap（说唱音乐）神曲，鬼畜的画风都让观众大呼“广告也看得很过瘾”。

芒果TV不断打通品牌与内容的共创，从概念到形象，从剧情到故事，从情节到价值，用多维度的输出，破除内容与广告的壁垒，提升内容营销竞争力，进而在强者林立的市场竞争中，形成了芒果独有的内容营销优势，与品牌共建共赢。

IP嵌入销售：芒果带货的超级方法论

在以内容共创逆袭并成功开拓广告内容定制市场蓝海后，芒果TV发现，随着市场竞争日趋激烈，广告主的投放预算普遍收紧，单一的品牌推广已不能满足他们的需求，广告的带货效果成为营销的重头戏。这给芒果TV带来了新的挑战，如何将IP嵌入销售，真正实现品效合一？芒果TV致力于更有深度、更有创意的植入优化，同时借力IP内容植入，绑定明星，线上线下全面开展营销，嵌入客户线上电商渠道、SNS渠道、线下销售渠道，开展线上线下活动等，成功帮助品牌带货。

在《爸爸去哪儿5》中，芒果TV结合节目温馨家庭的基调与爸爸们守护孩子健康成长的内核，为舒肤佳量身定制了既体现品牌卖点，又朗朗上口的独家口播——“洗手洗澡护全家，长效保护舒肤佳”。这句口播让星爸萌娃们既有说出这句口播的感情基础和场景，又能顺理成章地传递产品卖点。多场景的《爸爸去哪儿》天然具备了“立体化”效果植入的基因。舒肤佳免洗洗手液作为一款纯进口、只在电商渠道销售的产品，双十一全网售罄，成为洗手液中的“爆款”。在线下，芒果TV更是为“超级奶爸”吴尊成为舒肤佳的品牌代言人助力，借助《爸爸去哪儿》超级IP的力量，舒肤佳将影响力扩展到节目以外，发起“洗欢和你在一起”的系列传播活动，让吴尊奶爸形象与品牌强绑定。在这一系列传播活动中，舒肤佳打通线下销售渠道，携手全国各地的华润万家、沃尔玛等大型超市门店，举办了多场大型亲子互动主题活动。吴尊也作为舒肤佳全新代言人惊喜现身，与消费者亲密互动。在艾瑞资讯发布的“Q3 品牌赞助效果排行榜”中，《爸爸去哪儿 5》也在前 10 名中占据 7 席，而舒肤佳位居第一。[①]

在另一档王牌综艺《妻子的浪漫旅行》中，第一季的冠名商 OLAY（玉兰油），也随着节目持续热播获得超值广告回报。除了节目内的卖点融入，芒果 TV 也成功帮助 OLAY 签下节目主咖——谢娜作为品牌代言人。谢娜作为带货女王，完成了一次由代言人身体力行的护肤之旅。同时，芒果 TV 在站外通过对 OLAY 进行 IP 授权，让广告主在自营渠道使用 logo 等节目元素，使 OLAY 在电商渠道与节目深度捆绑、强效联动，“谢娜同款小哑铃”也成为爆款，成功帮助 OLAY 从十年的下滑趋势恢复强劲增长，天猫搜索量增长 10 倍，销量增长 5 倍。[②]

芒果 TV 结合 IP 的不同属性与风格，为差异化的广告主定制内容营销思路与方法，实现了 IP 与平台、广告主、用户三方之间的共赢。

广告的破袭：拓展手中武器，布局未来

随着营销手法的升级及消费者的营销感知降低，广告主开始纷纷转向效果可衡量、转化路径更短的营销阵地投放广告。随着 KOL（意见领袖）的流量崛起，品牌开始将营销目光转移到以内容为主的种草阵地。KOL 通过与品牌共创内容，实现自身的种草力，快速实现个人流量变现，为品牌

① 艾瑞，《9 月〈爸爸去哪儿第五季〉强势回归，舒肤佳赞助效果拔群》（https://www.sohu.com/a/199068386_445326）。

② 新浪财经，《方菲讲述芒果 TV 三段增长法则：首先内容要反套路》（2018 年 10 月 17 日）。

打造出一个又一个网红爆款产品。

洞察到私域流量营销趋势后，芒果TV平台于2019年迅速启动大芒计划——利用头部IP内容力联动品牌主与KOL，实现营销催化反应：IP+KOL的新内容营销模式，帮助品牌扩充流量，提升全网营销声量，同时缩短营销转化路径，直接为品牌带货；IP+KOL深度捆绑合作，实现IP提升KOL影响力，提升营销变现价值，实现三方共赢。那么，KOL与IP是如何深度捆绑，为品牌共创共建营销效果的呢？

以2019年5月初启动的《给生活加点野》项目为例，它是大芒计划第一次以头部IP+头部KOL合作产出的综艺衍生短视频剧。在芒果TV平台播放周期内，整体播放量突破千万级，全网声量相当于1/4个S级综艺节目。

初步验证大芒计划的营销价值后，营销团队立刻进行了新的模式升级。结合《我最爱的女人们》超S级IP，芒果TV和化妆品类客户定制了一场KOL带货挑战赛。挑战赛通过大数据分析原综艺IP受众画像，并与第三方数据机构提供的粉丝画像进行精准匹配，筛选了一批KOL，之后配合不同营销目的进行内容创作输出。通过强势IP联动、全网二次种草、网红直播收割等营销组合拳，内容播放及跳转率提升86%，电商平台同期新客户引流提升128%，网红直播带货的200件商品在开播5分钟内售罄，达成最快销售纪录！从爆款内容到爆款产品，实现了无缝转化。

从逆袭到奇袭再到破袭，芒果TV永远都在遇到市场“逆境”时找到新的营销突破口。可贵的是，每一次打破营销边界都不是偶然的，这源于它独具匠心的内容营销能力，源于敢于打破当下的创新精神，以及对未来营销脉搏的准确预判。芒果TV总裁蔡怀军曾对员工表达了自己的经营压力：“每天我都要抓着梁德平和张志红对一遍，这个月到底能收入多少？账上的现金有多少？我们能否良性运作？我对数据的关注体现了公司运营的压力。”

的确，最终生存下来的物种，既不是最强壮的，也不是最聪明的，而是最能适应变化的。芒果 TV 要在一日千里的视频行业生存下来，唯有一直保持自我革新的意愿和勇气。

会员掘金——卖广告的媒体人怎么做会员？

会员业务作为在线视频的重要收入构成，是芒果 TV 开展经营的重要抓手。然而，对于在广电大院成长起来的芒果 TV 人来说，他们首要面对的是思维方式的转变，如何从广电长期的 B 端（企业）广告逻辑向互联网时代 C 端（消费者）多元化盈利模式转变。这一转变的路径之一便是玩转互联网粉丝经济，只有这样，芒果 TV 会员才能走出一条差异化路径。

建一座“线上粉丝楼”

来自马栏山的 to C 逻辑

湖南卫视引领电视风潮 20 年，建立了广泛而扎实的粉丝基础。2010 年、2011 年，湖南卫视连续两届推出专为粉丝打造的金芒果粉丝节。2012 年，湖南台又给粉丝专门修建了一座“粉丝楼”，“粉丝楼”坐落在湖南卫视 T2 演播厅旁，为观众遮风避雨，从此，“粉丝楼”成了湖南台与芒果粉之间坚定情谊的象征。

随着用户娱乐方式的多样化，用户面临的选择越来越多，消费时间更碎片化，观影方式也从传统媒体时代被动接受内容传播变为自主选择观看内容与观看时间。2014 年芒果独播战略启动后，面对互联网以 C 端为核心的粉丝经济和全新未知的会员业务，湖南广电开始思考，如何在互联网里建一座“线上楼”。

2014 年 12 月 22 日，芒果 TV 在互联网电视端启动会员试运营，2015 年 8 月建立会员频道，全面上线会员运营。这个节点虽然已是行业发展的第三阶段，但恰恰也是付费模式高速发展之时。中国互联网视频的发展模式可以说经历了三个阶段。第一阶段（2005—2008 年），以 PPS 为代表，海量入局，通过“免费”“盗版”得以野蛮生长。第二阶段（2009—2013 年），以 BAT 等入驻为标志性事件，资本大量聚集、消耗，版权费和自制成本水涨船高，视频网站通过“免费”获得规模用户。这种“免费”模式，已经创造了 20 年的中国互联网视频高速增长。因天价版权，视频网站一夜间从百家争鸣到百家凋敝。2014 年开始进入第三阶段（2014—2016 年），视频网站纷纷转型自制，“付费会员”成为新的赛点。

不同于广播电视以品牌广告溢价为核心的经营逻辑，会员要从拉新、促活等用户数据考量，打通八方资源，全面拥抱用户。所以芒果 TV 会员频道在成立之初，就大胆起用新人，团队员工均为“90 后”，属于互联网新生代，具有敏锐用户嗅觉，通过数据反馈、用户调研，为芒果 TV 会员发展奠定了基础。

虽然团队快速建成，但初生牛犊还是走了不少弯路。定位模糊、独特性缺失，在经历了短暂的电影点播、免广告等先期探索后，芒果 TV 很快发现，既然没有如 BAT 般的重金投入和资源支持，只能依托独播湖南卫视的优质 IP，吸引芒果的忠诚粉，积累原始流量。这些粉丝以“青春”“女性”“粉色”为核心标签，成为芒果 TV 最早的一批会员。

当时的芒果 TV，产品技术基础薄弱，毫无付费模式经验，仅仅凭借与湖南卫视一脉相承的粉丝思维便一头扎进了会员战场，努力让这座“线上粉丝楼”延续传统媒体的温度与情怀，并创造可观的粉丝经济。自此，芒果 TV 开启了付费模式的探索之路。

大会员战略：从零起步到“半边天”

2010年以来，在技术、政策、资金等因素推动下，中国在线视频行业发展快速，行业会员规模与渗透率不断攀升。中国手机网络视频用户规模从2010年的6 630万人快速攀升至2015年的4.1亿人，用户规模增速在2013年达到峰值，自2014年后增速逐渐放缓，但2017年前一直维持在20%以上。[①]

从业态看，2010年以前，视频网站以免费UGC内容为主导，竞争焦点在于积累用户、争夺流量，商业模式仅为广告变现。随后大洋彼岸的网飞会员付费的盈利模式和Hulu的正版视频模式等纷纷推出，国内视频行业格局重塑，2011年爱奇艺在行业内率先实行付费会员制度。[②]随着付费会员模式在国内普及，行业会员渗透率持续增长，会员价值呈现出三个特点：一是视频网站优质内容占据绝对值，比如芒果TV Top50内容收入占到会员总收入的80%；二是会员收入成为视频网站第一大收入来源，2018年爱奇艺会员收入已全面超过广告收入；[③]三是会员权益是视频网站生态资源，即强内容、强功能、强身份、强活动的集合。

面对愈演愈烈的在线视频行业会员争夺战，走出一条差异化的会员路径成为芒果TV当时形势下的必然选择。2015年8月，芒果TV会员频道正式上线，目标是实现以平台为中心向以用户为中心的转换，确定发展战略，采用创新玩法，打造立体化差异化的会员权益。

随后几年，芒果TV会员规模呈几何级上涨。2014年12月，芒果TV第一个VIP会员诞生（OTT端）；2018年12月，芒果TV的VIP会员达

① 《历年中国互联网络发展状况统计报告》（http://www.cnnic.cn/hlwfzyj/hlwxzbg/hlwtjbg/）。

② 《中国在线视频创新领导者——暨互联网视频行业分析框架（第1卷）》（https://www.foundersc.com/infoResearchIndustry/4093936.jhtml）。

③ https://ir.iqiyi.com/financial-information/annual-reports.

到 1 000 万人，会员收入同比增幅达到 114%；2019 年 6 月，芒果 TV 会员首次突破 1 500 万大关。会员业务实现了从蹒跚学步到小步快跑，目标是撑起业绩营收的半边天。

付费模式的第一桶金

初期，芒果 TV 会员也是以付费包月和电影单点的形式起步的。然而我们很快就发现，没有资本加持，常规化的发展路径显然是走不通的。综艺、电视剧、动漫、电影，芒果 TV 会员的差异化在哪？

虽然综艺是芒果 TV 实现早期跨越式增长的主要内容优势，但早期综艺的盈利方式主要是贴片广告、品牌植入或品牌冠名，一般很少采用付费模式。基于此，芒果 TV 以网剧为开端，开始在影视剧板块寻找掘金点。

2015 年，芒果 TV 推出的自制剧《终极游侠》，摒弃“大卡司、大 IP”的执念，以“新人＋原创”的差异路线，圈住了平台首批付费用户。随后，芒果 TV 又携手于正打造了民国玄幻大戏《半妖倾城》，并顺势推出“会员抢先看下周”策略，真正将选择权回归到用户手中。《半妖倾城》热播期间，芒果 TV 会员活跃度提升 100%，累计会员数实现 50% 增长，日新增会员量翻了 3 倍。

在剧端的探索尝到甜头后，2016 年，芒果 TV 立足布局暑期内容矩阵，贴合平台用户年轻属性，推出“青春玄幻”剧场，《青云志》率先试水网先于台、会员先行的全新模式，以满足用户“追剧不等待”的需求。在此剧上线过程中，芒果 TV 还首次开创移动端子频道，紧跟剧情与用户弹幕反馈，展开个性化、精准化运营，破除页面局限性，多维度带观众看剧、玩剧、讨论剧，互动指数一路攀升。根据《青云志》的播出周期，芒果 TV 还配套推出“买四送二”会员促销活动，全端上线《青云志》主题会员活动，通过高价值会员促销，提升订单量，提高会员客单价。强 IP 付费电视剧成为拉动芒果 TV 会员增长及 VIP 服务升级的核心动力，真正为芒果会员赚到了付费模式的“第一桶金”。

内容差异化：付费综艺的诞生与盈利

谁说拉新只能靠电视剧?

芒果 TV 虽然靠差异化的影视剧策略赚到了第一桶金，但也很快因为天价版权费而感到竞争乏力，加上先天内容不够丰富，芒果人不得不继续探索付费内容的差异化竞争之策。最终，还是回到了“综艺”这一原点，芒果的天然基因，正是破题的关键。

在此期间，芒果 TV 曾试水过多档湖南卫视黄金 IP 的会员模式，比如将卫视王牌栏目《快乐大本营》打入付费抢先看项目，此举立刻引发行业内外的热议，甚至 # 快乐大本营　付费 # 话题在第二天登上微博热搜榜，可见当时湖南卫视 IP 的影响力。随后，在各方因素的影响下，考虑到《快乐大本营》长线的品牌价值和平台流量价值，芒果 TV 暂停了尝试。

不过敢为人先的芒果人还是找到了突破口。2016 年 10 月，行业第一部会员抢先看综艺《爸爸去哪儿 4》上线，拉动有效会员数提升超过 20%，首次尝鲜让会员尝到了甜头，也带动行业公司纷纷追随综艺付费试水，会员制度在综艺付费方向的探索道路上开始角力前行。《爸爸去哪儿 4》开启“综艺抢先看”付费先河后，《妈妈是超人 2》《变形计 13》《明星大侦探》等多部综艺陆续上线付费模式，打造了芒果 TV 付费综艺厂牌。2018 年起，芒果 TV 又凭借对年轻人的思维、情感、生活方式的洞察，打造了《女儿们的恋爱》《妻子的浪漫旅行》等系列爆款，继续充实了综艺付费逻辑的底牌。

在付费排播策略上，芒果 TV 也开始引领行业潮流。首先，首创业内 12 点“饭点”黄金时间更新，为用户最大化地提供“追综”的便利性，该时间策略引领综艺午间 12 点更新的热潮。其次，抢先看策略多样，让项目实现最大化收益。从会员抢先看 4 小时→会员抢先看 24 小时→会员抢先看 48 小时→会员抢先看 72 小时，根据不同节目特性，通过精准数据核算分析，芒果 TV 制定相匹配的付费抢先看时间策略，综合考虑会员收益 + 广告收益，实现项目收入最大化。

至此，芒果 TV 凭借一系列优质台网自制内容开辟了行业新的付费路径，真正实现了差异化的会员拉新策略。

拉通全系“IP”产业链

2014 年至 2015 年底，芒果 TV 凭借卫视的存量优质内容完成了付费会员的原始积累。2016 年起，跟随平台战略升级，付费综艺也开启了自制盈利模式，凭借《明星大侦探》《妈妈是超人》《爸爸去哪儿》等系列自制综艺，芒果 TV 会员开始了加速生长。

从芒果 TV 的综艺策略中，会员运营者们发现了芒果爆款节目背后的逻辑：依靠嘉宾与用户的“情感养成”，拉通一条全系“IP”产业链。在《女儿们的恋爱》里，一位嘉宾对沈梦辰和杜海涛说的话，道出了自制综艺的内在联系：“你们现在来参加《女儿们的恋爱》，结婚后就可以参加《妻子的浪漫旅行》，等怀孕了就可以录制《新生日记》，到孩子出生、长大后，再录个《一路成年》怎么样？”芒果 TV 以“用户思维”生产内容，覆盖会员所思、所想、所求的多重观看需求，培养用户付费的高度黏性和忠诚度。将普通用户转化为忠实用户，将忠实用户转化为付费用户，将付费用户培养为更忠诚长久的会员——“黄金用户”，以付费用户拉新为导向的内容生产机制自然要比单向思维下的电视内容更加硬核。

2019年芒果TV继续充实四大自制节目带，先后推出了《女儿们的恋爱》《密室大逃脱》等头部综艺，自制综艺采取“边播边制”的形式，让会员用户具有更多的选择权、话语权。从节目前期立项开始，会员以更前置的角色进入项目当中，会员权益及特殊议程设置在策划阶段便灵活植入节目内容里，从线上征集粉丝投票打榜选出主要嘉宾，到会员定制的专属环节，会员用户不仅仅是内容信息接收者，也充分参与到节目创意制作环节，芒果TV在充分尊重会员用户的审美和趣味上做得尤为独到。以《女儿们的恋爱》为例，节目播出过半，不少用户面对“Selina（任家萱）挥泪告别张轩睿”表示惋惜，忠实节目粉开启拯救模式，在节目的评论区、弹幕，以及相关微博发起“希望张轩睿回来”的应援口号。芒果TV的相关运营人员和节目制作人，关注到网友的呼声，随即开启会员打榜活动，为他们“圆梦”。会员权益的全方位植入和“边制边播”的模式进一步把选择权交给用户，根据市场反响和用户舆情，不断调整拍摄目标，有效提升了用户的参与感和观看黏性。

从卫视综艺到自制综艺，芒果TV会员的综艺付费策略也越来越凸显。2018年至2019年，综艺节目收入贡献了会员内容收入的半壁江山。艾瑞数据显示，芒果TV正逐渐摸索出一套以“综艺付费为主，电视剧为辅”的差异化会员内容服务体系，与BAT有了明显的气质区隔。

运营差异化：“跟用户玩起来”

衍生内容扩充会员容量

即使开辟了综艺付费的差异化策略，芒果TV仍然面临内容紧缺的困境。基于此，如何围绕综艺节目进行“强会员属性”的衍生开发，挖掘新的付费增长点，是扩充会员容量、提升会员付费规模的重要手段。

自制衍生节目，留存核心付费用户

在视频网站自制综艺节目尚处于探索期时，芒果TV便结合独家王牌综艺IP《爸爸去哪儿4》，首度创新定制嘉宾单线版衍生节目《爸爸带娃记》作为会员付费内容，开创了正片+衍生节目的行业模式。以此为基础，《超人妈妈带娃记》《名侦探俱乐部》等会员衍生节目逐渐成为综艺节目的标配，综艺节目正片在周末夯实核心用户，衍生节目则在周间延续热度。内容的丰富度和差异性孵化了独立的品牌价值，这不仅能够满足核心用户的深度内容观看诉求，更极大地促进了核心用户的持续消费与留存。

打造卫视综艺衍生节目的常规化体系

2018年11月19日，湖南卫视与芒果TV就“建立常规化标准化芒果大会员权益体系”召开专题会议，双方就宣传资源、衍生节目开发、线下会员专属权益等制定框架协议。在建设芒果大会员权益体系的战略框架下，芒果TV会员围绕卫视王牌综艺《歌手2019》定制了第一档创新型会员专享节目《歌手的秘密》。节目首创vlog（视频博客）拍摄手法，制造歌手话题点，连续九周登上微博热搜，并且开创艺人联动新模式，实现节目拉新占比超过平均水平，创卫视节目拉新最佳。

创新运营策略：“会员Plus版”和“秘密”

2019年，围绕湖南卫视优质内容及平台自制独特IP，芒果TV为会员打造出1+1多重衍生节目体系，“会员Plus版”和“秘密”两大系列拉通综艺节目全周热度，有效提升综艺节目用户池。在此基础上，通过“衍生打入主合集”的策略创新，以及“衍生先于正片上线”的排播创新，促使衍生节目收入实现跨越式提升。

一方面，创新推进衍生节目打入主合集策略，实现衍生节目日均UV（独立访客）占原生节目日均UV的比例提升超过37%（常规为4%~15%），衍生节目收入占项目总收入的比例达到16%以上（2018年平均值为10%）。另一方面，在卫视综艺衍生节目方面，则创新尝试了“衍生节目先于正片上线”的积极策略。《向往的生活》（会员Plus版）前三期尝试衍生节目先于正片上线策略，衍生节目为正片导流的用户占比达14%，发挥了为主体节目引流的正向效果，抢先收割节目受众。《向往的生活》（会员Plus版）的会员收入相当于一部轻体量的独立综艺节目的收入。

从衍生到微综，内容驱动会员拉新

多样化的衍生内容不仅能够增加节目的IP价值，更能以差异化内容有效拉动新增会员转化。2019年4月，芒果TV会员围绕平台自制综艺《密室大逃脱》，首尝定制会员专属高阶玩家版衍生节目《密室大逃脱》（大神版）。它区别于正片注重综艺效果的玩法，以“高智商解密”满足会员差异化的观看诉求，不仅强势收割了《密室大逃脱》的核心用户，并且吸引了一部分密室解密爱好者，在年轻用户群中持续发酵，实现了热度与口碑双丰收。该档衍生节目以较低投入撬动了新用户付费转化，也引领了会员定制微综的创新方向。

2019年上半年，会员衍生节目收入实现突破式增长，衍生节目成为综艺节目创新增量的有效路径。

多元互动探索分层付费

芒果TV意识到，在建立起内容差异化的城池后，运营差异化是下一个突破点。与电视的单向传输不同，在线视频最显著的优势在于内容与用户的交互发生了根本改变。如何加强交互？芒果TV首先将目光瞄准了互动剧。互动剧是影视行业的内容产品新形态，美国网飞公司首次应用互动技术制作多线索、多结局的影视作品，随后国内影视公司及视频平台快速布局互动剧领域。

2019年1月18日，由芒果TV会员定制的全民互动参与推理微剧《明星大侦探之头号嫌疑人》正式上线。《明星大侦探之头号嫌疑人》是芒果TV在互动内容领域的一次引领式创新，借助头部自制综艺进行会员衍生开发，首次实现“边看边玩”的互动推理模式，突破传统视频内容制作，让用户主导并参与到视频内容中，并围绕会员用户定制差异化的互动权益。

《明星大侦探之头号嫌疑人》的推出一定程度上打破综艺和剧的壁垒，实现剧综联动、用户互导，一方面，提升了会员用户留存，其中超过半数的用户是《明星大侦探》的高忠诚用户群体；另一方面，促进了用户的活跃度，不仅体现出显著的会员促活效应，而且吸引了一定规模的独立用户，有效拉动会员转化与新增。

产品策略守住会员价值

产品策略是实现运营差异化的重要手段，在加快消除产品技术壁垒的同时，芒果TV为了守住会员价值，也制定了一条内部准则：在维持稳定增长的同时，主打差异化产品运营策略。

2016年7月，新组建的会员产品技术团队为完成会员管理和经营的业务目标烧起第一把火，这把火来自数据平台的搭建。用户怎么来、如何转化、成为会员后的行为、续费流失的情况等，新团队针对每个路径做埋点，评估哪些是关键产品指标及统一指标，落实到产品规划和功能迭代中。数据的要求是：快、准。没有准确的数据，产品决策就会被误导，越快拿到数据，就能越快决策，快速迭代。2016年底，通过外部引进人才和内部强力推动，会员数据体系搭建完成，分钟级甚至秒级的数据实现实时反馈，完整的用户链条数据响应为会员发展明确了方向，也为2017年至2019年的芒果TV会员突飞猛进打下坚实基础。

随着芒果TV会员规模的进一步扩大，由内容带来的流量和用户如何能更好留存？会员用户通过什么系统管理？如何让产品提升会员价值？这些亟待解决的问题摆在了会员产品端面前。2017年，是会员产品快速完善的一年，收入模型搭建、付费结构优化、成长体系构建、会员佣金、分享红包等系列产品的前后出台，规范了会员用户后台管理，立体打磨了前端会员服务产品。

“订阅产品”是这些产品矩阵中出色的一环。由单月会员演变为连续订阅会员，成功实现会员结构的变化，彻底改变会员的付费形式和留存周期，整体会员规模实现了快速、可持续的发展。截至2019年，选择订阅会员的用户占比超过70%，用户忠诚度日益凸显，会员价值扩大。

线下活动破运营困局

2018年10月17日，大会员中心在芒果TV上海招商会上发布了“1+9超能量会员权益矩阵”的新战略，以顶配级内容集群为一大核心，九大线下活动新概念为依托，打造全新的会员权益体系。

2018年11月11日，“1+9超能量会员权益矩阵”中的重要一环，即第一届芒果TV会员开放日活动借助双十一热点成功落地，活动分为“第一届芒果TV会员开放日开幕式”+“芒果黑科技展厅参观”+“芒果鲜映会”三个板块，因为时间仓促，前期仅仅做了5天的线上招募宣传，邀请了50名芒果TV会员参与现场体验，地点就定在了湖南广电区域。虽然第一届会员开放日规模较小，但热度和参与用户口碑极高，它从此开启了会员运营从线上玩到线下的新路径。随后，每一届开放日都有全新的环节设计，收获了会员们的广泛好评与支持。

通过会员开放日系列线下活动的实践，芒果 TV 逐渐摸清了线下用户运营的基本思路：一是要深入校园市场，二是着力渗透三四线城市。基于此，2019 年 5 月 24 日，芒果 TV 大会员线下流动体验店“芒果盒子”概念诞生，衍生出的“芒果盒子校园跑”先后在五座城市、五所高校展开为期三个月的进校园活动，整体活动推广页面累积 UV 超过 45 万次，拉新会员 33 万人，参与用户覆盖了全国 2 500 多所高校，成为大会员中心首个拉新会员数超过 10 万的线下活动，相当于一档 A 级内容上线。

芒果人对线上线下联动的想象力远不止于此，为了进一步加深会员权益的差异化，2019 年 2 月 12 日的台长办公会研究决定：“同意将除广告需求、安保需求外的湖南卫视节目门票余量，分配三分之一给芒果 TV 用于会员拉新需要。”芒果 TV 大会员中心顺势策划推出“直通马栏山”会员独家权益活动品牌，整合“节目门票”加“观众招募”等硬核权益圆梦会员诉求，回馈节目观众和芒果 TV 会员，增强双平台影响力。它不仅仅是一次成功的线下活动尝试，更是一次传统媒体与新媒体交融扶持的成功探索。

全世界都将是你的屏幕

付费模式在整个行业的发展仍然处于向上阶段，无论是在核心内容上寻求突破，还是在渠道多样化上尝试探索，视频网站的探索才刚刚开始。

传承大屏的芒果基因：圈住家庭粉

对于芒果 TV 会员来说，传承湖南广电的大屏优势，圈住家庭用户，既是挖掘存量市场的一大突破口，也是未来新的机会所在。借力湖南卫视和全牌照优势，芒果 TV 可以完成渠道覆盖和产品演进，成为第一个大小屏会员运营主体统一的新媒体平台。众所周知，大屏的使用场景很大一部分都在家庭之中，在大屏端充分开展的会员渠道合作，可以进一步增强芒果 TV 对“家庭粉”的天然吸引力。

芒果 TV 早在 2011 年就开启了以家庭为单位的互联网视频大屏市场探索。在传统电视大屏时代向互联网电视时代的过渡期，从硬件终端合作到联合权益拓展，芒果 TV 实现了会员用户的价值升级。从联名互联网电视机，到首款定制机顶盒芒果嗨 Q M3，到芒果“TV inside”家族系列品牌产品诞生，再到布局智能投影终端，以及首款自主研发的牛奶盒子，芒果 TV 的终端自主能力一步一步强化，芒果 TV 会员绑定终端的战略一直伴随着渠道合作与产品创新，会员在大屏渠道的布局越来越宽广和深入。自 2019 年 2 月开始，芒果 TV 与酷喵影视在大屏端进行了联合会员的合作，一份价格同享双方权益，打开了用户体验新的大门，为 OTT 内容付费带来了新的方向，也探索了内容平台之间相互合作的可能性。同年 5 月，芒果 TV 将大屏联合会员的合作模式复制到学而思平台，并将芒果 TV 合作硬件终端与教育内容捆绑，打通教育内容供应及视频会员服务，让家庭人群的家庭大屏使用环境更为便捷顺畅。

为什么是华为?

2018 年 12 月 29 日，芒果 TV 与华为在深圳签署战略合作协议，二者将围绕视频内容、会员及联合营销、大数据推荐、应用推广、IPTV 产品和华为云 CDN（内容分发网络）服务六个板块进行合作。

事实上，在行业内容成本极高、平台内容供应短缺的情况下，这类异业合作，已经成为主流视频平台实现会员业务增收、突破瓶颈的重要手段。正如华为公司轮值 CEO 徐直军在合作协议会上所说：“华为和湖南广电的此次合作，是从内容、技术到运营的全方位深度合作，不仅仅是一加一的物理反应，还要产生更大的化学反应。华为和湖南广电，都是有干劲、有雄心、有闯劲的企业，这次我们下定决心深入合作，在双方的核心领域发挥各自优势，希望能够成为业界内容方和平台方生态合作的标杆，提供真正的有价值的产品给产业界和受众。”华为作为中国通信行业领先的科技公司，旗下消费者业务部随着华为终端在全球销量的攀升，逐渐成为这个行业的领跑者。芒果 TV 其实是期望通过与华为的合作，启动异业合作的探索，从智能终端、运营商、银行渠道、餐饮娱乐、生活服务及零售网络等行业入手，丰富会员权益，拉动会员增长，推动整个会员生态良性发展。

芒果 TV 利用华为视频在华为全终端的覆盖面，带动了会员增长渠道向用户终端下沉。2019 年 1 月 28 日，芒果 TV 与华为合作的视频业务正式上线，华为新款手机、平板电脑均定制新机芒果 TV 会员权益，打造终端 + 会员合作的新模式，有效带动了会员的拉新和续费收入增长。基于芒果专区线上业务，华为和芒果 TV 也在持续拓展增收渠道，目前针对终端权益捆绑、华为电视 SDK、教育产品、电商合作、运营商号卡业务及短视频等业务展开了深度合作。与华为合作的达成，敲开了芒果 TV 会员异业合作的大门。

异业合作开枝散叶

通信运营商、国有和股份制商业银行作为全国性网点式服务机构，拥有庞大且稳定的客户群体。在互联网技术的飞速发展和互联网金融服务普及大众的环境下，通信运营商和银行传统业务都遇到了极大的挑战。由于在各自业务渠道中，与视频服务存在用户重叠、场景互通等众多共同之处，芒果 TV 与运营商渠道建立合作，在用户使用流量观看视频的场景中，为用户提供流量会员产品包，通过捆绑刚性需求提升付费意愿。芒果 TV 与北京移动于 2017 年 4 月 1 日开始流量会员权益联合包合作项目，流量与权益结合内容开展运营，之后相继与广东、四川、陕西、江苏、山东、湖南等省的移动公司开展合作，商业模式得到迅速复制。

芒果 TV 会员与银行建立合作，将会员拉新业务下沉至各家银行支付渠道，同时开展会员金融服务合作，提升会员营销长尾价值。2016 年 12 月，芒果 TV 会员与招商银行发行第一张联名借记卡，开启芒果 TV 会员在金融领域的探索。2019 年，芒果 TV 上线芒果钱包，迈出为会员提供整合金融服务第一步。未来，芒果 TV 会员还将通过芒果钱包为会员用户提供金融理财、信用贷款、卡券充值和娱乐消费等全方位金融服务。

组建向边界扩张的权益联盟

芒果 TV 是以内容和 IP 为优势特色的媒体平台，在餐饮娱乐、生活服务、零售网络三个领域有很高的结合度，通过品牌联动、产品组合、权益叠加及联合会员等方式，可以极大地丰富芒果 TV 会员权益，实现"一个芒果 TV 会员，多家权益共享"的大会员服务。

随着合作伙伴类型与数量的不断增加，芒果 TV 会员服务在全国线上线下铺开，为会员拉新增加了更多渠道，带动整个会员业态深入用户生活的方方面面。芒果 TV 会员围绕吃喝玩乐打造会员增值权益服务，将更多异业合作资源整合，逐渐建立了芒果 TV 会员合作体系朋友圈。

2018 年 1 月，芒果 TV 与 QQ 音乐基于《歌手》IP 进行联合会员合作，并加入温莎 KTV 线下渠道权益，开启异业联合会员合作新作业面。2018—2019 年，芒果 TV 会员与京东、唯品会、国美在线 App、苏宁易购、哈罗单车、饿了么、美团、温莎 KTV、去哪儿、百度网盘等近 50 家优质合作伙伴进行合作，组建向边界扩张的权益联盟。芒果 TV+ 餐饮娱乐 + 生活服务 + 零售网络，以大会员战略布局大服务，会员拉新和权益融合由点及面呈多边形扩散。

青春芒果节，芒果粉丝经济 2.0 时代来了

无论是差异化的内容运营，还是多样化的渠道扩张，会员模式实际上都建立在粉丝经济的基础之上。而在粉丝经济 1.0 阶段，各行各业品牌都在做“单向圈粉”，粉丝经济 2.0 时代不再是盲目的广撒网，而是从已有的圈层用户里进行多点兴趣扩散、精细化运营，影响更多人群自发加入品牌体系。用户不等于会员，但都有成为会员的可能性。如何让这种可能性的不确定性变成稳定性，从而实现源源不断的转化，这是粉丝经济 2.0 时代需要思考的问题。如果说被电视观众冠以“芒果台”爱称的时代是湖南广电的粉丝经济 1.0 时代，那么互联网芒果粉丝经济的 2.0 时代，当以青春芒果节为标志。它将芒果系的所有硬核内容、资源进行了单元化的整合，创意性地呈现了一个微缩版的“芒果世界”，是周期长达三个月从线上运营到线下活动的综合体。

2019 年 7 月，第二届“青春芒果节”延续青春正能量标签，紧贴粉丝会员，通过用户互动、活动规模、场馆布局、视听呈现等的全方位升级，设置了包含芒果星球、青春芒果城、芒果音乐节和青春芒果夜在内的四大板块。青春芒果节打造了国内行业首个会员文化节日品牌，成为粉丝经济 2.0 时代下的一个缩影，它是一年一度的会员回馈季，也是芒果 TV 整体形象及文化对外发声的品牌收割期，实现了芒果生态的核能爆发和芒果品牌的价值延伸。

通过青春芒果节活动的引流，芒果 TV 积累了一批忠实群体。无论是平台的饭团还是站外的微博、QQ 和微信，都是可以直接拿来用作储存粉丝的工具，平台方不必担心深度会员粉丝会被工具转化，因为深度会员与芒果 TV 是有多线联系的，是有情感交织的。在这些社交平台建设一个完

整的容器，将深度会员粉丝分散在各个容器中，给予特权，并让他们成为“领头羊”的角色，他们就相当于 KOL，而且是有灵活思维的 KOL，是可控的 KOL。

当成功激起一批人的兴趣点时，这件事无疑是成功的。传播的过程潜移默化带入芒果文化的元素，这样的扩散是“润物细无声”的。在会员门槛越来越低的时代，激发更多人参与是一件越来越顺理成章的事情。粉丝经济运营 2.0 时代里，品牌的口口相传，不是以传统的各类媒体广告、平面广告的形式，而是切实通过一个一个的会员用户口碑相传，这是最核心的区别。

在嗨遍全场的 2019“青春芒果夜”上，芒果 TV 总裁蔡怀军曾面对所有现场会员表达了自己的无限感慨和勃勃雄心：“今天，我们把芒果 TV 的第 1 位、第 100 万位和第 1 500 万位会员请到了‘青春芒果夜’的舞台，让我们的会员有机会与何炅老师一起同台直播，这是芒果 TV 对用户的感激和回馈。未来，我们要把第 3 000 万、第 5 000 万、第 1 亿个会员代表也请过来，一起分享我们的喜悦。”

在会员的逻辑世界里，无论此番景象如何，可以肯定的是，会员的探索才刚刚开始，未来的空间仍然广阔，芒果 TV 将继续创新会员拉新方式，开拓会员运营思路，探索多种商业变现模式，全面升级构建芒果会员大生态，走出一条区别于传统媒体，区别于 BAT 的差异化、独特化跨越式发展新路。而如何提升 ARPU（每用户平均收入）值、如何增强黏性、如何扩充权益，是芒果 TV 接下来需要去破解的命题。

师夷长技——产品技术迭代创变

2013 年，芒果 TV 由一个视频网站演变为一个视频平台，融视频网站、互联网电视、手机电视为一体，连带发展湖南IPTV的多渠道、多平台、多终端的视频体系，其业务发展与当时的技术水平极不匹配。尽管公司从2013年下半年就开始有目标地培养、引进技术型人才，同时不断强化技术体系，然而“芒果独播”战略启动后，平台涌入大量用户，用户规模的急剧扩大暴露了技术架构及平台核心技术的短板。其中较为明显的问题是移动端App的版本发行周期较长，产品需求不能及时完成、任务返工率高，用户迟迟体验不到产品新功能，从而导致不能享受优化的产品服务。技术上的缺陷直接导致用户体验流动性大、流失率高，如何解决视频生命线最后一公里问题，使用户观看流畅、获得沉浸式的播放体验、匹配独播后的平台需求，是芒果TV新技术体系构建面临的挑战。

与此同时，早期芒果TV没有成形的指标体系，没有完善的数据平台，因此经常会出现经验决策困境。例如2013年跨年晚会的技术准备不足，与当时对于在线人数的预估不准有很大关系，当时芒果TV没有自己的数据分析系统，对于每天活跃用户数据并没有清晰的把握，因此业务人员当时主观预估最大在线人数为100万，而实际上当晚的在线用户超过了500万，巨大的预估数据差值导致当年直播时问题频出。芒果TV首次在线直播跨年晚会出现的失误，让技术中心的同志们陷入了沉思。晚会结束后，技术人员没有一个人回家，他们连夜进行技术故障的盘点与复盘，会议一直持续到次日早上8点。通过这次盘点和反思，所有技术人员意识到，芒果TV既需要在整体技术规划、构架设计等宏观上追赶，又需要在编码、技术策略等微观上进行革新。芒果人从不缺少探索的勇气与学习的精神，技术人员痛定思痛，开始了“走出去、引进来”的学习之路。

聚拢核心技术人才

从第一次跨年晚会之后，芒果TV就加快实施了技术团队人才升级计划。一方面加强与外界互联网行业公司的沟通与交流，走出去拜访一线技术公司并进行深入交流，加强与各公司的技术合作。另一方面采取多种措施吸纳专业人才。考虑到很多急需的专业人才已经在一线城市定居，芒果TV首次在外省建立了分部，分别在互联网人才最集中的北京、上海建立了技术团队，以吸引更多人才加盟。例如将CDN研发团队与CDN运营团队放在北京，而由终端研发人才团队组成的产品技术分部则设立在上海。公司通过远程会议、出差机制加强各团队之间的相互协同，利用业务划分尽可能保障技术团队的垂直功能，降低沟通成本。自2014年以来，芒果TV从一线互联网公司引入百余名专业技术工程师。通过异地多团队的协作模式和一带多的方式，快速完成了许多历史问题的改进和业务系统的建设。

混合云：视频架构新起点

随着芒果TV业务形态的丰富，每一块业务的背后都有几十部甚至上百部与之对应的服务设备，在如此庞大的分布式系统架构下，该为每一个业务系统分配多少机器，什么时候需要增加机器，什么时候需要减少机器，成为一道成本难题。在不同的业务阶段，系统对容量规则的需求也不尽相同，随着业务的快速发展，容量规则与资源保障都不能阻碍整体业务发展。通过讨论与选型，技术人员最终选择通过“混合云平台”提供基础网络能力、存储能力、计算能力，混合云平台在满足高速业务发展的同时，又能以较低的成本实现资源的配置。

在混合云平台的基础上，芒果TV又构建微服务，将各业务有机结合起来。芒果TV业务系统众多，各业务中心均有自己的技术团队，这会导致基础复用与沟通成本增加，同时数据容易出现不统一且形成数据孤岛的情况。技术中心采用微服务架构解决上述问题，通过统一的微服务治理解决服务质量问题，通过微服务发布加强服务的复用，让各中心的业务联动起来。

芒果 TV 混合云平台的构建是底层基础架构的一次重大调整，通过利用合理资源评估及行业普遍使用的技术架构替换陈旧的底层技术，是芒果 TV 的技术架构的一个新起点。一“云”建起之后，2016 年《湖南卫视跨年演唱会》直播活动系统架构的准备只用了不到 3 天时间，同时 AWS（亚马逊旗下云计算服务平台）技术团队还提供 24 小时全天候中文技术支持，最终实现了多机位直播全平台在线峰值 1 009 万，858 台 EC2（弹性计算云）实例实现了 235 万 / 秒请求数的全年最大型跨年直播活动。

从无到有，构建大数据平台

芒果 TV 面临决策难的同时又历经“多数据体系”的问题，为解决层层困扰，开始构建属于自己的大数据平台。2014 年正是大数据技术的一个火爆期，芒果 TV 决定从两个方面入手。一方面从成本与收益层面分解自己的指标体系，从全局出发构建公司的核心指标、扩展指标、各中心指标，最终确定以 DAU（日活跃用户）、VV（访客的访问次数）、UV、时长构建公司的核心指标数据体系，将核心指标分解到各中心，例如产品中心相关转化要到多少，人均时间、人均 VV 要达到什么标准，现阶段处于什么水平，技术中心千 VV 成本是多少，如何降低。确认相关指标后，又对每个指标进行明确定义，定义每个指标的统计口径、收集方式、处理流程，从而实现公司业务环节的量化。同时，为保证数据的准确性，定义了数据从采集、收集、清洗、计算、可视化标准处理流程，每步都需要进行元数据管理与数据质量的量化，从而加强数据治理，保障数据持续发展。另一方面发展公司的数据平台。数据平台的定位是：以芒果 TV 媒体实时数据和芒果 TV 用户实时数据为核心价值，以相关数据产品为运营体系、产品体系提供互联网统计分析的应用平台。该平台致力于提高海量数据的安全存储能力及加工能力，通过对平台数据资产的深度挖掘与分析，掌握数据的关联关系及数据的因果关系。平台融大数据、云计算、人工智能的技术于一体，通过分析平台数据资产的特征，为公司相关决策制定提供依据，同时通过深度挖掘数据资产的价值，为平台产品提供内容运营、渠道营销、个性服务的数据支撑。

重构生产流程，加速视频上线

端到端的视频生产与加强是芒果 TV 技术体系核心中的核心，早期的生产流程是异常复杂与低效的。由于历史原因采用的多级媒资系统的内容从生产到上线，需要经历漫长的过程。同时每个环节都发生数据更新，这导致数据不同步，造成难使用、使用难的局面。为突破困境，芒果 TV 最终确定通过端到端的生产、加工、分发、消费流程解决问题。

确定生产流程后，则需要将信息收录、视频编解码、媒资信息管理、内容分发、内容播放等步骤安插至生产的各个基本环节中。首先从团队功能出发，成立播控团队、媒资产品技术团队、编解码团队、播放器团队，并在已有 CDN 团队的帮助下构建全播放链路。其次，从系统规划层面确定存储服务能力、云转码服务能力、全链路监控能力、二次编辑能力、内容安全审核能力、媒资精编能力等基础内容生产能力。

通过将生产流程标准化、相关系统完善化，缩小芒果 TV 技术体系与一线互联网公司的差距；同时提升内容从生产到消费的效率，进一步为技术体系增加润滑剂。

效率更快：转码系统研发

为改善用户的体验环境，芒果 TV 在分发流程上面提出了“上线快、播放快”的理念。“上线快”是指节目可以快速从制作成品阶段进入产品分发阶段，“播放快”是指用户播放视频不卡、流畅。简单的一句理念，给芒果 TV 的生产播放流程带来巨大变革，生产播放流程到了必须要升级的时刻！技术中心最终决定从两个方面入手抓紧自主研发：一是替换现有的转码平台，二是加强 CDN 的分发效率。

芒果 TV 重点突击、调配人手，自己研发出了一个分布式的转码系统——MVCE（MGTV Video Computing Engine）。MVCE 在资源调度上，集成开源分布式资源管理框架 Mesos，将计算任务拆分到各机器上进行计算，为任务提供足够的资源；在分布式计算过程中，对上述计算机资源进行合理的管理和分配。MVCE 建成以后，有效降低 70% 以上的音视频研发成本，且能充分利用物理硬件资源。

丈量差距：CDN 资源重组

众所周知，在视频行业，播放业务线是一条最为核心的业务线，同时也是最花钱的业务线。之所以是最花钱的业务线，其本质在于 CDN 的成本。要想获得良好的用户体验，技术部门就要在视频观看体验上付诸心血，提升画质和音效。其实质就是不断地加大视频文件的分辨率，从 480P 到 720P，从 720P 到 1 080P，再到 4K、8K，不断提升。而要想把这些高质量的内容迅速传导给用户，就需要通过更快、更稳定的网络，更完善、更合理的 CDN 架构来实现。芒果 TV 走了一条从自建 CDN 服务到自建与商业 CDN 混合的学习道路。

走出去的第一件事便是了解其他一线互联网竞品公司是如何进行播放线保障的。经过调研与比较发现，即使是互联网巨头都没有完全依赖自建 CDN 服务，而是采用混合模式。芒果 TV 意识到并不需要将所有的技术环节都扛在自己肩膀上，而是可以分析拆解自身的业务需求，找到核心发力的方向，并合理有效地利用公司现有成熟的技术资源快速解决问题，自身则着重于建立技术体系、完善技术架构。芒果 TV 逐步引入多家专业的 CDN 服务商，这样不仅在服务能力上有所提升，而且通过多供应商机制保障了 CDN 价格的合理性。通过从资源评估到播放技术架构的变化再到建立质量评估方式，芒果 TV 不仅保障了用户的播放质量，同时也实现了播放量成本的大幅下降。

服务整合：一云多屏链成

“一云多屏”“多屏互动”项目就是将同一视频内容通过多个渠道上线，满足更多用户需求。为达到此目的，芒果 TV 尝试将多个屏包括 PC、移动、智能终端、OTT、IPTV、DVB（数字视频广播）+ OTT 混合业务尽可能集中到一个云上，让不同端之间产生互动和同步，形成统一的 IT（信息技术）架构。而在此之前，OTT 端用户认证基础鉴权、CDN 分发、观看记录等都是与 PC 端独立的 IT 架构，“一云多屏”项目实现的核心在于将不同终端的数据打通，对之前业务进行整合。

实现“一云多屏”，考验的是技术体系对于不同业务的包容能力以及是否可以快速将同类型的业务与数据进行汇集与整合的能力，其中包括产品形态的统一、运营模式的统一、接口规范的统一、媒资管理的统一、用户数据的打通几大核心问题。

在节目内容不断创新，广受欢迎时，芒果 TV 在“一云多屏”的渠道布局中还曾深陷另一种痛苦之中。没有建设规范化的媒资库，仅有单一的文件存储库，媒资类别定位仅在湖南卫视节目的数字化资源上，基本上仅能进行当日、当周的线上支撑，这种一次性消费的临时存管模式，相当于一个无序摆放货物的“大仓库”，造成了芒果 TV 历史媒资的混乱和缺失。为了解决媒资库历史问题，2015 年 12 月 15 日，经过芒果 TV 媒资管理部连同技术中心三个月的努力，芒果 TV 自主研发的媒资运营管理系统成功全新上线。当天，近百名编辑技术人员通宵工作，系统上线后，涵盖芒果 TV 媒资内容的存储、编目、审核、发布、管理，完成了全流程管理，支持含全广电资源收录、版权购买资源、自制资源及 UPGC（UGC 与 DGC 的合称，即用户生成内容 + 专业生产内容）等多格式多渠道的纷繁资源的生产和管理。同时，入库后，针对媒资资源的监控、统计、分析都全部实现可见可控可管，业务流程通畅了，业务边界清晰了。

2016 年 9 月 30 日，赶在国庆前一天，经过技术中心和媒资管理部同事连续多日通宵达旦的努力，芒果 TV 媒资库视频 ID 的合并正式上线。这意味着芒果 TV 媒资完成了多端视频文件的合并，标志着芒果“一云多屏”的基础搭建全部完成，芒果 TV 历史媒资全部统一。

从“一云多屏”的布局到“多屏互动”的实现，芒果 TV 坚持不懈地进行自主研发，不断加强学习，整合多方资源，致力于技术创新，从无到有，构建起新型媒体融合的技术生态和技术保障体系，为芒果 TV 进军互联网视频行业前四打下了牢不可摧的技术基础，也为芒果 TV 注入了真正面向未来的互联网基因。芒果 TV 仍将努力探索，为用户提供个性化的观看服务和多元化的媒体服务，不断提高芒果的用户体验。芒果 TV 的技术创新之路虽然充满了曲折和艰辛，但它也映照出芒果 TV 这个生命体不可轻视的潜力与活力。

管理机制——“穷人孩子”精准当家

作为广电大院走出来的新青年，在接受互联网市场规则的同时，芒果 TV 继承了广电基因，有着独特的国有文化企业属性，管理逻辑不同于竞品。相比民营互联网企业，芒果 TV 最大的不同之处便是为了国有资产保值增值，从一开始就必须盈利，而不是追求规模扩张，选择的是一条在有限资金成本基础上，实现最稳健且可持续的发展路径。

盈利的“当家经”

放弃“烧钱”

2006 年公司成立后的很长一段时间，市场还没有现在这般云诡波谲。芒果 TV 作为湖南广电的版权分销单位，实际上没有做到真正意义上的市场化。而且作为卖方市场，业务模式简单，没有业绩压力，无须精细管理，基本处于粗放管理状态。

2014 年独播战略开启后，脱胎换骨的芒果 TV 仿佛一夜之间突然长大。全台几万人的目光开始聚焦到这个平台上，芒果 TV 带着它的责任和使命，踉踉跄跄奔向了一个厮杀正酣的战场。如何使芒果 TV 的营收覆盖甚至超越因独播而损失的版权收入，是管理者需要时刻提醒自己、时刻面临的问题。

芒果 TV 的发展始于模仿互联网视频龙头企业爱优腾的路径，学习互联网企业的通用做法，搭系统、做会员、卖广告，花大力气和现金去抢占市场份额，扩张用户规模。夜以继日地奋战在前线，实际上借助独播战略，芒果 TV 完成了一场不错的战役：2014 年，芒果 TV 广告收入仅为 7 600 万元，到 2015 年广告签约金额已接近 10 亿元，呈现出十多倍的增长。然而随着业务规模的不断扩张，管理的问题也开始暴露。高投入、高亏损、高速发展，使得公司开始陷入困惑、迷茫、后劲不足的窘状。最突出的问题便是“钱”的问题。每个月银行存款余额都踩着资金安全红线，付款资金需要等客户回款才能酌情安排。在这种情况下，芒果 TV 只能被迫请求总台做担保申请贷款，找长沙银行贷了3亿元，很快捉襟见肘。“向市场找钱”成为芒果TV资本运作的现实需求。2015年芒果TV完成A轮融资，公司估值超70亿元。2016年，芒果TV完成了B轮15亿元的融资，公司估值达到135亿元。但新的问题又出现了，追随着竞品公司的路径发展，融资进来的钱很快就被花光，内容成本在网络视频平台普遍追求急速扩张的需求下一路上涨。与此同时，视频平台用户忠诚度低，不投放新内容用户就会走，投放新内容则越投越亏，经营发展陷入困境，作为国有体制下的新媒体平台，芒果TV承受的亏损压力越来越大。

新一轮的资本运作——617国内上市项目应运而生。然而，617上市项目进展得并不顺利，单从管理方面就发现诸多问题：业务数据与财务数据没有完全打通，版权清单是空白的，内控不规范，风险防控体系不健全等。芒果TV意识到，要真正对标上市公司，还有太多的课要补，其中第一个要补的就是经营管理课。8年的经营实践带给芒果TV的经验是，作为国资背景的互联网企业，社会互联网企业的“烧钱模式”不是好的选择，一味模仿的路径难以为继，芒果TV需要精打细算，控制好自己的发展步伐和节奏，量力而行、量入为出，走一条差异化的经营管理之路。

凭什么盈利

按照准上市公司的条件，对标芒果TV需要补齐的各项短板，首先要回答的是发展的一系列问题：是追求规模、扩张版图还是追求盈利、稳定、可持续发展？当市场不断成熟，什么是芒果TV增长的驱动因素？当资源成为竞争的主要对象，芒果TV应该把重点放在哪些发展机会上？当新技术不断涌现，怎样才能不落伍甚至超越？带着这些问题，芒果TV积极探索，做了一系列加法和减法。

首先，融合自身独特的内容生产和人才优势，协同湖南广电系统资源，聚焦打造核心竞争力的自制节目，形成真正独特的内容优势。打造自制节目不仅可以借助自身优质的艺人资源和优秀的制作团队，还可以在自制过程中有效控制节目成本、把控节目质量，在行业中凸显自身的核心竞争力。

其次，重新审视平台定位，精打细算控制发展节奏，在青春圈层形成垂直和差异化优势。芒果 TV 意识到，如果要扩充到所有圈层，就必须采买符合所有圈层口味的内容。采购量将是海量的，芒果 TV 显然没有足够资金的支撑，所以开始尝试把战略精准定位于年轻女性的垂直圈层，生产和购买与调性相同的内容，从而走出一条区别于传统媒体和 BAT 的差异化、独特化的跨越式发展新路。很快，在经营层面，芒果 TV 实现了自收自支、自我造血。

“我代表所有阳光 1 400 多位员工，向吕台、董事长、台党委郑重承诺，我们公司要完成两项指标：第一项收入目标过 53 亿，争取超过 60 个亿，第二项我们的净利润必须达到 6.8 亿，争取过 7.5 亿。如果完不成，我主动辞职。” 2017 年底的年会上，芒果 TV 总裁蔡怀军立下了来年的军令状。一诺千金，正如蔡怀军的承诺，2017 年、2018 年，芒果 TV 成为唯一连续两年都实现盈利的互联网视频企业。2019 年，芒果超媒也一定能实现 10 亿元的业绩承诺。

体系建设：精细化道路

为了解决盈利问题，体系建设迫在眉睫。互联网视频行业为资金密集型行业，内容投入与收入规模高度正相关，资金管理工作尤为重要。公司设立之初没有建立完善的预算体系，未设置部门考核指标。这使得公司的业绩管理缺乏计划控制，业绩指标没有层层分解，难以实现预期目标。2017 年 8 月公司成立战略规划工作小组，9 月成立经营管理工作组，10 月启动公司第一次全面预算汇编，芒果 TV 集全公司之力，业务预算、财务预算、资金预算同步推进，形成经营规划、预算汇编、KPI（关键绩效指标）分解、预算执行监控、预算分析反馈、业绩管理、业绩考核的系统搭建。另外这个系统和项目预算、节目生产预算、剧类生产预算一起，组成了芒果 TV 的预算管控矩阵，为战略实施和经营落地建立了支撑体系。

作为芒果 TV 的核心驱动力，内容生产如何有效控制成本直接影响项目投产效益，也影响公司盈利目标的实现。2017 年之前内容生产没有驻组财务，制片人员可以借一大笔资金进行现场支付，支出得不到有效管控，资金风险也较高。针对这一情况，芒果 TV 建立了驻组财务服务体系，覆盖自制节目、承制剧和定制剧，全流程参与，有效控制了生产成本，保障了内容生产的有序进行。

芒果 TV 通过建立年度预算、季度计划、月度滚动调整的资金计划体系，量入为出，以收定支，保障了公司各方资金需求，并通过对资金存量理财获取了较为理想的理财收益。这一系列核心体系的搭建、运行与打磨，形成了芒果 TV 独有的、敏捷的经营管理体系，保障了公司的稳健运行。

投产比红线：健全内容评估

穷人的孩子早当家。这意味着在先天资源不足的情况下，只有精打细算，对每一分投入都提出高要求的产出，才能在激烈的竞争中博得一席之地。这种向投入要效益的氛围促成了芒果 TV 完善的内容评估体系的搭建。这个内容评估体系最核心的要求是每一个项目立项都要设定投产比红线：主旋律内容成立专门的纪录片工作室，通过主流宣传的价值贡献设定考核及激励政策；市场类内容产出至少要覆盖 70% 以上的成本；创新类内容设置创新基金，鼓励公司自主创新，深入探索。这种注重投产效率的性价比的导向为芒果 TV 的生存和发展增添了管理效益砝码，2019 年爆款《奈何

BOSS 要娶我》就是在这种评估体系中脱颖而出的。

风险管控：筑牢底线，效益丛生

内控的自律

什么样的内控模式更适合芒果 TV？为了探索一条适合自身的内控管理体系，芒果 TV 开始重新审视与传统国企之间的共性与特性。芒果 TV 是一个快速发展、依靠内容创新、人力资本为主要驱动力的互联网企业，若用一成不变的机械化规矩捆住员工的手脚，将面临发展缓慢、创新不足的风险。因此，适合芒果 TV 的内控体系，应当是既高效灵活又严谨合规的，强调的是大环境的建立、大秩序的形成。

2018 年 1 月，芒果 TV 正式成立内控部，按照上市公司标准，首先对制度进行了系统梳理，通过新增、修订、整合制度，搭建了较为完整的制度体系，让内部管理逐步有据可依。同时根据实际业务情况，不断调整和优化制度体系，在保证制度体系严肃性的同时，赋予制度调整的灵活性。一方面，构建了“线上 OA+ 线下招标”的流程管控体系，线上聚焦“管流程的流程”，将内控节点嵌入流程设计环节当中；线下聚焦招标议价全过程，通过监督采购流程，实现了线下重大采购风险防控。另一方面，采用“工程类 + 内容生产类”项目的内部审计体系，依托第三方审计机构，对装饰装修、舞美置景项目实施工程造价审计，对影视剧、综艺项目开展财务结算审计，实现了重大风险领域审计的全面介入，为芒果 TV 项目保驾护航。

如果把公司比作一辆赛车，风控就像车的“制动”，是为了保证车辆弯道加速的安全；协同就像车的“离合”，是要尽可能降低运转油耗和零件磨损。所以，好的内控体系，不仅要控制风险，还应该契合经营管理的战略、导向。芒果 TV 为此做了一次次尝试，打通内控建设与业务协同，成立了经营管理委员会（简称经管会），建立了经管会日常议事机制。经管会设在内控部门，企业内部的重大业务协同、风险事项决策、特殊问题讨论都由内控组织推进。随着内控对业务的深度介入，“有事情找内控，有问题上经管会”，已成为常态机制，更多部门愿意征求内控部门建议，更注重事前的风险评估。芒果 TV 的这次尝试让内控完美“落地”。

法务的力量

“芒果”商标保卫战。芒果 TV 这辆具有好“车架”、好“制动”的赛车，跑得越快，风险也越大。谁来保驾护航，规避风险？必然是法务团队。在所有重大经营决策和重要经济活动过程中，法务人员都介入进行评估预测，以控制及规避有可能面临的风险，给决策者做出正确判断提供重要参考。除此以外，芒果 TV 作为以版权、商标、专利等知识产权为核心价值的互联网新媒体企业，在国家知识产权战略实施的大环境下，如何提前布局知识产权，增加无形资产、提高市场竞争力，也是法务工作的重要价值体现。

由于象征“鱼米之乡”的台标形似芒果，湖南卫视被媒体、广大公众亲切地称为“芒果台”，湖南广电系品牌自此被公众善意自发地植入了“芒果”基因。这“无心插柳”形成的品牌，却为日后发展和运营埋下了商标隐患。自 2010 年起，芒果 TV 陆续申请“芒果 TV”等一系列“芒果”概念商标，但均被商标局以有先注册的“芒果网”等近似商标为由，不予核准注册。而在“芒果 TV”商标审理期间，公司陆续建立起以“芒果台”“芒果 TV”“芒果盒子”“芒果派”为核心的“芒果系列电视产业品牌格局”，凝聚了广大用户情感的品牌已深入人心，品牌保护问题已迫在眉睫。

芒果 TV 随即改变策略。考虑到“芒果 TV”平台名称与湖南广电的

“芒果台”称呼一脉相承，2014 年 7 月改以“湖南广播电视台”作为主体重新提交“芒果 TV”商标。但商标部门于 2015 年 4 月 29 日仍以存在近似商标为由，对该商标申请做出驳回决定。此时，“芒果网”商标持有主体更是以其先注册的商标作为筹码，试图要求湖南广电每年支付高额费用来换取双方商标共存。

面对重重压力，经多次调研走访，芒果 TV 在长沙及北京均选取了专业的外部法律团队，全面启动“商标保卫战”。出于对“芒果”品牌血脉根基的尊重，团队经过坚持不懈的努力，最终在案件梳理过程中找到了对方商标使用证据的缺陷，同时以大量有效充分的证据，证明了湖南广电芒果系列商标的知名度及影响力。最终，经过旷日持久的商标攻防战，公司终于陆续完成了核心商标“芒果 TV”在网络视听领域的五大关键类别的全部正式注册，获齐第 9 类（硬件终端等）、第 35 类（广告经营等）、第 38 类（电视播放等）、第 41 类（节目制作等）、第 42 类（软件设计等）共五项商标。以“芒果 TV”商标为核心的其余芒果系列衍生商标也均确权成功。自此，以“芒果 TV”为核心品牌的商标体系得以巩固，维护了国有文化的核心资产和湖南广电的商标权益。

自主研发创新战。版权一直是以内容为王的媒体最为看重的，保护意识及确权制度已较为完善。但当竞技赛从媒体赛道跨入互联网行业赛道时，芒果 TV 针对技术创新专利布局的短板和劣势逐渐显现出来。同赛道的互联网企业在专利申请数量上已达数千上万项，涵盖信号传输、播控技术、图像处理等核心基础专利，这无疑给后来者的发展造成巨大的掣肘。

2015 年起，芒果 TV 制定并颁布了第一项专利申报及奖励制度，专利申请量实现了零的突破，然而，申请量虽然逐年递增，但并不显著。2018 年，芒果 TV 果断摈除传统思路，召开专利动员大会，颁布新的专利申请及奖励制度，加大对专利发明人的奖励力度，这一系列举措，使得企业进入专利申请及自主创新的井喷时期。截至 2019 年，专利申请量已突破百项，拥有700余项商标、100余项专利及200余项版权，构成了芒果TV知识产权保护版图。

版权乱象回击战。一直以来，芒果TV把肃清盗版网站作为版权保护工作的重点，通过多种途径进行维权，不断优化手段及方式，并取得了较为明显的成效。

截至2019年6月，短视频行业爆发性成长，用户量直线上升，据统计已达6.48亿。[①] 随之而来的是行业乱象，如将完整视频切割成多段短视频在各大短视频平台相互传播，对版权方造成了极大的影响。其中《歌手2019》播出期间，节目中的歌曲被单独截取出来，传播于各大短视频平台，影响恶劣。为了遏制这种侵权现象，芒果TV投入大量人力、物力及财力，委托律师全面开展维权工作，震慑了一大批侵权主体，节目侵权情况大幅下降，并为短视频侵权的司法实践提供判例及依据，从此，"短视频维权难"的司法现状逐渐被改变。芒果TV的版权保护一直走在行业前列，对于违法盗播的行为一直保持零容忍的态度，净化了版权市场，保护了品牌价值。

人才激活：为有源头活水来

芒果TV人才结构的发展与传统电视行业的演变相交织，与互联网视频行业的发展趋势相关联。无论是金鹰网还是早期的芒果TV，都是以电视人才为主要来源，但随着互联网视频企业身份的确认与业务范围的改变，人才需求的多样性也被快速放大，单纯的电视人才已经不能适应如此多元化的业务需求，打造懂运营、懂技术、对内容足够熟悉、对行业趋势预判

---

① 中国互联网信息中心，第44次《中国互联网络发展状况统计报告》(http://www.cac.gov.cn/2019-08/30/c_1124938750.htm)。

足够灵敏的复合型人才队伍显得极为迫切。公司不断通过人才队伍的“外引内合”，向互联网行业一步步靠拢迭代。数据显示，仅在2015年，芒果TV外部引进的互联网领域专业人才数量就突破了500人，2016—2018年，人数更是破千，这一批新生力量为芒果TV的人才队伍注入了新鲜的血液，也使得芒果TV的人才结构具备了互联网基因。

青芒才露尖尖角

在经历小步快跑的阶段后，芒果TV吸纳了大量来自互联网媒体的成熟人才。但此时弊端也开始显现：一方面人力成本高居不下，成为芒果TV扩大盈利的障碍；另一方面人才流动与更新缺乏生机，最直接的体现是实习生和校招生能够转正的比例极大地低于同行业水平。成本居高，缺乏活血，这对一个企业的发展无疑是致命的威胁。摆在芒果TV面前的迫切问题是：如何建立起合理的人才梯队与青年人才培养体系？

2019年3月，芒果TV高层在总裁办公会上达成共识：建立芒果TV独有的校招人才培养机制“青芒计划”，这一应运而生的“计划”旨在提前筛选、搜集优质校园人才，通过设计全套新人养成计划和福利政策，运用开展培训（芒好玩特训营）、双导师培养、轮岗实习、定期考核评优等机制，设计全套新人养成计划和福利政策，培养符合芒果TV所需的优质青年人才。2019年7月，芒果TV迎来了第一批青芒学员。在青芒特训营的开班仪式上，面对着这一批名校中选拔的新鲜血液，公司承诺：“只要表现足够优秀，转正比例将上不封顶。”青芒们给出的反馈同样令人惊喜。在特训结束之际，青芒学员以小组形式进行了一次成果汇报，在汇报中展现出的产品理念和业务的成熟度十分亮眼，用现场评委芒果TV大会员中心总经理黄硕的话来说：“有的作品已经是一份成熟可行的产品和活动方案了，能做到这个程度真是不可思议。”如今，这一批青芒学员已经深入芒果TV

的各个部门，正在磨砺中成长为芒果 TV 未来的“超芒”之星。

芒果科学院：够青春，就向上

人才是企业发展的第一生产力。芒果 TV 总裁蔡怀军明白，要实现突破，芒果 TV 不仅要引入牛人和新人，还要充分激发自己人的潜能，挖掘隐藏的宝库，才能最大化释放芒果生产力。但是员工的培养学习并不是一件容易的事，如何兼顾不同员工的业务水平与知识能力，让每个人都能学有所获、培有所优，无疑是一个复杂的工程，稍不留意，就会变成“大锅饭”式的教育，有人吃得饱，有人却还会觉得饿。

2018 年 10 月 13 日，芒果 TV 人力资源中心经过 1 个月的筹备，为广告营销中心销售团队举办了一场为期两天的销售培训，最终得到的评价却是——收效甚微。新任人力资源中心副总经理杨怀东立即展开调研，发现原因在于参与培训的学员既有成熟的销售骨干，也有一部分销售新人，而前期学员筛选只是按照销售业绩标准统一划分，因此“一锅端”的培训内容并不能满足学员们的实质性需求。这次培训的经验和教训让芒果 TV 在人才培养的内容构建、培训形式上有了更深的思考，意识到建立起科学有效的公司内部培养体系势在必行。

效率是企业的生命。很快，在 2018 年 12 月第二周的总裁办公会议上，蔡怀军宣布 2019 年人才战略的重点工作是搭建“芒果科学院”，成立企业大学。经过 12 次会议的打磨研讨，最终明确了芒果科学院“够青春，就向上”的芒果人学习口号，愿景是要成为新媒体行业最具青春生命力的企业大学，从帮助公司新人迅速了解企业文化与业务规范起步；通过专题开展提升讲座，邀请行业知名大咖“走进来”分享及积极“走出去”学习考察、参与行业峰会论坛等方式方法，逐步搭建起“青春向上、你追我赶”的学习氛围，进而构筑多维度、矩阵式培训充能机制，拓展及拓宽员工内外学习的窗口。2019 年上半年，芒果科学院以“芒果新青年”为主题，累计组织了十余场新人训练和拓展活动，覆盖芒果 TV 总部及各分公司新进员工数百人，通过高效的人才培养和逐步成熟的员工发展解决方案，为保障公司战略实现提供了有效支撑。

青年 CEO 俱乐部：人人都是 CEO

如果说独当一面的尖端人才是单兵作战的“尖刀”，那么集结成军的精英人才方阵，就是芒果 TV 出征互联网行业攻城略地的兵力所在。为了打造这支强军，2018 年 2 月 27 日，“芒果青年说”和“青年 CEO 俱乐部”这两个新鲜的词语，第一次出现在了芒果 TV 总裁办公会议上。

青年 CEO 俱乐部是一个打造年轻人才的特殊集体，其成员都是凭借在“芒果青年说”中的优秀提案与精彩表现而入选“CEO”行列的，许多年轻人借助这个平台在芒果 TV 脱颖而出。至今青年 CEO 俱乐部已经历经三届，累计超过 30 位青年员工走进了 CEO 机制的培养计划。青年 CEO 俱乐部不仅是一个聚集年轻人才的平台，也是芒果 TV 的“传声筒”和“望远镜”。俱乐部不定期在公司举办“合理化建议”征集活动，有价值的建议被转至对口部门落实执行。同时，俱乐部还联合媒介 360、创 + 智库等“宝藏企业”，召集在创业、社会公益、品牌创新等有突出表现的年轻人，与芒果青年同桌共谈，促进芒果青年“CEO 们”的进步成长。

水流动才会清澈

“水流动才会清澈。改革是必需的，不改革就等死，改革哪怕是死也要改，完不成 KPI 就换人，所有人都要有这个意识。”芒果 TV 总裁蔡怀军这样解释自己坚定的改革观。从 2014 年到 2019 年，芒果 TV 不断创新公司内部的人才激励机制。每个中心，包括所有中层干部，每年坚决保持10%的淘汰比例，同时引进新人填补空缺。芒果TV 2018年淘汰了200多人，数十个岗位换上了年轻员工，这种近乎残忍的人才更新机制带动了公司内部人才的新陈代谢，营造了公司内部管理人员能上能下的氛围，摒弃了传统企业管理人员任职终身制的落后观念。

2017年芒果TV开启了开展中层管理岗位竞聘上岗的先例。短短两年期间，芒果TV通过竞聘的方式，已甄选出14名优秀年轻人充实到中层管理人员队伍中，公司中层管理干部平均年龄仅33岁，芒果TV最年轻的总裁助理、副总经理、高级总监均从中产生。竞聘不仅对内甄选，同时也对外开放。2019年上半年的一次竞聘，就对外放出十多个核心竞聘岗位，吸引外部投递简历逾千份，如今的大会员中心内容开发部"85后"负责人潘可为，正是在这千人"厮杀"中脱颖而出，成功上岗的。凭借这种内外并举的竞争感与危机感，芒果TV始终保持着"优中选优，能者上位"的人才活力。

狼性的丛林法则

为了从巨头嘴里抢肉吃，芒果TV从一开始就想把芒果TV打造成一个以丛林法则论英雄的虎狼之地，始终信奉的是优胜劣汰的自然法则。因此，在内容趋势不断变化的风口浪尖，在互联网行业进入寒冬的说法甚嚣尘上之时，芒果TV却心无旁骛，始终坚持构建"能者多劳，劳者多得"的目标管理体系和评价分配体系。

2018年底，芒果TV在原有的绩效考核体系上重新设计绩效管理体系，将员工绩效与组织绩效、公司整体目标达成关联，让员工强化"主人翁"意识，更强调绩效考核与绩效结果的匹配应用，打破过往大锅饭、平均主义现象，绩效考核结果实施强制正态分布，激励机制倾斜绩优员工。以业绩反馈最为直接的广告营销中心为例，2018 年年度结算时，一位区域销售团队 S 级销售员的年收入超过了他的部门主管，这无疑是对业绩优异员工最诚恳的肯定。

在以人才为核心竞争力的今天，只有多维的激励，针对员工的“痛点”“需求点”进行差异化的激励，才能吸引人、留住人、激励人，储备向行业最高峰发起冲击的后备军。

“哪有什么天才，把热爱的事业做到极致，就是马栏山最大的天赋。”吕焕斌台长的这番感慨曾在湖南广电坊间引起强烈的共鸣。从湖南广电内部孕育而生的芒果 TV，其企业文化里凝聚着敢为人先、吃得苦、霸得蛮的芒果“爱痴”精神，传承着“不创新，毋宁死”的天赋异禀，浸润着湖湘文化的血性、刚性和灵性，更秉承着一代又一代马栏山人对党忠诚、对事业忠诚的红色基因。这些元素组成了芒果 TV 不可复制的文化密码，也成就了这样一个年轻的互联网企业的文化底色。

来自传统媒体，又要脱胎于传统媒体，芒果 TV 就需要具有互联网思维、IT 体系的文化基因来实现弯道超车。芒果 TV 的基因中，广电的文化基因发挥着精神导向作用，随着互联网基因的植入与激活，芒果 TV 这个具有双重特质的集体，有了更为神奇的化学反应。芒果 TV 的互联网基因特质，其内涵在于“开放创新、灵动向上”。广电文化基因与互联网基因，两种文化基因不是简单的迭加，而是激情碰撞后形成的独特企业文化。芒果 TV 企业文化成为兼收并蓄的文化聚合体，与其说互联网因子的植入让芒果 TV 更加适应当下的时代，不如说芒果 TV 用自我进化的方式培养出了主流与潮流兼顾的文化特质。

第四章

壮大主流舆论：芒果媒体融合的核心要义

在第七届中国网络视听大会上，吕焕斌台长剖析了芒果媒体融合的核心要义是壮大主流舆论。他在发言中谈道："习近平总书记指出：'要推动媒体融合向纵深发展，做大做强主流舆论。'[①] 他还强调传统媒体和新兴媒体的关系'不是取代关系，而是迭代关系；不是谁主谁次，而是此长彼长；不是谁强谁弱，而是优势互补'。[②] 总书记的讲话指引着我们守正创新的方向。芒果媒体融合实践的意义在于始终坚持政治家办网办台，主力军抢占主阵地，充分发挥双平台优势，壮大主流舆论。"

湖南广电加快媒体融合发展，成为推进新型主流媒体建设的重要抓手，同时也为传统广电坚持新闻立台、加强社会主义核心价值观传播开辟出更为广阔的渠道，投入最优质生产团队和最优质媒体资源，加强创新，加强原创，开发出一系列符合新时代气质、传播主流价值观、适宜于媒体融合传播、广受社会各界好评的"现象级"精品佳作，找到了主流宣传的新路径、新方法。

---

① 《习近平：推动媒体融合向纵深发展　巩固全党全国人民共同思想基础》(http://www.xinhuanet.com//politics/2019-01/25/c_1124044208.htm)，新华网。

② 习近平，《加快推动媒体融合发展　构建全媒体传播格局》，《求是》(2019–06)。

探索芒果模式的媒体融合机制

自 2014 年中央提出融合发展战略以来，我国媒体运用新技术、新模式，建立融合传播矩阵，打造“爆款”融合产品，融合发展局面大开，舆论生态气象一新。从实践看，对主流媒体而言，没有先进的技术和设备，难言进入新媒体的宣传语境。但媒体融合不应止步于技术创新，还应该看到技术的背后是人和制度，更深层的创新还是制度创新。

湖南广电作为在媒体融合领域探索的先行者，创新工作理念，打破体制藩篱，按照市场化原则、资本化运作建设互联网新平台，打造出芒果 TV 这艘“马栏山的挪亚方舟”，与湖南卫视一起构成“双核驱动”。经过几年的发展实践，芒果 TV 现已成为党媒旗下用户规模最大的视听新媒体平台，集纳推送湖南广电旗下各媒体主流宣传和央媒重点宣传内容，全端口首页首屏置顶推出主流宣传内容板块，唱响主旋律，传播正能量，积极推进主流传播效能升级，抢占全媒体宣传阵地。

在一步步的探索中，湖南广电网台融合创新生态进一步强化，逐渐形成了今天相对独特的媒体融合芒果模式。在 2018 年人民网公布的媒体融合传播力 Top10 排行榜中，湖南广电位列省级电视媒体第一名。[①] 这说明以体制机制创新带动和引领技术创新、模式创新，能最大限度地激发融合发展动力。当然，在机制融合促推媒体资源配置的过程中，如何平衡好事业与企业、宣传与经营等诸多因机制体制衍生的关系问题，也成为湖南广电关注和探索的重点。

---

① 《2018 年电视融合传播指数报告发布》(http://media.people.com.cn/n1/2019/0329/c120837-31001662.html)。

建立内部市场运营机制

对主流媒体而言，强化正面引导，壮大主流声音，与中央决策部署同频共振，做到不缺位，不是难点。重要的突破在于要紧跟时代，推动党的声音直接进入各类用户终端，扩大主流价值影响力版图。湖南广电充分发挥湖南卫视、芒果 TV 双平台优势，带动地面频道和内容公司的系统性协同，建立起内部市场化的融合机制，进一步壮大主流舆论。

在内容融合上，实现湖南卫视和芒果 TV 双平台采购、定制与播出的全线打通；在渠道融合上，实现从传统电视直播屏，到 IPTV、OTT 及平板电脑、移动端所有渠道的融合打通。湖南卫视努力成为新时代青年文化的引领者与传播者，自制版权内容注入、带动芒果 TV 超常规发展；芒果 TV 吸附资源和年轻观众流量，力争成为传播青春正能量的新媒体标杆。双平台、正能量，进一步强化了对年轻人的引领，扩大了主流价值影响力版图。自 2014 年以来，湖南卫视输送给芒果 TV 的节目数量为 150 余档，累计时长超过 2 600 小时，获得累计播放量超过 1 000 亿次；2017 年开始，芒果 TV 对湖南卫视的版权付费反哺，2018 年开始实现内容反哺。

2018 年以来，湖南卫视、芒果 TV 双平台与湖南经视、湖南都市、金鹰纪实等地面频道形成战略合作，推出《新时代学习大会》《我爱你，中国》《我的青春在丝路》《不负青春不负村》《故园长歌》《时光的旋律》等台网融合的主流大片。其中，《我爱你，中国》《我的青春在丝路》两个节目不仅在湖南卫视的收视表现名列前茅，而且在芒果 TV 上线总点击量超过 1 亿次。“《我爱你，中国》这部新闻大片是媒体融合的产物。它由芒果 TV 与湖南都市频道联合出品，也就是芒果 TV 提供平台和资金，湖南都市频道作为传统媒体人发挥制作优势。”《我爱你，中国》节目总编导、湖南都市频道常务副总监李越胜谈创制体会时如是说。

“芒果”这种新老媒体协调模式的意义在于，新老平台始终坚持政治家办网办台，基于市场化和商业化运营，主动对接互联网时代年轻观众的喜好趣味和用户属性，共同打造主旋律精品力作。这种优势形成的传播力、引导力、影响力、公信力是单平台无法比拟的。而这也恰好印证了芒果模式推进主流宣传信息生产领域供给侧结构性改革、加快构建全媒体传播格局的先进性、独特性与引领性。

优化人才团队融合机制

在“一云多屏”的全新媒体环境下，湖南广电在导向管理、顶层设计、管理经验、人才培养等方面实现全面打通，大胆推行电视和互联网渠道技术、内容、管理人员的齿轮型配置。其中新媒体团队，脱胎于传统媒体，既专注于互联网打法，专注互动和数据分析，又兼具传统媒体追求极致的工匠精神。同时，让富有传统电视制作和管理经验的同志担当新媒体管理重任，推动内容人才在传统媒体和新兴媒体之间的融合交流。

湖南卫视通过一线团队工作室制度，为优秀团队参与芒果 TV 的项目制作提供智力支撑，建立和完善支持芒果 TV 制作衍生节目的机制，甚至还特别在周末晚间档引进芒果 TV 优质项目，试水季播。芒果 TV 内容生产团队中的中坚力量，如“文案大神”吴梦知、《明星大侦探》制片人何忱、芒果 TV 节目中心总经理周山等都是出身传统电视节目团队，入职芒果 TV 后延续着“电视湘军”良好的内容创新基因，全面提升芒果 TV 自制水平。在主流宣传大片之外，芒果 TV 近来还创作推出《变形计之平行世界》《野生厨房》《妻子的浪漫旅行》等一批有温度的综艺节目，传播青春正能量，涵养新时代健康清朗的网络视听文化。

双平台保持良好的台网互动关系，网综反哺卫视成为多屏时代新的文化现象。2017 年 12 月 16 日，聚焦亲子教育的《萌仔萌萌宅》在湖南卫视和芒果 TV 同步播出，成为首档在湖南卫视播出的芒果 TV 自制网综。2018

年 3 月，由芒果 TV 自制综艺《明星大侦探》原班人马打造的姊妹篇《我是大侦探》登陆湖南卫视，节目在观照现实、价值引领方面，主动将社会主义核心价值观要义融入其中，切实体现了新媒体在头部内容创制上的社会责任和担当。

截至目前，湖南卫视、芒果 TV 分别已建成多个一线团队工作室，共同组成湖南广电创新研发的发动机。下一步，“湖南卫视将通过工作室制度迭代，推动优质团队更加积极主动参与芒果 TV 大型项目的竞标制作，支持芒果 TV 展开新媒体头部内容的竞争；还将通过‘飙计划’迭代，鼓励优质团队与芒果 TV 共享优质内容创意，甚至根据芒果 TV 的需求，组织定向研发，支持芒果 TV 建设内容创新体系”。湖南卫视总监丁诚谈及湖南卫视、芒果 TV 团队融合时信心满满。芒果 TV 总裁蔡怀军则表示，将会持续加强组织优化、人才优化，吸纳更多优秀团队，融入互联网思维，创作更多主旋律、正能量的佳作，在守正创新方面不仅“有所作为”，更能“大有作为”。

健全项目配套保障机制

“在内容创新尤其是自主研发创新方面获得重大突破，社会效益和经济效益十分显著的，奖励 50 万元以上。”“获得重大社会影响、对湖南广电品牌具有显著正能量且性价比极高的大型公益活动、公益项目、对外交流合作项目，奖励 10 万 ~20 万元。”为更好地发挥主流媒体引领舆论的作用，激发台属各媒体和员工做好主流宣传的行动自觉，2016 年 12 月 12 日，湖南广电出台了《〈台长嘉奖令〉实施办法》，重点奖励主流宣传和内容创新方面的重大成果。

同时，为进一步健全和完善内部奖励机制，充分释放内生发展动力，湖南广电又先后制定了《湖南广播电视台事业专项扶持资金管理办法》《湖

表 4–1　部分主流宣传融合传播作品

序号	项目名称	内容	时长	播出平台	团队	牵头人	获奖情况
1	电视专题《寻梦蒙达尔纪》	20 世纪 20 年代前后兴起的中国旅法勤工俭学运动，造就了大批杰出人才。蒙达尔纪是当年中国留法学生最集中的城市。该片以蒙达尔纪为主要故事地，生动展示了老一辈革命家救国救民的寻梦之路，展示了中法友谊的不断深化，以及当今中国改革开放的大气象	33 '	湖南卫视；芒果 TV	湖南台新闻中心	主创：杨壮、肖永根、郑晓、李建飞、张思思、杨帆、罗辉	第 27 届中国新闻奖国际传播二等奖
2	动画片《呆家家》	讲述呆爸、呆妈、呆宝一家三口奇思妙想、其乐融融的故事	26 集 / 每集 7 '	金鹰卡通	金鹰卡通	导演：沈小川	第 26 届金鹰奖优秀动画片奖
3	电视访谈《认清危险的右翼　解读真实的日本》	从民间视角揭开日本右翼的真实面目	29 '	湖南卫视	《新闻当事人》团队	主创：李越胜、王昊旸、牟鹏民、胡顺江、杨帆	第 23 届中国新闻奖二等奖
4	广播专题《我对雷锋说句话——祥和中国节·清明祭雷锋》	推出“祥和中国节第三季·清明祭雷峰”活动，用传统的方式寄托湖湘儿女的思念	60 '	广播传媒中心	1028 新闻频道	主创：肖枭、周虹	第 23 届中国新闻奖三等奖
5	国际传播《南禅素食》	充分展示湖湘美食文化与人文地理，宣传湖南良好形象	20 '	湖南台国际频道	湖南台国际频道	主创：张子霖、刘承、欧波、唐宙杰	第 23 届中国新闻奖三等奖

（续表）

6	纪录片《飞跃冬季的少年》	以苏翊鸣参加第十四届南山单板滑雪公开赛的过程为记录的主要时间线，记录这个普通的小小少年如何一步步成长为滑雪高手的故事	27 '	湖南卫视、金鹰纪实；芒果 TV	金鹰纪实频道	—	2016 年度国产纪录片及创作人才扶持项目“优秀短片”
7	纪录片《雷山锤音》	讲述贵州苗寨银匠人龙太阳坚守山村、带领大家共同致富的故事	29 '	湖南卫视、金鹰纪实；芒果 TV	金鹰纪实频道	—	2016 年度国产纪录片及创作人才扶持项目“优秀短片”
8	纪录片《我的青春在丝路》	真实记录中国青年在“一带一路”沿线国家挥洒汗水、奋斗打拼的历程，讲述大时代里鲜活的青春故事	三季共计 29 集 / 每集 10 '	湖南卫视；芒果 TV	湖南台新闻中心	总导演：傅卓	国家广电总局 2018 年推荐的优秀国产纪录片
9	纪录片《不负青春不负村》	聚焦从中国最顶尖的学府走出来，投身“乡村振兴战略”的青年大学生，讲述了从象牙塔到田间地头，从校园到基层的他们，深入农村、投身新农村建设的故事	两集共计 14 集 / 每集 20 '	湖南经视；芒果 TV	湖南经视团队	制片人：周山、吴梦知、方方	“TV 地标”（2018）年度优秀网络视听节目
10	节目《变形计之平行世界》	两个家庭调换住房、预算和社会身份生活，了解社会中另一角的生活景象，感受对方生活的美好	24 集 / 每集 40 '	芒果 TV	芒果 TV 团队	总导演：赵佳	第六届中国网络视听大会年度特别推荐网络综艺节目

（续表）

序号	项目名称	内容	时长	播出平台	团队	牵头人	获奖情况
11	纪录片《时光的旋律》	通过折射着时代风情的金曲，以“音乐＋年轻歌手”的新鲜组合，再现改革开放四十年的家国巨变和辉煌成就	7集/每集23'	湖南经视、湖南卫视；芒果TV	湖南经视团队	执行总导演：方方	2018年第四季度广播电视创新创优节目
12	纪录片《田埂上的芭蕾》	讲述河北省保定市安新县端村女孩们在田埂上学习芭蕾，接受美的教育的故事	2集/每集23'	湖南卫视、金鹰纪实；芒果TV	湖南经视团队	执行制片人：方方	2017年度国产纪录片及创作人才扶持项目优秀短片
13	纪录片《故园长歌》	以毛泽东与故乡之间的种种线索为出发点，追寻一代伟人身上的乡情、亲情、爱情、父子情和师友情，从他的不变初心中，讴歌他崇高的品格、宏大的志向和为理想奋斗的勇气	5集/每集29'	湖南卫视、金鹰纪实；芒果TV	金鹰纪实频道	总导演：夏蒙、章红伟	国家广电总局2018年推荐的优秀国产纪录片
14	纪录片《技赢未来》	聚焦中国世界技能大赛金牌选手，记录未来制造大师们的进阶之路	6集/每集30'	湖南卫视、金鹰纪实；芒果TV	金鹰纪实频道	制片人：章红伟	国家广电总局2018年推荐的优秀国产纪录片
15	纪录片《赶风人》	讲述曹氏风筝第四代传承人制作风筝的故事	26'	湖南卫视、金鹰纪实；芒果TV	金鹰纪实频道	制片人：章红伟	国家广电总局2018年推荐的优秀国产纪录片
16	纪录片《燃烧吧大脑》	讲述大庆外国语学院常峻硕“最强大脑”的故事	22'	湖南卫视；芒果TV	金鹰纪实频道	制片人：章红伟	国家广电总局2018年推荐的优秀国产纪录片

（续表）

17	纪录片《青春中国》	以建筑、新科技、互联网、新能源、医疗、无人机、工业设计、青年文化八个新兴产业作为切入点，带领观众感受当下以“80后”“90后”为主体的中国年轻人的所思、所为，由他们展现一个正当青春，踏步走向未来的中国	8集/每集30'	湖南卫视、金鹰纪实；芒果TV	金鹰纪实频道	执行总导演：解敏	国家广电总局2018年推荐的优秀国产纪录片
18	纪录片《瑜伽小子》	讲述浙江台州8岁瑜伽小子孙楚洋教大家练习瑜伽的故事	25'	湖南卫视、金鹰纪实；芒果TV	金鹰纪实频道	制片人：章红伟	国家广电总局2018年推荐的优秀国产纪录片
19	纪录片《相爱四十年》	对改革开放四十年的爱情、婚姻、家庭，进行多层次、多维度的调查。以他们的调查为推进线索，针对中国式爱情的不同侧面进行全景式呈现，折射出这四十年的巨大变迁与幸福获得	29'	湖南卫视、金鹰纪实；芒果TV	金鹰纪实频道	制片人：章红伟	国家广电总局2018年推荐的优秀国产纪录片
20	纪录片《有意思的课堂》	讲述话剧语文、音乐化学、科技地理、功夫物理、跨界生物等5堂有意思的课	5集/25'	湖南卫视、金鹰纪实；芒果TV	金鹰纪实频道	制片人：章红伟	国家广电总局2018年推荐的优秀国产纪录片

（续表）

序号	项目名称	内容	时长	播出平台	团队	牵头人	获奖情况
21	纪录片《我们的谭嗣同》	讲述谭嗣同不为人知的故事。纪录片共四集，分别为《冲决网罗的人》《戊戌往事》《我们的“复生”》《我们的“七”公子》，以纪念谭嗣同殉难120周年	4集/每集29'	湖南卫视、金鹰纪实；芒果TV	金鹰纪实频道	制片人：谭宇	国家广电总局2018年推荐的优秀国产纪录片
22	电视剧《秋收起义》	讲述了毛泽东等老一辈中国共产党人，开辟农村包围城市道路，建设由党绝对领导的新型人民军队，点燃中国革命希望之火的革命史实	22集/每集58'	湖南卫视；爱奇艺、芒果TV、优酷	芒果影视	总导演：嘉娜·沙哈提	第31届电视剧“飞天奖”优秀电视剧提名作品
23	电视剧《毛泽东》	讲述了毛泽东从韶山出生，读书求学到参加革命，建立和治理国家的一生波澜壮阔的历史进程	49集/每集46'	中央台、湖南卫视、亚洲联合卫视；爱奇艺、腾讯、优酷	湖南台	导演：高希希	中国文化艺术政府奖（文化部）；第27届中国电视金鹰奖优秀电视剧奖
24	电视剧《长沙保卫战》	讲述了1939年9月至1942年1月，中国军队与侵华日军在湖南长沙及其周边进行的三次大规模攻防战	35集/每集45'	中央台；腾讯、PPTV、央视网、迅雷、风行网	湖南台	导演：董亚春	第28届中国电视金鹰奖电视剧提名奖

（续表）

25	电视剧《伪装者》	以抗日战争中汪伪政权成立时期为背景，通过上海明氏三姐弟的视角，讲述了抗战时期上海滩隐蔽战线上国、共、日三方殊死较量的故事	48集/每集45'	湖南卫视；优酷、芒果TV、爱奇艺、搜狐、腾讯、乐视	湖南台	导演：李雪	第28届中国电视金鹰奖电视剧提名奖
26	电影《十八洞村》	以国家实施“精准扶贫”战略为大背景，通过杨英俊及杨家的几位堂兄弟在脱贫的过程中发生的观念上及生活方式上的改变，用诗意的电影语言描述当下乡村居民的内心世界	124'	全国院线；爱奇艺、腾讯、优酷、电影网	潇影集团	总导演：苗月	第17届中国电影华表奖优秀故事片奖、优秀编剧奖、优秀女演员奖
27	电影《湘江北去》	通过对伟人多角度的细腻呈现来逐渐描写中国共产党的诞生过程	107'	全国院线；电影网、爱奇艺、腾讯	潇影集团	导演：陈力	2012年荣获全国“五个一工程”奖
28	电影《辛亥革命》	讲述了晚清末年，中华民族到了危亡之际，以孙中山为首的革命派决心以革命推翻清政府，建立共和体制的故事	120'	全国院线；爱奇艺、腾讯、优酷	潇影集团	导演：张黎、成龙	2012年荣获全国“五个一工程”奖；第15届中国电影华表奖“优秀故事片奖”；第31届百花奖优秀故事片奖

（续表）

序号	项目名称	内容	时长	播出平台	团队	牵头人	获奖情况
29	电影《毛泽东与齐白石》	讲述毛泽东主席与艺术大师齐白石老人在交往过程中发生的故事，表现了党和国家领导人对文艺事业的重视及对文艺家的关心和爱护	86 '	全国院线；央视网	潇影集团	导演：史风和	2012 年荣获全国“五个一工程”奖；第 15 届中国电影华表奖“优秀故事片奖”提名

注：本表数据时间为 2012 年至 2019 年 9 月。

南广播电视台节目创新扶持基金管理办法》，促推各生产单位在内容“智造”上出创意、出精品，资金扶持和奖励注重向重大主体宣传、新闻行动和创新栏目倾斜，向社会效益显著的节目倾斜，注重品牌价值和主流影响的维护和提升。截至目前，包括《新时代学习大会》《故园长歌》等在内的300余个项目得到事业专项资金、创新扶持资金扶持，不断丰富主流内容，夯实主流价值。

值得一提的是，除了大力支持内容“智造”，新媒体产品设计、技术研发也是湖南广电近年“帮扶”的重点。不论资金支持还是政策倾斜等方面，湖南广电都投入了相当大的人力物力，以此来构建“芒果”融媒大生态矩阵。如全面支持“芒果云”App新闻平台建设，致力于打造一个集全省互联网+新闻+政务+服务于一体的互联网短视频和直播互动平台；支持芒果TV国际版App开发，打造首款针对全球海外用户的视听产品，为讲好中国故事、湖南故事构筑自主崭新平台；还专门培植芒果新闻、芒果V直播、芒果都市等在内的一批新媒体平台和机构，通过与新、老媒体平台的互补，创作力和影响力不断增强，这都将成为湖南广电强化舆论引导、传播主流之声的新闻利器。部分主流宣传融合传播作品，如表4–1所示。

【案例一】《我的青春在丝路》：宏大主题的年轻化表达与传播

从2018年3月1日到2019年4月18日，芒果TV、湖南广播影视集团新闻中心携手推出主旋律纪录片《我的青春在丝路》，它以生动细腻的视角，唱响中国青年在丝路建设中的奉献之歌，诠释人类命运共同体的深刻内涵。历经三季，纪录片在湖南卫视“730”黄金档和芒果TV播出后，引发社会各界强烈反响，《人民日报》、《光明日报》、共青团中央等媒体和权威机构也纷纷点赞。为记录这场丝路青春故事的逐梦之旅，制作团队共计跨越“一带一路”沿线20多个国家和地区，总行程超过300万公里，相当于环绕地球75圈。此片也成为湖南广电在主流宣传方面，整合旗下优质资源、推动媒体融合的又一代表力作。

以年轻人吸引年轻人，“一带一路”可触可感

为契合网络传播语境，《我的青春在丝路》紧扣“青春”，通过讲故事的方式，以小见大来阐述中国年轻人在“一带一路”建设中的成绩与贡献，做到“以年轻人吸引年轻人”。“在巴基斯坦，33岁的蔡军和同事们在两年半的时间内，将当地3 000多亩水稻的亩产量从每亩500公斤提升到每亩900公斤；在洪都拉斯，年轻帅气的李默然终日埋首山林，和当地科考队员共同探秘古老的玛雅文明；在印度尼西亚，来自中国科学院的动物学博士罗杰，帮助当地恢复海底珊瑚和沿岸海礁……”三季纪录片，29期、29个年轻人逐梦丝路的青春故事，让观众对“一带一路”倡议的影响和成效有了更为具象化的感知，激励当代年轻人努力为国家、为世界、为时代做出更多不负自己青春的贡献。

对于纪录片的整个创作过程，制片人傅卓形容是一场“考古之旅”，光是人物选择就历经与50多个海外项目、近200位候选拍摄对象的沟通、对接。而每次海外拍摄，团队都是与纪录片主人公同吃同住同劳作，全身心投入故事的挖掘和摄制中。傅卓说：“过程是冷清的，只有耐得住‘寂寞’，才可能创作出精品，抓住更多受众的心。”

以微记录契合全媒体传播，“丝路青春”刷屏网络

《我的青春在丝路》播出后，被赞为“一带一路”上的青春偶像大片，

其中好几期还挺进全国网省级卫视同时段收视前茅；上线芒果 TV 后也获得了千万级的点播量，远高于同类型纪录片的点播量；微博相关话题讨论量也很惊人，“一带一路”“青春”都成为网络热词。节目的收视人群精准地抓住了年轻受众，其中第三季节目 4 至 23 岁的观众数量占到总收视人群的 41.2%，城域观众占比高达 70%。片子之所以能在各端口获得较好成绩，是因为除内容质量本身吸引人外，在后期精剪、包装，以及传播手段上也是大胆创新、积极尝试。

全片采取“微纪录”的表现形式，单期时长 15 至 22 分钟，高度吻合碎片化传播场景，节奏、色调等也保持了湖南卫视一贯的青春气息，更加吸引网络族群收看。而在传播方式上，本片也有可圈可点之处。一是分阶段横向传播：播出前半个月开始预热宣传，先导片在湖南卫视滚动播出，同时上线芒果 TV，播出时每集 1 分钟左右的预告片，全面推广覆盖至湖南卫视、芒果 TV、芒果云和主人公所属企业的有关网页、客户端、抖音号、微博和微信公众号；二是分渠道纵向传播：在湖南卫视和芒果 TV 双平台同步播出，第二季还推出英文版，在芒果 TV 国际版 App、YouTube 芒果 TV 精选频道、脸书湖南卫视和芒果 TV 主页上对外推广。针对节目内容联动垂直领域机构组织，如国务院国资委宣传工作局的官方微博、微信发布的开播信息，引发包括中国建筑、中国石油、中国兵工、国家能源集团等 30 多家央企官微联动传播。

以内部市场化运作为驱动，主流宣传大片层出不穷

《我的青春在丝路》第一季由芒果 TV 全额投资，第二、第三季是湖南台和芒果 TV 共同投资（芒果 TV 投资占 51%），内容则都是由台新闻中心组建团队制作。这样的新老媒体内部市场化合作方式，在湖南广电可以说是首开先河。“从第一季开始，芒果 TV 和新闻中心两边的管理者都给予了

相当大的宽容与支持，充分信任我们这样一群年轻人，允许年轻人在主旋律创作中有天马行空的想法。随着第一季的样片通过、第一季的创制与播出，大家的目标也越来越明确，我们来记录‘一带一路’上的青春故事，是我们的责任，是有意义的。”对于这种开山式的合作，总导演傅卓接受采访时表示，内部市场化运作反而给固有的体制松了绑，为年轻人的创作提供了更为自由的发挥空间。

第一季收获不错反响后，第二、第三季也迅速提上创制日程，要拍摄的人物多了起来，投资也随之增加，新闻中心在人员配备上做好保障，精兵良将加入进来，文稿、解说、统筹都是高规格，还鼓励邀请专家学者讲课，让节目组变成“一带一路”主题的专家，芒果TV则全力做好内容宣发，片子越来越受观众喜欢。这种“由芒果TV定制、传统电视媒体承制”的内部市场化合作模式的成功，也促推《我爱你，中国》《不负青春不负村》《故园长歌》等一批主流宣传大片的推出。此举不仅体现了湖南广电在新时代背景下做大做强主流舆论的坚定信念，也展现出集团在台网大生态下强大的制播实力。从“主力军抢占主阵地”的融合发展思路出发，湖南广电正朝着“主流阵地更主流”的全媒体传播格局目标迈进。

“丝路荣誉”：

（1）《我的青春在丝路》被列为国家“一带一路”整体宣传计划重点项目。

（2）《我的青春在丝路》第一季入选国家广电总局2018年第一批推荐的优秀国产纪录片。

（3）《我的青春在丝路》第一季入选国家广电总局2018年“弘扬社会主义核心价值观　共筑中国梦”主题原创网络视听优秀节目展播。

（4）《我的青春在丝路》第二季被国家广电总局评为2018年年度优秀网络纪录片。

（5）在中宣部宣教局指导的“你好，新时代！”青年创意微视频大赛中，《我的青春在丝路》获得评委会特别推荐大奖。

（6）2019 年，在加拿大多伦多举行的首届中加电视节上，《我的青春在丝路·八月季》获最佳纪录片奖。

（7）《我的青春在丝路》获得湖南省第三届网络原创视听节目奖和湖南省 2018 年度文化产业发展专项资金扶持。

（8）《我的青春在丝路》在中国广播电影电视社会组织联合会纪录片工作委员会主办的第十三届“中国纪录片国际选片会”上，获得人文类节目二等奖。

台网融合下新闻作品的推陈出新

技术驱动的互联网环境深刻改变了现有的媒体格局、舆论生态和受众对象，传统意义上的媒体业边界被不断地消解和重构。作为湖南广电旗下党媒，从创作主流新闻大片，到打造新媒体新闻产品“芒果新闻”，湖南台一直坚定落实意识形态责任制和政治家办媒体，践行“四力”要求，走好中央倡导的媒体融合之路。

新闻大片在湖南广电的地位

中国进入新时代后，新媒体特别是移动新媒体的兴起，使信息碎片化传播一时兴盛。湖南广电人对此不为所动，只有一个信念：不管是新媒体平台还是传统媒体平台，好内容始终是平台所需，即内容为王。党的十八大以来，湖南广电按照习近平总书记对新闻舆论工作的要求，坚持正确政治方向，站稳政治立场，坚持新闻立台，以湖南卫视《湖南新闻联播》等为主阵地，积极探索“日常新闻＋专题新闻”的模式，通过打组合拳、播连续剧，推出社会主义核心价值观五部曲和一系列重要专题。这些举措使湖南主流新闻频现现象级新闻大片，成为湖南主流新闻的亮丽名片。

出于对新时代传播规律的精准把握和研判，台党委在对文艺创作投入精打细算、压缩成本开支的同时，实行“新闻例外”特别政策，每年为新闻中心追加1 000万元预算投入，为新闻立台、开启新闻大制作提供坚实后盾。时任湖南广播电视台新闻中心主任的杨壮积极响应台党委决策，带领新闻中心一帮人开始了新闻大片的探索。2013年，弘扬艰苦奋斗作风的新闻大片《县委大院》应运而生，系列报道讲述了一代代县委基层干部勤俭朴素、民生至上的故事，带着一座座建于20世纪五六十年代的老房子、鲜活在记忆中的红五角星，还有嘹亮的小号声，走进湖南卫视新闻联播的荧屏，从很多人的眼里走进心中，拉开了人们记忆的闸门、思想的弹窗。它一经推出，就契合了中央出台“八项规定”和反“四风”的要求，受到社会广泛热议和推崇。原来，就在今天，就在我们身边，还有这么多老旧的县委大院，穿越半个世纪的时光，朴实地演绎着春夏秋冬，见证着共产党人执政为民的情怀。“湖南最美县委大院”成为2013年全国年度正能量网络热词，开辟了芒果台做新闻大片的光荣与梦想之路！此后，《县委大院》获中国新闻奖二等奖、湖南省首届创新奖之文化创新奖。

《县委大院》成功打响了新闻大片创作的第一枪，湖南台由此开启了一条做新闻大片、传播主流价值观的新闻改革之路。《县委大院》成功的经验就在于：新闻大片的核心价值在于思想引领，即以电影级别的精良制作水准，通过准确的议题设置，号准时代脉搏，对准时代风口，引领主流舆论。在此经验总结的基础之上，湖南广电“弘扬社会主义核心价值观五部曲”接踵而出。为讴歌忠诚奉献精神，《绝对忠诚》奏响强音，编辑记者组成30多个采访组，分赴大江南北，克服远距离机动、风沙、高反、晕船、水土不服等重重困难，一季节目做下来行程累计 30 多万公里，可以绕地球七圈多。用人民科学家忘我付出的事迹，旗帜鲜明地弘扬新时代主旋律，受到《人民日报》连续四篇评论点赞。“忠诚在那里，我们就应该在那里，新闻人的心脏，应该为党、为国家、为民族的命运而跳动。”这是芒果新闻人确立的价值坐标，这是“先忧后乐”的湖湘文化在当代新闻人身上的基因激活。

为倡导改革实干担当，《湖南好人》《初心璀璨》横空出世，用几代人的改革奋斗故事，深刻回答共产党人应如何奋发有为、答好时代问卷的命题。为推进精准扶贫，《为了人民》营造浓厚氛围，生动讲述扶贫干部带领人民群众脱贫致富的故事，感人至深。

湖南台一直有艰苦奋斗的“扁担精神”和“油毛毡精神”，过去老记者用扁担挑箩筐出去采访，一头是拍摄机器，一头是自己的行李。现在我们通过新闻大片创作加强传帮带，让年青一代新闻人在“走、转、改”实践中认清使命责任，培养奉献担当精神。正是镜头“向下”成为常态，这些新闻大片才充满温度，更加鲜活。

功夫不负有心人。新闻大片《绝对忠诚》《为了人民》均毫无争议地接连获评当年中国新闻奖一等奖，受到国内主流媒体、门户网站和热门新媒体、自媒体广泛关注和二次传播，为湖南广电“新闻立台”写下浓墨重彩的一笔。从《县委大院》《绝对忠诚》《湖南好人》，到《初心璀璨》《为了人民》，还有近两年来走红网络荧屏的《我的青春在丝路》《我爱你，中国》《赶考路上》，接连绽放的“芒果台新闻大片现象”在全国独树一帜，璀璨了一片星空。这是一种独特又独到的新闻大片现象，这是一道耀眼又走心的荧屏中国红，这是湖南广播电视台新闻立台的累累硕果，闪烁着电视湘军璀璨的新闻初心。当努力奋进的新闻阵地以时代之名插上主流价值观的旗帜，当向着坚守与忠诚出发的方向被命名为新闻大片之路，芒果新闻人注定要继续出发，砥砺前行。湖南台近七年中国新闻奖获奖情况如表 4–2

表 4–2　湖南台近七年中国新闻奖获奖情况

获奖等级	2013 年（第 23 届）	2014 年（第 24 届）	2015 年（第 25 届）①	2016 年（第 26 届）	2017 年（第 27 届）	2018 年（第 28 届）②	2019 年（第 29 届）③
长江韬奋奖	—	—	—	—		杨壮（“长江”系列）	—
一等奖	—	—	电视：《绝对忠诚》	—	新闻名专栏：《新闻大求真》	电视：《为了人民》	电视专题：《十八洞村这五年》；国际传播：《我的青春在丝路》
二等奖	电视访谈：《认清危险的右翼　解读真实的日本》	电视消息：《最有爱的“报刊亭爷爷”突发脑出血离世　百名学生流泪悼念》；电视系列：《县委大院》	电视评论：《解读社会主义核心价值观·公正》；电视直播：《两岸健儿泳渡台湾海峡》	—	国际传播：《寻梦蒙达尔纪》	电视访谈：《乌托邦是座什么岛？》	广播报道：《一号档案》；电视系列：《咱们乡亲好样的》
三等奖	国际传播：《南禅素食》	—	国际传播：《湘当韵味·年味》	电视访谈：《鸠山由纪夫：特立独行的日本政治家》	电视专题：《铁血蓝盔捍国威》；“初心璀璨”电视系列	—	广播编排：9 月 12 日《全省新闻联播》；国际传播：《湘商闯老挝》

① 中国政府网（http://sousuo.gov.cn/s.htm?t=govall&advance=false&n=&timetype=&mintime=&maxtime=&sort=&q=%E4%B8%AD%E5%9B%BD%E6%96%B0%E9%97%BB%E5%A5%96%E8%8E%B7%E5%A5%96%E4%BD%9C%E5%93%81%E7%9B%AE%E5%BD%95）。

② 中国记协网（http://www.zgjx.cn/news/index.htm?page=zgxwj_ljhjzp）。

③ 中国记协网（http://www.zgjx.cn/jiang/2019cn_news_award_report/）。

所示。

党的十八大以来，影响最深、规模最大、跟老百姓关系最密切的民生工程就是“精准扶贫”。习近平总书记第一次提出“精准扶贫”重要思想，就是在湖南湘西花垣县十八洞村。“人民对美好生活的向往，就是我们的奋斗目标。”[①]这是习近平总书记代表党中央向人民做出的庄严承诺。湖南台派出多路记者奔赴省内各地，聚焦“精准扶贫战场”，记录那些为了人民的小康，忘我付出的“扶贫战士”的忧乐情怀、绝对忠诚，推出献礼十九大特别报道《为了人民》。

《为了人民》以新闻的视角，分别讲述了湖南省 8 位扶贫队长（扶贫专员）驻村扶贫的故事，抒发了扶贫主角们不忘初心的为民情怀，凝聚起脱贫攻坚战的磅礴力量。8 集系列报道，分别讲述了 8 个感人的“扶贫战士”的故事：《胡丕宇：不落下一户》《吴正平：红军的传人》《陶品儒：下乡新青年》《李世栋：老将来“绣花”》《王婷：“花木兰”扶贫》《陈勇：引得活水来》《彭小平：上校当“新兵”》《龙书伍：向幸福前进》。这 8 个故事分别发生在武陵山脉片区和罗霄山脉片区两大湖南脱贫攻坚的主战场，涵盖了青年、中年、扶贫队长、海归、志愿者、村支书等不同群体，还包括替父扶贫的“花木兰”王婷，可以说他们是一组代表了湖南数十万扶贫“战士”的英雄群像。有网友点赞并说：看到这种用爱和忠诚交织的画面，怎不泪流满面？

这些报道中的主人公都扎根乡村，不管记者去还是不去，他们都在那里，在老百姓的板凳上，在田间地头，他们的故事埋在土里、长在老百姓的心里，只等待一双发现的眼睛。很多观众说，看《为了人民》泪奔了。那么，《为了人民》凭什么感染人、鼓舞人？好的作品，它必须是美的。打

① 《习近平：人民对美好生活的向往就是我们的奋斗目标》（http://www.xinhuanet.com/politics/2012-11/15/c_123957816.htm）。

动人的美，是清水出芙蓉，天然去雕饰。《为了人民》在创作上努力追求“五美”：情感美、思想美、语言美、画面美、细节美。《为了人民》中的主人公，是扶贫先锋、平民英雄，他们是我们这个国家的脊梁，是前方的灯塔，是值得仰望的一片璀璨星空。媒体人的使命就是为英雄立传，为时代放歌，为人民抒怀。

为了配合中央和省委省政府的中心工作，湖南台各媒体主动做好主题设置，围绕精准扶贫和乡村振兴等主题，陆续推出《为了子孙后代》《村里的年轻人》《咱们乡亲好样的》等系列主题大片，主旋律声音响亮。

2018 年 11 月 24 日至 28 日，《湖南新闻联播》推出 5 集新闻大片《百里脐橙连崀山》，每集七八分钟。它以唯美的镜头、清新的文字和真挚的感情，生动呈现新宁县融合打好崀山和脐橙两张牌的发展新景象。该系列报道和当年 1 月播出的《黑茶大业》共同构成一种新闻大片新形态，走出了一条主流媒体精准服务地方、打响县域特色品牌的新路子，体现出芒果新闻人以人民为中心的新闻工作导向。湖南经视频道还在 2019 年初推出融媒体新闻产品《春天的号角——湖南 19 县市吹响脱贫攻坚冲锋号》H5，向湖南省最后 19 个贫困“堡垒”发起总攻。19 个县市的市委书记庄严宣誓，带领人民脱贫脱困，早日摘帽，一起给家乡加油鼓劲，齐奏春天的号角。

自 2013 年以来，台新闻中心坚持开展“新春走基层”活动，在每年农历腊月二十九至大年正月初三，选取一个偏远贫困山区或少数民族地区开展大型新闻直播，在关注当地过年风俗人情的同时，全面深入推介当地精准扶贫、经济社会发展情况。七年的持守，湖南广播电视台新闻中心的“新春走基层”直播系列已渐成品牌，影响力逐年提升，形成了“直播哪里火哪里”的势头。此后每年春节，再要去哪里直播，已经不仅仅是台里能决定的了，火爆的推选最后都成为省领导关心和过问的事项。如今，汤湖里、吕洞村、惹巴拉、香草源、苏木绰、奉嘎山、皇都侗寨这些被湖南卫视新闻直播扶贫点燃了的乡村，都已成为乡村旅游的热门景点。郴州宜章汤湖里直播点成为华南温泉第一村；保靖吕洞村被列入全省第四批PPP（政府和社会资本合作）示范项目；龙山苗儿滩镇的惹巴拉每个黄金周都游客爆满，成为土家文化深度游目的地；江华香草源一个春节的旅游收入就有3 000多万元，当地居民收入节节攀升；张家界苏木绰的脱贫模式，成为央媒关注的热点；新化奉嘎山的农家乐老板高兴得合不拢嘴；皇都侗寨成了全国有名的写生基地。

与此同时，为助力湖南脱贫攻坚战略，在省委宣传部的统一部署和具体指导下，湖南广播电视台还于2018年组织创制了石门柑橘、瑶山雪梨、永丰辣酱、祁东黄花菜等9条精准扶贫广告，在全台各媒体免费播出，以及芒果TV、芒果云、台属各媒体官方微信公众号等新媒体全方位立体传播。其中，台属电视媒体每天共播出76次以上，黄金时段至少10次，预计一年内将投入广告资源近4.9亿元。湖南台还与省邮政公司合作，打通销售渠道，每条农产品广告片中露出二维码销售代码，观众看广告的同时可以直接扫码进行购买。此举真正拉动这些特色农产品的销售，帮助贫困地区早日实现脱贫致富。永丰辣酱公益广告上线不到1个月，邮政二维码平台即销售5 000多单（估计3吨左右），全年销售额达6亿元；石门柑橘片播出以后，当年的柑橘全部销售一空，销售量同比上年增幅达35%。

融媒体探索在路上

湖南广电的新媒体新闻产品最早还得从芒果TV的前身金鹰网转载湖南卫视的新闻节目开始，直到后来推出全新“芒果TV”网络视频平台。而早在2015年底，湖南台新闻中心就开始组建新媒体小组，筹备新媒体项目“芒果云”新闻客户端。此外，湖南电台的“芒果动听”、湖南经视的“芒果V直播”，以及芒果TV和都市频道共建的“芒果新闻”等融媒体产品，经过一段时间运作后，拥有了自身特点和差异化的发展路线，形成了湖南广电新闻类新媒体的矩阵。

2015 年 3 月，湖南广播电视台“建设新型主流媒体学习研讨班”在湖南“731”基地开班。主题报告中就提到“在视频产业构建中，芒果 TV 要扛起新闻宣传的大旗，遵循新闻传播和互联网发展规律，在新闻性频道和内容建设上创新，也要创新机制，在入口和接口上准备好，保障我们的新闻团队提供专业服务”。到 2015 年 7 月，芒果 TV App 累计下载量突破一亿，这是市场对这个体制内新媒体的正面认可。通过不断发挥自身融合传播、视频传播、矩阵传播优势，芒果 TV 打造了“芒果头条”，每日及时对标央媒头条，及时更新头条内容，集纳湖南广电旗下各台属新闻媒体资源，首页置顶飘红“学习时刻”板块，将芒果 TV 的新闻板块打造成了一个主流宣传新高地。

眼下，芒果 TV 积极推进人才制度改革。一方面推出“青芒计划”，面向海内外顶尖高校推出新人培养计划，大部分的中层岗位拿出来提拔“85 后”甚至“90 后”，每年各个中心必须淘汰 10%，用来引进新人。同时以基层员工为主体成立青年 CEO 俱乐部，连续举办三届“芒果青年说”，鼓励创新、发现创意，让最优秀的节目创意发挥最重要的作用。

“如果说湖南广电的‘芒果 TV’是要让主流媒体在全国视频新媒体竞争中占领一席之地的话，‘芒果云’就是要在全省的新闻舆论阵地上发挥融合传播的引领作用。”早在创立之初，新闻中心“芒果云”的定位就是集新闻、政务和服务功能于一体，大力整合全台新闻媒体资源，努力实现各类传播终端互动、移动传播矩阵互联、新闻采编流程互通。在筹谋一年半后，“芒果云”新闻客户端在 2017 年 5 月 4 日正式上线运营，前期投入 1 000 万元。新闻中心新媒体事业部主任徐婧同时对口省委书记杜家毫的时政报道，每一次随同采访，她都会换个思路，想方设法从新媒体视野挖掘新角度和报道亮点。在她看来，很多时候新媒体的稿子不是写不出来，也并非上级领导不同意，是当时大家习惯了“固定思维”，没有养成“移动优先”的习惯。经过两年多的发展，“芒果云”通过采编流程再造，对新闻素材进行统一上传、制作、播出、分发，实现素材一次采集、多频道共享、多渠道分发。“新春走基层”直播系列、《扫码扶贫》《高考全程记录》等直播单场点击超过20万次；不定期开设湖南重大会议、发布会等专场直播；还开设了“湖南说”“小芒果解读经济新政”“历史上的湖南那天”等特色板块，从多个角度用体现新媒体特点的报道宣传经济社会发展亮点。

就在2018年12月29日，湖南迎来6年来的最强暴雪天气，湖南台快速反应，第一时间启动应急预案，全员上路，全力以赴投入迎战冰雪报道中。各频道打破原定假日节目编排，及时推出特别节目和直播报道，重点做好服务性资讯和抗冰防寒举措报道，全景、全网呈现全省各地迎战低温雨雪第一现场，荧屏暖流涌动。在这场新闻战役中，虽然传统媒体广播和电视都进行了直播，但仅元旦三天，湖南经视“芒果V直播”共完成《迎战冰雪、温暖跨年》直播26场次，直播时长超1 800分钟，观看量共680万。湖南公共频道在微信公众号“帮女郎”上开设了网络直播，观众不仅可以通过手机看节目，还能实时互动。帮女郎在长沙汽车西站采访时，有网友在直播页面提问：“长途汽车取消了，如何退票？”帮女郎立即采访现场工作人员，告知退票方式。这场冰雪报道再次激发了广电新闻人对新媒体传播的高看一眼。

2019年初，芒果TV和都市频道又走出新的一步。一家新媒体、一家传统媒体，牵手酝酿“芒果新闻”。全媒体时代台网融合，新闻客户端作为传统主流媒体转型突围下的主要新媒体产品，成为面对社会效益的“必需品”。只有面向年轻人、面向市场、面向全国，才是做好“芒果新闻”的前提。海量是基础，特色是生命。全国“两会”已然成为“芒果新闻”打响头炮的实战场，为追梦新时代而歌的“芒果新闻”，带着马栏山与生俱来的“主流、专业、青春”气质，给全国观众奉上一场全方位、立体式、芒果味十足的视觉盛宴。

3 月 3 日，芒果新闻重磅打造的北京前方融媒体演播中心，以“多种生成、多元传播、全方位覆盖”为架构，联动芒果 TV 新闻轮播、直播专区，“先网后台”，打造以“两会快递 ING”为主题的 2019 全国两会全媒体报道矩阵。依托新华社、《人民日报》、中央电视台、湖南卫视等优质平台，芒果新闻打造互联网短视频新闻资讯《直通快递》专栏；在做好“两会”时政新闻集装之外，还重磅打造《小鹤快递》特别节目和《湖南这么好看》《果粉读报告》两档 H5 产品，全线解读习近平总书记对湖南提出的“三个着力”论述三周年、政府工作报告闪光点、湖南代表团重点提案议案等“两会”热点。新闻短视频《土话情深 · 我向总书记捎句话》《我是 13 亿份子之一》，新闻评论《长安街上》等，迅速在网络走红，点击量居高不下，受到中宣部和广电总局的多次表扬。“芒果新闻”是在传统媒体与新媒体之间，开创“你就是我，我就是你”的深度融合新案例；是主力军抢占主阵地，让主流媒体借助移动传播，牢牢占据舆论引导、思想引领、文化传承、服务人民的传播制高点，夺取网上新闻宣传主动权的新实践；更是湖南广电主动践行党媒“举旗帜、聚民心、育新人、兴文化、展形象”使命任务的积极有力的新探索。

如果说综艺等节目需要通过团队之间的竞争来保持创意新鲜的话，新闻更应该是一种资源的比拼，只有有效整合内部资源才能做大自己的蛋糕。新媒体从哪招揽人才，如何“吸粉”和拥有“独家资源”，是眼下“芒果新闻”亟须突破的瓶颈。有了前面的探索，不“求包养”，而是走上拥有“独家资源”和“自负盈亏”的两条腿之路，兼顾社会效益和经济效益的双效统一，成为湖南广电人继续探索的下一个出口。

新闻大片融合传播有影响力系列作品一览表（2013—2019 年 8 月）如表 4–3 所示。

表 4–3　新闻大片融合传播有影响力系列作品一览表（2013—2019 年 8 月）

序号	项目名称	内容	时长	播出平台	团队	牵头人	获奖情况等
1	新闻大片《县委大院》	以纪实的笔调、朴实的画面、平实的视角，记录了湖湘大地上那些不被人关注的老旧县委大院	8 集 / 每集 10 ' 以内	湖南卫视；人民网、芒果 TV、红网等	湖南台新闻中心	主创：杨壮、李越胜、肖永根、聂雄、李欣、尹中、龚文彬	第 24 届中国新闻奖二等奖
2	电视消息《最有爱的“报刊亭爷爷”突发脑出血离世　百名学生流泪悼念》	主要记录百名学生流泪为“报刊亭爷爷”蔡宗义送行的过程	1 ' 49 "	湖南公共频道	湖南台公共频道《帮助直通车》	主创：刘雅利、王一姗、徐婷	第 24 届中国新闻奖二等奖
3	新闻大片《绝对忠诚》	用媒体的力量，讲述一批在艰苦环境中默默坚守，维系着国防、生态、能源、粮食、气候等领域国家安全的人民科学家的故事，传播爱国、忠诚、奉献的精神	9 集 / 每集 15 '	湖南卫视；新华网湖南频道	湖南台新闻中心	主创：杨壮、李越胜、牛嵩峰、肖永根、聂雄、李欣、李晟	第 25 届中国新闻奖一等奖；中宣部《新闻阅评》、湖南省委宣传部《阅评简报》多期刊文对节目进行充分肯定，被受众评价为“弘扬社会主义核心价值观的力作”

（续表）

序号	项目名称	内容	时长	播出平台	团队	牵头人	获奖情况等
4	电视访谈《鸠山由纪夫：特立独行的日本政治家》	在纪念中国人民抗日战争暨世界反法西斯战争胜利70周年的特殊时期，对曾经担任过日本首相的日本政治家鸠山由纪夫先生进行专访，对中日关系及历史与现实问题进行了深入浅出的解读	29'	湖南卫视；新华网等	《新闻当事人》团队	主创：杨壮、范林、王昊旸、牟鹏民、李欢、覃添	第26届中国新闻奖三等奖
5	新闻大片《湖南好人》	选取20世纪70—80年代在县一级曾担任主要领导的8名老同志作为拍摄对象，讲述他们全心全意为人民服务的感人事迹	8集/每集12'	湖南卫视；芒果TV	湖南台新闻中心		2016年度湖南新闻奖一等奖
6	《新闻大求真》栏目	从传言提及的新闻事实出发，用科学实验来验证每一则传言的真假，从中获取健康、实用的服务性知识。内容涉及国民政策、食品安全、健康养生及民生服务等诸多领域	28'	湖南卫视；芒果TV	湖南台新闻中心	制片人：范林	第27届中国新闻奖新闻名专栏奖一等奖
7	电视专题《铁血蓝盔捍国威》	2016年7月10日，我国驻南苏丹维和部队遭遇袭击，造成两名维和战士英勇牺牲，五人受伤。事件发生后，湖南台记者立刻兵分三路，分别前往维和部队在国内的驻地军营、两名牺牲战士的家乡山东莱芜和四川蒲江，行程上万公里，对两名烈士的战友、家人进行深入采访，并且从部队获得遇袭前方第一手视频资料	29'	湖南卫视；芒果TV	《新闻当事人》团队	主创：杨壮、范林、谢伦丁、牟鹏民、游优、李欢	第27届中国新闻奖电视专题三等奖

（续表）

8	电视专题《寻梦蒙达尔纪》	20世纪20年代前后兴起的中国旅法勤工俭学运动，造就了大批杰出人才。蒙达尔纪是当年中国留法学生最集中的城市。该片以蒙达尔纪为主要故事地，生动展示了老一辈革命家救国救民的寻梦之路，展示了中法友谊的不断深化，以及当今中国改革开放的大气象	33'	湖南卫视；芒果TV	湖南台新闻中心	主创：杨壮、肖永根、郑晓、李建飞、张思思、杨帆、罗辉	第27届中国新闻奖国际传播二等奖
9	新闻大片《初心璀璨》	聚焦昌铁强、黄济荣、顾钟平、孙建成、石崇斌、龙再宇、袁定阳等7位在平凡岗位默默奉献了一辈子的老人，通过人物故事带出他们从事的伟大事业及崇高信仰	7集/每集8'	湖南卫视；芒果TV	湖南台新闻中心	主创：杨壮、李越胜、肖永根、戴飞、范林、李欣、刘学波	第27届中国新闻电视系列三等奖
10	新闻大片《为了人民》	聚焦“精准扶贫战场”，记录那些为了人民的小康，忘我付出的“扶贫战士”的故事	8集/每集10'	湖南卫视；芒果TV	湖南台新闻中心	主创：李越胜、王丽辉、聂雄、李欣、邓皎、张一呤、蒋朝晖	第二十八届中国新闻奖一等奖
11	纪录片《我的青春在丝路》	真实记录中国青年在“一带一路”沿线国家挥洒汗水、奋斗打拼的历程，讲述大时代里鲜活的青春故事	三季共计29集/每集10'	湖南卫视；芒果TV	湖南台新闻中心	总导演：傅卓	国家广电总局2018年推荐的优秀国产纪录片

（续表）

序号	项目名称	内容	时长	播出平台	团队	牵头人	获奖情况等
12	纪录片《我们的非洲朋友》	观察17名深耕在非洲的中国同胞和他们的非洲朋友的生活，记录他们的工作，以此讲述中非之间彼此联结、全面务实共建人类命运共同体的伟大故事	6集/每集29'	湖南卫视；湖南国际频道；芒果TV；芒果云App	湖南台新闻中心	制片人：范林	湖南省广播电视局《媒体监管简报》专报第65期点赞
13	新闻直播《新春走基层》	湖南卫视延续“新闻扶贫”模式，连续七年派直播团队于春节期间扎根贫困乡村，开展“新春走基层”的大型直播活动	6集/每集11'	湖南卫视；湖南国际频道；芒果TV			中宣部《新闻阅评》刊文表扬
14	系列短视频《土话情深·我向总书记捎句话》	沿着习总书记在湖南走过的足迹，回访当年总书记亲切接见过的群众，将他们的心声运用说唱、弹幕、网络直播等新颖表现手法记录下来，表达了人民群众对美好生活的新希望和新愿景	7集/每集2'	芒果TV	芒果新闻		芒果TV的两会新闻报道获得2次总局表扬，4次省委宣传部表扬，1次省委网信办表扬，1次省局表扬

【案例二】《连线红土地》新闻大直播

自2019年6月开始，全党自上而下分两批开展“不忘初心、牢记使命”主题教育。湖南台高度重视并多次讨论，决定以连线大直播的方式，率媒介之先掀起“不忘初心、牢记使命”的主题教育热潮，最终选取湖南省内8个点、江西和福建两地5个红色策源地，开展新闻连线直播。6月13日中午，集团公司《连线红土地》大型连线直播在中共湘区委员会旧址长沙市清水塘正式启动，省委宣传部副部长、省政府新闻办主任卿立新，湖南广播电视集团各部门、单位负责人和芒果新闻人、长沙市青年党员干部代表、湖南省青年学子代表，共同参与启动仪式，现场近300人一起重温入党誓词，洪亮高亢的誓言在中国共产党长沙历史馆上空回荡。

这次大规模、大矩阵、大手笔的新闻直播“战役”以“红色初心”为宣传核心进行展开，创新性打造多屏交互式宣传路径，多元凸显节目的深层次社会价值和精神价值，受到业内和外界的热议。湖南卫视《连线红土地》节目话题及短视频阅读量高达1 000万次；湖南经视建立的专题话题阅读量673.1万；湖南都市直播平台累计播放量超170万，单次现场直播活动观众人数最高近2 000人；芒果TV先网后台发布特别栏目宣传片、制作H5特辑等方式，上线视频103条，累计播放量达110万次。这场大规模、大矩阵、大手笔的新闻“战役”全面展现三省红色热土上新中国成立70年来发生的变化，实现宣传效果和影响力的最大化。

节目整体呈现出如下特点。

情动人：以于都这期为例。1934年，8.6万名红军从这里开始长征之路，每五个人中就有一个于都人。在于都，90%以上都是红军后代，这是他们最自豪同时也是最为锥心的情感。85年过去，已经历了几代人，但他们回忆起这段历史，依然是刻骨铭心。几位年轻编导在采访时数次哽咽，所有观看这期节目的观众也接受了一次革命的洗礼。“北上无音讯，归来是忠魂。”看青春流血感悟苦难辉煌，因一颗为实现民族独立和人民解放的“初心”，红军战胜艰难险阻，走向新生。回望历史，思索当下，我们看到了鲜血，读懂了牺牲。

感触深：直播中三家频道共计投入记者、摄像团队近170人，蔡祎、方锋、陈晨等13名记者，在奔赴下一个采访点的车上，写下一篇篇“记者手记”，以深刻的感受记录下他们的报道初心，在去发现、去思考、去展现过程中，践行“四力”讲好长征故事，坚定跑好属于自己的这一棒。通过这次直播活动，新闻记者已经从一个观察者、记录者的身份，感悟到职业的初心和使命，不知不觉中成为主旨精神的践行者。

有成效：对《连线红土地》之前的直播点进行的回访报道发现，节目播出后，前往烈士纪念园，缅怀革命先烈、传承红色文化的省内外党员干部及普通市民越来越多。例如道县烈士纪念园开园仅20天，接待游客4万多人，推动了当地红色旅游业的进一步发展，让红色资源得到更加广泛的传播。

在直播启动仪式上杨壮曾说：“新闻立台是广电湘军一贯的坚持，早在18年前，我们也是从这里出发，开始《连线红土地》。在2019版《连线红土地》中，大家用一滴滴汗水，收获青春无悔、初心无悔、真爱无悔。在新闻光荣的旅途上，有时候探索比到达更可贵，18年前的探索与今天的探索、明天的到达同样可贵，因为它们始终与我们的初心同在。”

加快媒体融合　讲好中国故事

习近平总书记在主持中央政治局第十二次集体学习时，要求媒体工作者“要把握国际传播领域移动化、社交化、可视化的趋势，在构建对外传播话语体系上下功夫，在乐于接受和易于理解上下功夫，让更多国外受众听得懂、听得进、听得明白，不断提升对外传播效果”。习近平总书记的指示，为我们的对外传播指明了方向：要适应新时代的要求，推动媒体融合发展，让中国故事更加吸引人，让中国文化走得更远。

互联网数据研究机构 We Are Social 和 Hootsuite 发布的最新数字报告显示[①]，全球人口数 76.76 亿人，其中手机用户 51.12 亿人，网民 43.88 亿人，有 34.84 亿人活跃在社交媒体上。由此可见，在信息化时代，新媒体对国际传播方式变革有巨大推动作用，新媒体技术的迅速发展，尤其是全球性社交媒体平台的出现，冲击了传统国际传播的格局，为中国媒体打破西方主流媒体对国际话语渠道的垄断、提升自身国际传播竞争力带来了机遇。面对新的机遇与挑战，湖南广电以国家战略推动地方作为，积极创新中国故事国际传播，拓展中华文化走出去的前沿滩头阵地，已成为广电走出去的重要力量。特别是近年来，湖南广电从加快媒体融合发展入手，按照“融合发展，以我为主”的媒体融合战略，以“湖南卫视、芒果 TV 双平台驱动”构建多元化的对外传播途径，在打造平台、讲好故事、发挥优势等方面进行了有效的探索。

自建平台，让传播无远弗届

“未来媒体要走出去，更多的是靠互联网走出去。”湖南广电对此有深刻的认识。早在 2015 年 3 月举行的湖南广播电视台建设新型主流媒体学习研讨班，就提出“在传播范围上，我们影响到的市场以国内为主，还不能广泛参与全球竞争，国际化程度还不高，我们要突破窄域传播的局限，变国内传播为互联网环境下的全球传播，要使我们的传播无远弗届”。

① 《最新全球网民数量公布：中国增长规模排名第二》（https://www.sohu.com/a/292577289_163726）。

这次会议后，整个湖南广电都沉浸在要在新媒体领域破釜沉舟干出一番事业的氛围中。经过 5 年的市场磨炼，芒果 TV 从无到有，从小到大，成长为仅次于爱奇艺、优酷、腾讯视频的第四大视频网络媒体，完成了全球 195 个国家和地区的文化输出，累计海外观众规模超 1 450 万。同时，芒果 TV 在 YouTube 上开设专区，总点击量达 73 亿次，总互动次数达 5 809 次，累计观看时长突破 11 亿小时；在脸书各频道账号累计订阅粉丝超过 30 万，主频道单天覆盖人数峰值超过百万。芒果 TV 现已成为中国文化走出去的重要窗口和沟通桥梁。

借助别人的平台出海只是第一步，打造自己的平台、培养自己的用户才是王道。2018 年 3 月，芒果 TV 国际 App 正式上线，这是芒果 TV 打造内外一体、协调联动、差异互补的海外融合传播体系的创新尝试，单日新增用户涨幅高达 553%。该平台现阶段以海外华侨为目标受众，首先在东南亚、北美及"一带一路"沿线国家和地区进行重点推广。从长远来看，芒果 TV 国际 App 将充分利用本平台已有内容优势、海外传播及版权发行优势，整合国内更多优质华语视频内容，建立海外控制中心和 CDN，突破华语节目人群限制，主动融入海外主流市场和主流人群。芒果 TV 国际业务负责人茆芸、尹思静介绍："目前国际 App 已储备超过 2 000 小时外语字幕库，语种多达 12 个。海外活跃用户量一直保持高速增长，季度增幅达 236%。"部分华语 YouTube 频道订阅用户数如表 4–4 所示。

表 4–4　部分华语 YouTube 频道订阅用户数（截至 2019 年 8 月）

频道	订阅用户数
湖南卫视芒果 TV 官方频道 China HunanTV Official Channel	3 324 051
WeTV 腾讯视频	2 118 460
优酷	735 025
CCTV 中国中央电视台	542 824
Chinese Iqiyi Video 中国爱奇艺视频	4 562

从“走出去”到“走进去”

2017 年 6 月 7 日，中国优秀电影展映周在哈萨克斯坦阿斯塔纳开幕，湖南广电代表团应邀出席展映周开幕式，受到当地民众的热烈追捧，《歌手》总导演洪涛在现场的受欢迎程度不逊于任何一位国际明星。

之所以出现火爆的“追星”现场，正是因为湖南卫视《歌手》在哈萨克斯坦的热播。2017 年，《歌手》邀请了哈萨克斯坦的年轻歌手迪玛希参赛，他以独特嗓音和音乐表现力征服了中国观众，粉丝一夜之间由零增长到二十几万，被观众亲切地称为“进口小哥哥”。哈萨克斯坦迅速引进了这个节目，每到周五晚上，中哈两国的观众就翘首以待。同期参赛的中国歌手在哈萨克斯坦家喻户晓，年轻的迪玛希在哈萨克斯坦也俨然成了“民族英雄”。习近平主席访问哈萨克斯坦之前，在哈萨克斯坦《真理报》上发表署名文章，称赞迪玛希为中哈友谊的使者。湖南卫视的节目内容在海外主流人群中的影响越来越大，从“走出去”到“走进去”，不拘一格进入主流市场，影响主流人群。《歌手》至今已连续举办 7 季，对于节目的成功，制片人洪啸认为，“要真正实现‘走进去’，最重要的是优质的内容、国际范的视野”。

正是由于湖南台拥有强大的优质内容资源，因此，其国际化布局充满优势，“文化出海”也更具影响力。《“四海同春”全球华侨华人春晚》自 2015 年举办以来，已连续五年在春节期间通过湖南卫视、湖南国际频道和芒果 TV 的网络端 YouTube 频道等平台面向全球 70 多个国家和地区播出，全面覆盖全球华人，推及人次过亿。湖南卫视《中餐厅》深度推广中华美食文化，节目第一季播出后收获好评无数，在中泰两国掀起了一股文化交流热潮。2018 年，《中餐厅 2》节目作为中法文化交流的重点项目备受瞩目，获得了法国驻武汉总领事馆及科尔马市政府的大力支持，播出成绩也不负众望，网络累计播放量超过 20 亿，还在马来西亚、文莱、新加坡等国家及港澳台地区发行。《中餐厅》的“带货”能力超强，节目播出后，拍摄地科尔马的游客量同比暴增 401%。文化走出去的节目很多，为何偏偏《中餐厅》能脱颖而出？节目制片人王恬认为“靠内容本身打动人心”,《环球时报》给出的答案是“专注讲好中国故事”。[①] 芒果 TV 综艺节目《妻子的浪漫旅行》将第一个与中国签署“一带一路”相关备忘录的欧洲国家匈牙利，作为节目的一个目的地，通过文化旅行情感类综艺节目的样式，为文旅融合站台。

除深耕中国特色的综艺节目，近年来湖南广电在主旋律内容创制上也大胆“走出去”。由芒果 TV 出品、团中央宣传部和湖南台新闻中心承制的特别节目《我的青春在丝路》，真实细致地记录在“一带一路”沿路国家不同领域的中国青年逐梦丝路、挥洒汗水的故事，上线芒果 TV、芒果 TV 国际 App 后，得到海内外媒体的广泛关注，播放量大幅上涨，总播放量达 5 000 多万。该片被中宣部列为国家“一带一路”整体宣传计划的重点项目，并被作为外交礼物输出到国外。

2018 年 12 月底，台新闻中心与老挝国家电视台联合制作的纪录片《湘商闯老挝》在老挝国家电视台播出。老挝新闻文化旅游部副部长沙万坤·拉沙蒙表示：“纪录片对促进老挝与湖南、与中国的友好交往和经贸往来具有重要意义。希望老挝国家电视台与湖南广播电视台继续加强在节目制作、版权交流等方面的务实合作，为建设中老命运共同体做出新的贡献。”

抓住年轻人的心

美国相关调查显示，网飞和 HBO Go 等在线流媒体服务的兴起改变了美国人特别是年轻人的媒体习惯。[②] 61% 的年轻人（18~29 岁）表示，他们现在看电视的主要方式是流媒体服务，只有 31% 的年轻人收看有线电视或卫星电视，还有 5% 通过数字天线收看电视节目。面对新形势，抓住年轻

① 《〈中餐厅 2〉：塑荧屏清流，讲中国故事》(http://www.sohu.com/a/256807368_247520)。

② 《超过 60% 的美国年轻人收看流媒体服务》(http://www.199it.com/archives/635688.html)。

人，应该是更快捷地进入主流市场、主流人群的最有效途径之一。得到年轻人的心，则意味着得到未来。

吸引年轻人的目光、深耕年轻人的市场恰恰正是湖南广电的优势。早在 2003 年，湖南卫视就提出了“锁定年轻”的市场定位，经过多年发展，目前已成为国内年轻受众最多、影响最大的频道。2005 年由于《超级女声》的火爆，李宇春登上美国《时代周刊》。《还珠格格》《一起来看流星雨》《爸爸去哪儿》《我是歌手》《快乐大本营》《天天向上》等一批以年轻受众为主要对象的优质内容在海外备受青睐，相继发行至马来西亚、新加坡、美国、澳大利亚、加拿大等国及中国香港和中国台湾的主流电视平台，甚至在马来西亚、新加坡、美国电视平台实现了保留台标的同步直播。

由湖南卫视承制的《汉语桥世界大学生中文比赛》经过 17 年沉淀，吸引 120 多个国家的上百万名汉语爱好者参与，已经成为世界青年人文交流的知名品牌，对各国青年的影响力越来越强。

2018 年，《歌手》邀请在英美主流社会具有举足轻重影响力、在伦敦奥运会上担任主唱的 Jessie J（婕西）。她的参赛在中国的音乐爱好者中是个大新闻，在英美的广大年轻歌迷中也是爆炸性的消息，引来包括 BBC、Mirror、SkyNews、ITVNews、Yahoo 等数十家英国主流媒体竞相报道，直接影响到它们的主流人群。歌手们的参赛视频及体验内容，在脸书、YouTube 等社交媒体上持续传播，并由中外年轻网友自发进行二次传播，点击量破千万。在海外最大视频网站上，湖南卫视单独开辟的《歌手》官方频道有 90 多万的订阅数，其中除了海外华人，很大一部分订阅者来自东南亚及欧美国家的年轻用户。

跨国共研之路

在新形势下，文化走出去，要立足于“卖出去”，“卖出去”不是“送出去”，只有海外观众接受你、认同你、有需求，才会愿意掏钱。要实现从“送出去”到“卖出去”，对中国影视文化产品而言并不是简单的事。商务部服贸司的数据显示，2018 年，我国对外文化服务出口 72.9 亿美元，文化服务进口 273.4 亿美元，贸易逆差达到 3 倍之多。[①] 在当前的全球影视市场中，中国影视所占份额依旧很低，影响力有待提升，中国影视走出去任重而道远。路虽艰难，但湖南广电一直在探索前行，大胆尝试“走出去”与“引进来”相结合策略，海外合作与投资开始破题。

除传统内容版权销售这一主要海外营收模式之外，湖南广电也逐渐开始在模式“宝典”研发、内容资源互换、数字版权交易、海外电影投资等领域布局，如湖南卫视研发中心先后就与英国 ITV、德国康斯坦丁公司，以及日本、荷兰等国的顶尖创意机构启动“跨国共研”，创新节目模式。2019 年 4 月 7 日在法国举办的 MIPTV 春季戛纳电视节上，《声入人心》原创模式签约发行北美地区，这是继《声临其境》《摇啊笑啊桥》之后，湖南卫视向海外输出中国节目模式的又一成功案例。对于此次的成功，湖南卫视创新研发中心主任罗欣深有感慨，“前几年大家全扑到海外去买模式，我们只知道买，不知道卖，欧美也不知道怎么来接受你的东西，现在我们终于迈出了具有实质意义的第一步了”。

近年来，芒果 TV 与 Discovery 合作，拍摄《功夫学徒》，将具有代表性的中国职业实现“中国故事，国际表达”；芒果娱乐则通过与菲律宾、泰国等影视制作公司的合作，积极参与到海外电影项目合作中去；电广传媒与美国狮门影业牵手合拍近 30 多部作品，《爱乐之城》《奇迹男孩》等影片在全球收获良好口碑。马栏山文创投资有限公司拟与美国智慧资本商业银行（Ocean Tomo）、新净信等公司共同打造马栏山国际数字版权交易中心，力争为全版权运营保驾护航。

---

① 《2018 年我国对外文化贸易实现快速增长》（http://www.cssn.cn/ddzg/ddzg_ldjs/ddzg_wh/201903/t20190317_4848900.shtml）。

基于芒果TV稳定的海外发行业务，湖南广电还加快与中国移动、联通、华为、CNC（新华网络电视）等运营商的海外战略合作，加速拓展与AppleTV、Rodu、FireTV、GoogleTV等海外开放式OTT平台的内容落地，逐步渗透海外主流人群，进一步扩大海外用户群。但总体而言，华语内容对非华裔族群的影响力辐射不够，在地化的营销方式十分欠缺。这些问题都应当在项目实施中与合作伙伴充分协商研究，联手当地新媒体宣传伙伴，进行有针对性的项目宣传，才能确保节目内容在大批量覆盖的同时真正赢得人心，最终再回归内容、指导项目。“发展到今天的信息资讯扁平化后，我觉得要产生更大的影响，大家之间的合作共研才是出路。”湖南卫视总监丁诚在中英创意产业CEO论坛上如是说。

湖南广电正以国际化战略为抓手，探索中国声音、中国故事在国际舞台的新站位、新语态，探索一条中国广电打造国际化品牌的新路子，实现湖南广电从新型主流媒体“小舢板”到“大航母”的转型升级。

【案例三】《歌手》：走向世界的顶级音乐综艺节目

从《我是歌手》到《歌手》，经过7年的不断累积和大胆尝试，节目以包容、开放、多元的姿态响应“文化走出去”战略，用音乐在不同文化间架设起沟通的桥梁。

以国际音乐水准为考量，吸纳多位歌手登台

作为顶尖歌手竞演形式的真人秀，《歌手》旨在集结乐坛资深唱将、中流砥柱和新生代佼佼者打造高水平的视听盛宴。节目致力于打造国际影响力，这个目标必然要落实到歌手本身，因此，邀请本土以外的优秀歌手，

促进和而不同、兼收并蓄的音乐文化交流，成为节目“走出去”的基石。7年来，有多位歌手登上舞台。

《我是歌手》第一季完全立足华语乐坛，其中中国港台歌手占到一半的比例；从第二季开始引入曹格、品冠等马来西亚籍歌手，开始慢慢实现“放眼全亚洲”的目标。随后几季，歌手的范围逐渐扩充到新加坡、马来西亚、韩国、菲律宾等国，特别是《歌手2017》，由于邀请哈萨克斯坦歌手迪玛希参赛，获得了两国人民的广泛关注。

如果说引进哈萨克斯坦小哥哥迪玛希是《歌手》迈向欧美市场的一次试水，那么2018年邀请Jessie J则是一次华语流行乐与欧美流行乐的全面交流与融合。按照当时网友的话来讲“Jessie J的咖位足以顶半个亚洲歌坛”，她的影响力是全球性的。Jessie J也不负全球乐迷期待，拿下这一届“歌王”荣誉。Jessie J的夺冠其实说明中国观众有着自信、开放、包容的心态，而像《歌手》这样的优秀音乐综艺恰好在此过程中，潜移默化地感染并提高着观众的音乐素养和欣赏水平。有观众如此评价《歌手》:“这是一种深层次的国际文化传播，折射出节目巨大的辐射力，亦从一个侧面构建起节目主动打造国际影响力的负责任的形象。”

以融合新媒体为契机，全面拓宽对外传播渠道

在互联网时代，好的传播渠道是优质内容快速传播的关键元素。从第一季开始，凭借着全网络的播出，《我是歌手》就引发了台湾观众的广泛关注，并被台湾民进党评价为“入岛入户入脑”。[①] 而从第3季开始，节目的网络版权归属芒果TV后，渠道和内容的全面融合，有力助推了节目更广

① 《苏贞昌谈〈我是歌手〉：要警惕大陆“入岛入户入脑”》(http://news.ifeng.com/taiwan/3/detail_2013_04/14/24199328_0.shtml)。

泛的国际化传播。“从芒果TV独播开始，芒果TV会根据每期节目特点制作相关衍生节目，比如《歌手》的台前幕后，力求让品牌节目创作出更多的衍生价值、吸引更多的网络关注度。”《歌手》制片人洪涛介绍道。

芒果TV为推动《歌手》“走出去”不遗余力，2017年随着迪玛希在《歌手》舞台上“横空出世”，芒果TV顺势而为，将《歌手》推出到哈萨克斯坦国家电视台——哈巴尔电视台播出。乘着在哈萨克斯坦成功落地的东风，《歌手》的相关话题在当地社交媒体上持续发酵。2018年，由于《歌手》本身节目质量的“声动亚洲”，以及Jessie J这样的欧美天后级实力歌手加盟，芒果TV成功实现将节目在马来西亚最大跨媒体公司Astro旗下高清中文频道全佳HD台、新加坡HUB都会台、美国天下卫视三家国外电视台同步播出。随着2018年芒果TV国际版App的面世，芒果TV实现了从“借船出海”到“造船出海”的转变，《歌手》等优质内容“走出去”的渠道更为宽阔，也自然吸引到更多来自全球的目光。芒果TV国际版App的运营人员介绍，《歌手》是芒果TV国际App上最火的产品，点击量最多。

以中外音乐交流为载体，打造国际顶级音乐综艺

《歌手》播出的7年，湖南广电始终如一地坚持做一档音乐竞技类节目，既要巧妙地利用视听符号，又要用心营造视听盛宴，除了始终保持昂扬的创制激情，更有一种“歌手精神”在鼓舞士气。“说白了，其实就是文化自信。”《歌手》制片人洪涛如是说，“这么多年，节目以音乐交流为渠道，致力于继承和弘扬中国音乐，以中国音乐彰显文化自信，我们觉得做这样的事情，有意思，也有意义。”

文化自信，是更基础、更广泛、更深厚的自信，是更基本、更深沉、更持久的力量。于是，在《歌手》舞台上，观众看到林志炫将中国风歌曲《卷珠帘》与一首中世纪英国民谣《*Scarborough Fair*》无缝对接，来一次

中西合璧的音乐交流；看到韩磊演唱《可爱的一朵玫瑰花》《鸿雁》《掀起你的盖头来》等经典歌曲时，主动担负起“民族乐器科普员”的职责；也曾见识过腾格尔在《天堂》中深沉悠远的意境、铿锵顿挫的演唱，以及呼麦、马头琴等民族元素的水乳交融，连 Jessie J 都惊叹不已：“我从来没见过这种风格的演唱，太厉害了！”还有把中国传统戏曲文化与流行音乐混搭的“古风派”霍尊，大胆将摇滚、爵士等元素加入民族歌曲中的谭维维，致力于民族音乐国际化的 HAYA（哈雅）乐团等歌手，都让观众津津乐道。

回顾《歌手》，一路走来，历经风雨，虽难免遭遇瓶颈，但其在中国音乐类真人秀节目中树立的标杆性地位得到广泛认可，其在坚定文化自信、打造国际影响力上的执着探索具有一定的开拓价值与典型意义。而这一切历程的背后，其实反映出湖南广电努力让优秀文化产品“走出去”的决心与魄力；“不忘初心”，执着于对传统文化的传承和发扬；吸收外来，彰显了看世界的眼界和胸襟；面向未来，激发出打造中华文化走出去生力军的勇气与智慧。

打造有时代记忆的媒体平台

“不创新，毋宁死”，这句话一直以来都被奉为湖南广电人深入骨髓的工作理念。用投入保障创新，用制度推进创新，用人才激发创新，除了在新闻宣传上以主力军抢占宣传舆论主阵地外，各媒体特别是湖南卫视和芒果 TV，在内容编排上大胆重构，让黄金时段、黄金版面更具主流价值的“含金量”，坚持对年轻受众的价值引领、坚守媒体责任，不断丰富平台的思想内涵，弘扬真善美，传递正能量，让文化思想宣传工作向着“举旗帜、聚民心、育新人、兴文化、展形象”的使命任务不断迈进。自2013年以来，湖南台立足于媒体的价值表达，已连续6年公开发行《湖南广播电视台社会责任报告》，接受公众检阅和考评。这厚厚6本凝聚着湖南广电社会责任与使命担当的报告，是6年的时光里湖南广电人用情怀与大爱写就的。

坚持对年轻受众的价值引领

IP、潮流、跨界、创新……湖南广电用年轻人喜欢的方式赋能品牌，因循年轻人“进化”的脚步，坚持把引导青少年树立正确的人生观、世界观、价值观作为重要的职责使命，从频道、频率的设置到节目、栏目的定位，从日常内容生产到特别节目的策划，从传统广播电视到芒果TV、芒果云等新媒体平台，突出年轻态的话语体系，以轻松活泼、年轻人易于接受、新媒体乐于二次传播的内容和形式，寓教于乐，引领青春，助力成长，引领主流舆论。

推出一大批青少年喜闻乐见的文艺节目

湖南卫视王牌综艺栏目《快乐大本营》自1997年开播至今已经播出22年，节目常变常新、寓教于乐，深受广大观众特别是青少年的喜爱，成为中国电视界“最长寿”的综艺节目。该节目不断创新公益环节，让快乐成为一种力量，传递芒果综艺的“初心”。道德礼仪脱口秀节目《天天向上》致力于中国公民道德、礼仪的推广，并成功孵化出中华优秀传统文化传承推广栏目《中华文明之美》，以传统文化情景剧的形式在湖南卫视黄金时段播出，受到中宣部、国家广电总局刊文点赞。湖南卫视《快乐中国毕业歌会》创新舞台表现形式，以极具仪式感的舞台呈现，让观众看到自信、勇敢追梦的中国青少年积极向上的集体群像。金鹰卡通卫视《中国新声代》以“听孩子们唱歌、为孩子们写歌”为价值落点，推出“原创歌曲征集大赛”，打造专属孩子们的歌唱舞台，呈现“00后”和“10后”青少年儿童的风采；动画片《龙的传人》《翻开这一页》《犟驴小红军》等，用兴趣为文化传承加码，让童心感受浓厚文化底蕴。此外，湖南卫视精心打造的“跨年演唱会”、“小年夜春晚”、“七夕歌会”、“五四晚会”、“元宵喜乐会”及金鹰节系列晚会等，以文艺的方式传承推广中华传统文化，深受大众喜爱。

直面青少年成长话题进行教育引导

湖南卫视原创青少年健康成长心理释放表述节目《少年说》为“00后”垒筑一座“勇气台”，讲述成长故事，展示青春模样。科普节目《我是未来》打开青少年全新眼界，让青少年在沉浸式的环境中感知科技、感知未来，节目播出后反响强烈，主创人员受邀在国家广电总局宣传例会上做经验分享。从湖南卫视移师到芒果TV的青春励志生活类角色互换纪实节目《变形计》，直击当代中国青少年教育和成长问题，至2019年已制作播出18季。芒果TV自制节目《放学别走》探讨与青少年相关的先锋性、多元化话题，正确引导父母与孩子沟痛，融洽亲子关系。

培育青少年社会主义核心价值观

重点理论节目《社会主义“有点潮”》《新时代学习大会》用年轻人喜欢的形式，呈现重大政治主题，引导广大党员干部和青年学生领会新思想，拥抱新时代。芒果TV与湖南经视联合制播的纪录片《不负青春不负村》，聚焦投身乡村振兴的青年大学生，全景展现当代青年的新风貌和人生价值的新选择。正如片中年轻人所言："青春，是在点点晨光中，无悔自己的决定；是跋山涉水，亲吻大地的芬芳！"湖南广播交通频道《国生开讲》栏目针对年轻听众，特别推出"一起学《论语》"小环节，在碎片化传播中展现传统文化的大情怀。同时，各媒体编排播出《人民的名义》《秋收起义》《彭德怀元帅》《麻雀》等优秀电视剧作品，全方位传递社会主义核心价值观。

经过多年探索和品牌打造，近年来，湖南广电媒体气质面貌焕然一新，主流宣传更主流，年轻定位更明晰。特别是湖南卫视内容定位保持正确的文化追求，紧紧抓住年轻人，对年轻人具有引领潮流性质，客观上抵挡了"韩流"来袭，成为社会各界直至上层领导的共识和期望。

坚持把社会责任扛在肩上

乐善有恒，大爱无疆。作为党管媒体，湖南广电始终坚持把社会效益放在首位，牢牢把握正确导向，着力壮大主流宣传，以助力经济社会发展、服务民生为己任，大力倡导公益精神，将"公益"深植于创新的血脉当中，从节目内容、公益广告到各种公益活动、扶贫行动，始终铭记责任初心，彰显主流媒体应有的情怀与担当。

公益节目引领荧屏新风

近年来，公益文化类节目成为湖南台荧屏一大热点，从《儿行千里》的"家风随行，跨越时间与距离的精神陪伴"，到《让世界听见》的"用一首歌，为爱发声，为梦助力"；从《快乐大本营》的"温暖有你，快乐出发"，到《天天向上》的"天天向善·公益帮事"，一系列文艺节目传递

“初心”和“温暖”，引领观众树立守正、修身、行善的正确价值观。湖南卫视《亲爱的·客栈》“综艺 + 公益”模式收获零差评，被主流媒体点赞为“综艺正能量”，节目结束后，节目组将客栈捐给当地，体现出公益节目与节目品质的融合。广播交通频道连续 18 年开展“爱心送考”公益活动，从长沙推广到全国百城，成为享誉全国的一张爱心名片；湖南经视频道的“爱心改变命运”、湖南公共频道的“音乐梦想教室”等活动，全力聚焦教育扶贫，照亮孩子的美好未来，体现出以人为本的媒体关怀，真正将“公益先行，弘扬正能量”的理念落到实处。

公益广告务实见成效

全台各媒体逐年加大公益广告播出力度，其中，2018 年播出电视公益广告 107 095 条次，总时长 62 954 分钟，较 2017 年增幅高达 60.1%，占商业广告播出量的 8% 左右，远超国家广告总局 3% 的播出要求；广播媒体播出公益广告 70 020 条次，同比增长 20%（见表 4–5）。特别是自 2017 年以来，湖南广电开展“青春扬益”公益广告创制活动，至 2019 年已连续实施三年，面向全台所有内容制作团队征集、制作公益广告，并优选作品全媒体高频播出，引领媒体公益形象。首届活动中的《年轻党员的朋友圈》《连结世界　扣近彼此》等相关作品先后摘获中国公益广告黄河奖金奖、“白兰杯”一等奖、国家广电总局公益广告扶持项目等奖项；第二届“青春扬益”公益广告征集方案 613 个，制播 25 条精品，摘获公益广告黄河奖 7 座奖杯，9 个项目入选总局 2017 年度扶持；在广电总局 2019 年 7 月 24 日公示的 2018 年度广播电视公益广告专项资金扶持项目评审结果中，6 个项目获扶持，集团获播出机构二类扶持。“青春扬益”三季公益广告作品如表 4–6、表 4–7、表 4–8 所示。

表 4–5　2017 年 1 月—2019 年 7 月公益广告播出情况

年份	次数 / 时长	广播媒体	电视媒体	总数
2017	播出次数	21 215	64 659	85 874
	播出时长（分）	40 564	53 090	93 654
2018	播出次数	70 020	107 095	177 115
	播出时长（分）	58 360	62 954	121 314
2019 年 1—7 月	播出次数	43 280	56 221	99 501
	播出时长（分）	36 420	40 080	76 500

表 4–6　“青春扬益”第 1 季（2017 年）公益广告作品

类别	主题	项目名称	时长（秒）	制作团队	获奖情况
电视类	共产党执政为了谁	年轻党员的朋友圈	90	湖南卫视刘建立团队	国家广电总局 2017 年度广播电视公益广告一类扶持；2018 年度中国公益广告黄河奖金奖；国家广电总局庆祝新中国成立 70 周年优秀公益广告作品
		无热爱，不先进	70	湖南卫视潘瑞芳团队	2017“白兰杯”优秀奖
		为了美好生活，中国共产党和你一起奋斗	105	湖南娱乐频道	—
	亲子教育	亲子教育　拒绝语言暴力	60	湖南娱乐频道	国家广电总局 2017 年度广播电视公益广告三类扶持
		别让你的孩子被手机带大	60	湖南娱乐频道	2018 年度中国公益广告黄河奖银奖
	全民阅读	一书一世界　阅快乐阅青春	120	湖南卫视秦明团队	2018 年度中国公益广告黄河奖银奖
	绿色发展绿色生活	绿水青山就是金山银山	40	湖南卫视沈欣团队	2017“白兰杯”入围奖

（续表）

类别	主题	项目名称	时长（秒）	制作团队	获奖情况
电视类	绿色发展 绿色生活	别让现在售空 未来	45	湖南经视 频道	—
		环境不可美颜	45	金鹰卡通 频道	2017“白兰杯”入围奖
		脉·保护河流就 是珍爱生命	45	湖南卫视 徐晴团队	国家广电总局2017年度广播电视公益广告三类扶持
	一带一路	连结世界 扣近彼此	60	湖南国际 频道	2017“白兰杯”一等奖；国家广电总局2017年度广播电视公益广告二类扶持；2018年度中国公益广告黄河奖金奖
	社会文明	爱在传递 青春态度	60	湖南卫视 研发中心	—
	工匠精神	得之于手　而应 于心	60	湖南卫视 刘建立团队	国家广电总局2017年度广播电视公益广告二类扶持；2018年度中国公益广告黄河奖铜奖
		艺执着　德有心	60	湖南国际 频道	2017“白兰杯”优秀奖
	关爱 残疾人	一样的梦想一样 的光芒	60	湖南公共 频道	国家广电总局2017年度广播电视公益广告二类扶持；2018年度中国公益广告黄河奖铜奖
广播类	绿色生活	纸箱的独白	60	广播音乐 之声	—
	精准扶贫	家乡需要我， 也是诗和远方	60	广播新闻 频道	2017“白兰杯”入围奖
	全民阅读	读书随处净土	45	广播金鹰 之声	2017“白兰杯”优秀奖
		每天半小时	50	广播传媒 中心	2018年度中国公益广告黄河奖银奖
	中国梦	走好自己的 长征路	60	广播金鹰 之声	—
		用双手，让梦想 照进现实	60	广播金鹰 之声	国家广电总局2017年度广播电视公益广告三类扶持

（续表）

类别	主题	项目名称	时长（秒）	制作团队	获奖情况
机构类	—	湖南广播电视台	—	—	国家广电总局2017年度广播电视公益广告传播机构一类扶持

表4–7　“青春扬益”第2季（2018年）公益广告作品表

类别	主题	项目名称	时长（秒）	制作团队	获奖情况
电视类	改革开放	致敬长沙	60	湖南卫视创新研发中心	—
		改革同龄人，我们共成长	系列	湖南卫视创新研发中心	—
		自行车上的婚礼	60	广播传媒中心	—
	中国梦	放飞梦想，绽放初心	60	湖南电视剧频道	—
		快乐中国同心圆	60	湖南电视剧频道	—
	扶贫攻坚	幸福在路上	60	湖南电视剧频道	—
	三新	让世界听见中国的新时代	70	湖南卫视潘瑞芳团队	国家广电总局2018年度广播电视公益广告二类扶持
	文化传承	汉字书千年，文脉永流传	90	湖南卫视刘伟工作室	国家广电总局2018年度广播电视公益广告三类扶持
		节气人生	60	湖南卫视罗煦明团队	—
	幸福奋斗	我的二维码名片	60	湖南卫视潘瑞芳团队	—
	青年担当	年轻党员的选择	90	湖南卫视刘建立工作室	2018“白兰杯”二类扶持；国家广电总局2018年度广播电视公益广告二类扶持；国家广电总局庆祝新中国成立70周年优秀公益广告作品

（续表）

类别	主题	项目名称	时长（秒）	制作团队	获奖情况
电视类	社会文明	文明就在一点点	45	湖南都市频道	—
		让网络干净一点，再干净一点	60	湖南芒果娱乐公司	—
	亲子教育	门外的风景，心中的世界	60	湖南经视频道	—
	关爱老人	老人与我	60	湖南卫视创新研发中心	—
	保护儿童	警惕儿童异物窒息	45	湖南卫视刘建立工作室	—
	公民道德	谢谢你照亮我回家的路	60	湖南台新闻中心	—
		做好样的你	30	湖南卫视总编室	—
		成为更好的自己	60	湖南卫视创新研发中心	—
广播类	改革开放	自行车上的婚礼	60	广播传媒中心	—
	生态文明	请珍爱大自然的声音	60	广播金鹰之声	—
	文化传承	爱上中国韵味	45	广播交通频道	—
	文明驾驶	请让出生命线	60	广播经济频道	国家广电总局2018年度广播电视公益广告三类扶持
	一带一路	一带一路，共赢未来	45	广播潇湘之声	—
机构类	—	湖南广播电视台	—	—	国家广电总局2018年度广播电视公益广告传播机构二类扶持

表 4–8 “青春扬益”第 3 季（2019 年）公益广告作品表

类别	主题	项目名称	时长（秒）	制作团队	获奖情况
电视类	新中国成立70周年	青春的半径	60	湖南卫视总编室形象部	国家广电总局庆祝新中国成立70周年优秀公益广告作品
		少年强则国强	—	—	国家广电总局庆祝新中国成立70周年优秀公益广告作品
		年轻党员的“网红”梦	—	—	国家广电总局庆祝新中国成立70周年优秀公益广告作品
		运动步数封面人物	—	—	国家广电总局庆祝新中国成立70周年优秀公益广告作品
		接力奋斗　祖国青春正美好	60	湖南芒果娱乐	—
	脱贫攻坚	运动步数封面人物	60	湖南电视剧频道	—
		家乡的宝藏	60	湖南卫视沈欣工作室	—
	一带一路	通心面　面通心	45	湖南国际频道	—
	社会主义核心价值观	人生第一课（系列）	系列	湖南卫视潘瑞芳团队	—
		无可替代	60	湖南经视频道	—
		伞下有晴天	45	湖南都市频道	—
	年轻党员	年轻党员的“网红”梦	45	湖南卫视刘伟工作室	—
	文化传承	让好传统流行起来	45	金鹰纪实频道	—
	绿色发展	让垃圾分类成为新时尚（系列）	系列	芒果 TV 创新研发组	—
	青春奋斗	少年有志　青春满分	45	湖南公共频道	—

（续表）

类别	主题	项目名称	时长（秒）	制作团队	获奖情况
广播类	新中国成立70周年	世界见证中国改变	60	广播旅游之声	国家广电总局庆祝新中国成立70周年优秀公益广告作品
		快一点，慢一点	60	广播传媒中心	国家广电总局庆祝新中国成立70周年优秀公益广告作品
		1949，如果没有遇见你	60	广播音乐之声	国家广电总局庆祝新中国成立70周年优秀公益广告作品
		祖国在身后	60	广播经济频道	国家广电总局庆祝新中国成立70周年优秀公益广告作品
	脱贫攻坚	有了爸爸妈妈的陪伴	60	广播传媒中心	—

公益行动传播爱与希望

为助力湖南脱贫攻坚战略，湖南台大力开展节目扶贫活动，台新闻中心的“新春走基层”系列直播活动已连续开展7年，达到“直播一地带火一地”的效果。湖南卫视《午间新闻》推出的“扫码扶贫”活动、快乐购频道推出的“一县一品”活动，直接从屏幕帮助贫困县销售特色农产品，有力推进当地经济发展和村民脱贫致富。在省委宣传部的统一部署和具体指导下，湖南广播电视台还于2018年组织创制了石门柑橘、瑶山雪梨、永丰辣酱、祁东黄花菜等9条精准扶贫广告，在全台各媒体免费播出，芒果TV、芒果云、台属各媒体官方微信公众号等新媒体全方位立体传播。其中，台属电视媒体每天共播出76次以上，黄金时段至少10次，一年内投入广告资源近4.9亿元。湖南台还与省邮政公司合作，打通销售渠道，每条农产品广告片中露出二维码销售代码，观众看广告的同时可以直接扫码进行购买，真正拉动这些特色农产品的销售，帮助贫困地区早日实现脱贫致富，永丰辣酱公益广告上线不到 1 个月，邮政二维码平台即销售 5 000 多单（估计 3 吨左右），全年销售额达 6 亿元；石门柑橘片播出以后，当年的柑橘全部销售一空，销售量同比上年增长 35%。始终致力于媒体公益慈善的芒果 V 基金，常年开展“精准扶贫”“周行一善”“益跑”等系列公益活动，与湖南卫视《快乐大本营》、芒果 TV《变形计》等品牌栏目合作推出媒体公益产品，自 2011 年运行以来，已在全国 24 省（市、区）72 市的边远贫困地区留守儿童学校捐建“快乐图书室”513 间、捐建“快乐音乐教室”56 间，募集、捐赠善款已超过 5 亿元，全国 2 000 万人次参与芒果 V 基金活动或参与募捐，惠及人口 10 万余人次。

【案例四】 匠心守业 “青春扬益”

——湖南台公益广告创制实践与探索

近年来，湖南台围绕深入学习宣传贯彻习近平新时代中国特色社会主义思想和党的十九大精神，始终把公益广告创制作为对责任阵地的自觉坚守，践行媒体责任担当、增强媒体“四力”，连续3年精心打造“青春扬益”公益品牌活动，宣传新时代、拥抱新时代，引导青少年，弘扬正能量。据统计，湖南台旗下电视媒体共播出公益广告 160 000 多条次，年平均增幅为 50%，占商业广告播出量平均比例为 8% 左右。广播媒体播出公益广告 90 000 多条次，年平均增幅为 20%。其中湖南卫视全年播出公益广告 5 000 多条次，占商业广告播出量日均比例 8% 以上，年增幅达 15%，取得了良好的传播效果，产生了广泛影响。

守正创新，小故事传播大情怀

以立为本，立破并举。守正是根本，创新是关键。广告宣传要讲导向，尤其公益广告在弘扬社会主义核心价值观、引导正确社会舆论导向，以及培育良好意识形态方面具有明显优势。围绕“共产党执政为了谁”“庆祝新中国成立70周年”“纪念改革开放40周年”“脱贫攻坚”“一带一路”“中国梦”“绿色发展　绿色生活”等主题，湖南台着力打造了一批主题主线公益广告，始终与党和人民同心同向、同步同频。这些作品并非简单的图解，而是通过一些小故事、小切口，传递大情怀、大担当。

湖南台获得国家广电总局2017年度公益广告一类扶持的作品《年轻党员的朋友圈》的故事原型，是湖南省新化县一群年轻的扶贫工作队员。制作团队大胆启用原型演绎自己真实的生活和工作，用时下年轻人喜爱的“朋友圈”概念，把他们的作为连在一起，这种方式见人见事见精神，展现了新一代共产党人脚踏实地、执政为民的情怀与敢为的精神，获得无数观众点赞。

2018年，湖南台创作了《自行车上的婚礼》《改革同龄人，我们共成长》《致敬长沙》《快乐中国同心圆》等一批纪念改革开放40周年的主题作品，从小切口入手，以年轻人喜爱的方式讲述时代变迁，为改革点赞。其中，《自行车上的婚礼》讲述一个家庭两代人婚礼形式的变化，表现了从物质富足到精神丰盈的转变。《致敬长沙》从一群航拍爱好者重飞前辈航线切入，展示时代赋予城市的让人震撼的改变。

2019年，聚焦庆祝新中国成立70周年这一重大主题，湖南台创作了一批立意高、手段新的公益广告，呈现焕然一新的电视公益风貌。《青春的半径》通过描述祖孙三代人青春半径的巨变，体现70年来中国发展对个人、家庭的至深影响。《接力奋斗 祖国青春正美好》以“接力跑”开篇，呈现不同行业的年轻人接力奋斗的状态，通过梦想映射国家成就。

如何在60秒的时间内讲好脱贫攻坚的故事，也是湖南台在公益广告创制过程中的新尝试。2018年9月，湖南台组织创制了石门柑橘、祁东黄花菜等9条精准扶贫广告，在全台免费播出。其中《瑶山雪梨篇》中“她从未走出天子岭，在梨树下培养了两个大学生；他守望着梨园，努力用蹩脚的普通话和城市沟通……”的寥寥数语，讲述当地果农的真实故事，用真情打动观众，引发购买热情。公益广告《年轻党员的选择》运用剧情化拍摄手法，场景重现，还原城市青年下乡办厂扶贫，吸引在外务工父母返乡的感人故事，打动人心。

匠心守业，建机制激发好创意

习近平总书记强调，“要加强传播手段和话语方式创新，让党的创新理论‘飞入寻常百姓家’”。[①]公益广告是广播电视宣传创新的重要抓手，湖南台台党委、台编委会把公益广告创新创制工作提高到捍卫舆论主阵地的高度来认知，多次召开有关会议，专题研究，采取一系列措施，加大投入，以确保全台尤其是湖南卫视公益广告创制不仅有量的保证，并且有质的提升。

广告教父大卫·奥格威说，“除非你的广告建立在伟大的创意之上，否则它就像夜航的船，不为人所注意”。公益广告也是如此。以往公益广告的做法是，拿到一个主题后，由各频道总编室、动画工作室进行图解，但这样的做法缺乏创意、效果不好。由此湖南台决定改变创作机制，发动优秀的一线节目团队来策划、执行完成公益广告创制，锻炼一支不仅能做“大节目”，也能拍摄“小广告”的创作队伍。从2017年起，湖南台面向全台

① 《习近平出席全国宣传思想工作会议并发表重要讲话》（http://www.gov.cn/xinwen/ 2018-08/22/content_5315723.htm）。

制作团队，开展“青春扬益”公益广告创制活动，围绕主题征集创意方案，现场宣讲专家点评，遴选最佳创意方案投入生产，并且由总台承担制作成本。2018年1月，湖南台还印发修订了《关于扶持和奖励公益广告作品的实施办法（修订）》，明确提出了“三个一”：每年度一次公益广告创制活动；一个“金芒果公益广告奖”，每条作品奖金不低于10万元；一次以上公益广告创意专家讲座。“三个一”的实施，极大地激发了一线优秀团队参与公益广告创制的热情，充分发挥他们在创意能力方面的优势，效果明显。在两年多的时间里，全台内容团队提交创意方案近1 200个，最终创作完成精品公益广告73条，投入资金近2 000万元。参与制作的有《快乐大本营》《天天向上》《汉语桥》《声临其境》《让世界听见》等金牌节目内容生产团队的成员，他们以制作精品节目的创作激情制作公益广告。

全台上下共同努力，不断从创意上寻找突破口，解决拍摄中的困难，展现出电视人的匠心，因此，一批契合湖南卫视频道气质且构思精巧的作品得以登上荧屏。《别让你的孩子被手机带大》《一书一世界》《保护未成年人，净化网络空间》《做好样的你》《成为更好的自己》等一批青少年主题公益广告，手法新颖，制作精良，关爱青少年，引导文明养成、文化传承。在创意中，我们还巧妙利用主持人和艺人资源，力邀汪涵、周迅、王源、吴磊、武大靖、彭昱畅等“零片酬”出演《绿水青山就是金山银山》《让世界听见中国的新时代》《汉字书千年》等公益广告作品，以崭新形象和生动语言，倡导公益主张，打动人、鼓舞人、感染人。主持人魏哲浩、刘佳颖、童鹤等则在精准扶贫广告《永丰辣酱篇》《平江山茶油篇》等作品中，走下主播台，实地探访原产地，引领观众感受特色农产品的自然与纯正。

融合升级，多形式推广见成效

“酒香也怕巷子深”，好作品更要有好效果。湖南台创新外宣和编排方式，增强公益广告宣传效果。在外宣方面，参照节目营销模式进行推广。“青春扬益”创制活动之初，举办启动仪式，引发全国主流媒体争相报道。所有作品完成之后，又举办湖南卫视“青春扬益”公益广告换装盛典或作品发布会，新华社、《人民日报》、《光明日报》、《湖南日报》等20余家媒体发稿及转载量近600篇，“屹立中国电视公益品质新高地”“王源、武大靖零片酬出演公益广告”等主题成为媒体关注和思考的焦点。

此外，充分利用新媒体传播的互动性、参与性和共享性，进一步加强公益广告的新媒体传播。在“十九大”召开前夕，人民日报官方微博话题#十九大#转发公益广告《为了美好生活 中国共产党和你一起奋斗》视频，引发上万网友点赞评论。公益广告在新媒体芒果TV、湖南卫视官方微博、微信公众号上线推送，总点击量近6 000万，不少网友评价“行动的力量，决定声音的响亮”“公益大台果然有责任担当”。2018年，公益广告《我的二维码名片》还对新媒体互动传播做出尝试，吸引青年人扫码上传自己的奋斗故事。2019年8月底，“青春扬益”第三季作品刚刚上线即引起很大反响，一批关于新中国成立70周年的主题作品获得观众和网友点赞。

好传播要靠好编排。在创制活动的带动下，2017年以来，湖南台旗下各媒体根据不同时间节点的宣传要求，科学调度、统筹编排，持续加大公益广告播出力度，产生了良好的社会影响。2017年，中宣部《新闻阅评》发专文《湖南台以“做精品方式”制播公益广告》，称赞“湖南广播电视台精心定制的公益广告，为迎接党的十九大胜利召开增添浓厚氛围”。

有付出总会有收获。在国家广电总局2017年度公益广告扶持项目评选中，湖南台入选9个项目，获奖数量和资助金额排名省级媒体第一，其中《年轻党员的朋友圈》获电视作品一类扶持，湖南台获传播机构一类扶持。在2017、2018年两届“白兰杯”公益广告征集活动中，湖南台共有10件作品获奖。《连接世界 扣近彼此》等两件作品获得2018年度中国公益广告黄河奖金奖，5 件作品获银奖和铜奖。在全国脱贫攻坚和税收等专项公益广告评选活动中，也斩获颇丰。

志之所趋，无远弗届，穷山距海，不能限也。新时代的文化供给需要主流媒体有更大的担当，传递社会主义核心价值观，需要有更好的创新。湖南台的公益广告始终坚持导向为先、创意为魂，通过多种传播技术和手段的应用，在宣传教化中拉近与受众的情感，不断创作出扎根生活、有血有肉、感人至深的公益广告精品力作，努力创造公益文化的“现象级”作品。

管理同标中的若干实践

2019 年 6 月 29 日，孕期生活观察类节目《新生日记》在湖南卫视成功上线播出，成为芒果 TV 反哺湖南卫视的第 7 个节目。然而，在百度百科提供的节目资料中，却出现了一个“美丽的误会”，这档完全由芒果 TV 李晓丹团队承担制作的节目，却显示为“由湖南卫视制作”。在外界看来，芒果 TV 和湖南卫视已经难分彼此，更重要的是两个在同一标准、同一尺度下生产的节目特质也十分相似。“无论什么形式的媒体，无论网上还是网下，无论大屏还是小屏，都没有法外之地、舆论飞地。”[①]“要使全媒体传播在法治轨道上运行，对传统媒体和新兴媒体实行一个标准、一体管理。”[②]习近平总书记对互联网建设与管理的论述，为视频网站的管理提供了重要的方法论。中国互联网视频已经走过 14 个年头，上级监管力度、行业自身

① 习近平，《加快推动媒体融合发展　构建全媒体传播格局》，《求是》（2019–06）。
② 同上。

发展都产生了质的飞跃。而作为国有党媒的湖南广电，其旗下自有、自主、自控的互联网平台芒果 TV，基因自带“同一标准”，在媒体融合的内容生产管理实践中逐渐校准方向，找到自我路径。

基因的选择：坚持政治家办网，统一标准融合发展

根据国家广电总局发布的报告，截至 2017 年底，中国在线视频市场规模已接近千亿元关口，成为仅次于美国的全球第二大市场，[①] 并继续保持高速增长态势。随着广电管理部门对内容监管政策的不断细分、量化、加强，视频网站自身的责任意识也逐渐增强，整个行业从“野蛮生长期”转向“规范稳定发展期”。

2007 年广电总局发布《互联网视听节目服务管理规定》，建立“基本法则”；2009 年《关于加强互联网视听节目内容管理的通知》针对网络视听节目的尺度问题做了更加详细的限定；2012 年《关于进一步加强网络剧、微电影等网络视听节目管理的通知》强化内容审核，按照“谁办网谁负责”的原则，实行先审后播管理制度；2014 年《关于进一步完善网络剧、微电影等网络视听节目管理的补充通知》规定节目信息备案和备案号标注，以及节目下线管理机制；2016 年广电总局有关领导强调，“电视台不能播出的，网络也不能播”；2017 年《关于进一步加强网络视听节目创作播出管理的通知》强调网络视听节目要坚持与广播电视节目同一标准、同一尺度；2018 年广电总局出台《关于进一步加强广播电视和网络视听文艺节目管理的通知》，要求广播与电视、上星频道与地面频道、网上与网下要坚持统筹管理、统一标准，积极探索建立网台联动的有效管理机制。随

① 聂辰席，《强导向、强作品、强创新、强管理，使网络视听成为宣传思想工作的重要增量》（http://www.nrta.gov.cn/art/2018/11/29/art_182_39821.html）。

着一系列政策和举措的推进与规范，网络创作的环境也越来越清朗。据不完全统计，2018 年因为审核不达标或者不符合播出政策要求而延播的网络综艺节目达 20 余档。[①] 只有以人民为中心创作优秀的网络作品，视频网站才能在长期的竞争发展中获得真正的安全感。

旗帜鲜明讲政治，"坚持政治家办台办网办节目，统一标准融合发展"是湖南广电做好宣传思想工作的根本遵循。作为具有党媒属性的新媒体平台，芒果 TV 先天具有党媒基因，始终坚持正确的政治方向、舆论导向、价值导向。2014 年 6 月，在呈送中宣部的汇报材料中，湖南广电就旗帜鲜明地呼吁"新老媒体统一归口管理，统一管理标准"。在湖南广电内部，互联网与传统媒体执行统一标准，建立和完善了融媒体管理流程与系统。初试阶段，不断有声音在问，统一标准会削弱"网感"吗？统一标准会阻碍新媒体发展吗？然而，有着 20 多年视频内容生产经验的芒果人认同一个道理：一档优秀的节目或视频内容必须要有"灵魂"，传递的价值观能与当下社会产生情感共鸣才是成功的关键。而所谓网感，不是什么都敢说，更不是挑战监管界限，而是对年轻用户的精准把握，是主流价值观的表达，让这些价值观能够真正触及受众内心的敏感点。如何为用户奉上既符合时代属性，又精彩好看的节目，才是视频平台内容竞技的重要抓手。

芒果 TV 成立了党委会、编委会，严格执行"三审制"，严格落实意识形态工作责任制，加强阵地建设。湖南广电在宣管机制上，逐步摸索建立了台网联动的管理机制，管好阵地、管好导向、管好队伍，确保台网融合发展一个标准。

"三道关"：对标湖南卫视，报批、审片、巡查全流程导向管理。

"导向金不换"，芒果人都知道这句话，而且它已经根植于每个人的血液里。湖南广电一直在确保题材、内容、版面、尺度、嘉宾、片酬等各方

---

① 《从 2018 年的 20 部"问题"综艺，我们发现了 4 大"避雷"秘籍》（https://www.bilibili.com/read/cv1663103/）。

面在互联网、传统媒体内执行统一标准，从报批、审片、巡查三道重要关口着手，建章立制守好阵地，坚持主流价值引领，确保党媒姓党。

第一道，由台编委会统一管理，纳入全台报审报批管理体系。

在总台编委会的统一管理下，芒果 TV 在 2014 年建立之初，即被纳入全台节目报审报批管理体系，同一标准、同一尺度，节目未经报审报批擅自播出的，将严肃问责处理。2016 年又出台《关于加强网络直播等网络视听节目内容管理的通知》，明确提出“全台各网络平台的直播及自制类视听节目，须于播出前一周报送台宣管部，并呈台编委会审批，经审批通过后方可播出。各网络媒体自制网络剧须于播出前一周将省局审查意见报送台宣管部并呈报台编委会，其他自制节目须将样片送台编委会终审。如在日常节目播出中遇到宣传口径或有关环节把握不准时，可送交台编委会终审或复审”。在实践过程中，台编委会、宣管部将报审管理前置，重点节目召开项目说明会，介绍节目设置、形态、嘉宾等内容，并提出相关注意事项。比如《密室大逃脱》原名《明星大逃脱》，与总局的“限星令”相违背，要求改名后再录制播出。对标湖南卫视的节目导向管理标准和尺度，芒果 TV 在报审报批的源头管理上筑起一道牢固防线，极大地保证了传播内容的绿色安全。

第二道，完善制度保障，落实三审机制。

2017 年《湖南广播电视台节目“三审制”管理办法（修订）》颁布，再次重申“全台所有播出及上线内容，一律须通过三级审片后方可播出。重播内容严格执行重播重审制。新媒体与传统媒体执行同一审查标准和要求”。同时，芒果 TV 结合自身实际，适时完善修订并全端落实《总编辑负责制管理办法》《内容“三审”管理办法》《导向管理责任实施办法》等制度，覆盖内容生产采集、编辑、发布、审核、直播等各个关口。所有视频内容均严格按照坚持传统媒体与新媒体、网上与网下、录播与直播、原创作品与引进作品一个标准进行审核，所有内容必须经过各内容口一审、宣传管理中心二审、分管副总复审及总编辑终审的环节，三审流程走完后，方能入库上线，与直播监看、弹幕和评论信息审核、巡查后台一道构成完整的播控流程。2017 年以来，芒果 TV 重点节目第一期样片均由局台领导联合负责第三审，重点直播节目、大型活动等内容则由台党委会、台务会授权台编委会、台宣管部到活动现场进行三审把关。

第三道，专项巡查、整治工作常态化，净化网络空间。

“守土有责、守土负责、守土尽责。”芒果 TV 建立常态化净化网络空间专项清查、专项整治工作机制，成立专项整治领导小组，全面清理政治类有害信息、深入清理生态类有害信息，有序对色情低俗类、虚假谣言类、炒作娱乐八卦类等有害信息进行彻底摸排，重点整治改编后歪曲、恶搞、丑化经典文艺作品的行为，严格防范治理违规采编发，确保平台内容政治导向、价值导向、审美导向安全。同时，芒果 TV 还前瞻性地引进了人工智能审核系统，分步骤、有针对性地搭建信息安全数据库，应用于识别涉黄、涉暴、涉恐、涉政治敏感、涉劣迹艺人等内容，提高了审核效率和审核质量。而且，随着未来语音评论、语音弹幕等业务的开发，语音识别、语音转换、语音定位等智能审核需求也已提上日程，人工智能审核技术将成为现有安全监管体系的一种重要补充。

“一盘棋”：奖励和扶持通盘考虑，向新媒体项目倾斜

完善奖励手段，助推新媒体主旋律更高昂。推行了 12 年的“台长嘉奖令”，是湖南广电最高级别的综合性奖励荣誉，对导向正确、创新斐然、收视突出、传播给力的优秀作品，都会予以几十万甚至上百万元的奖励。经过不断的完善和修订，2016 年出台《湖南广播电视台〈台长嘉奖令〉实施办法》。据统计，从 2013 年至今，共向 133 个项目发放奖金达 4 500 多万元，媒体融合的项目也被纳入其中，鼓励创作正能量强劲、主旋律高昂的网络

视听节目，构建网上网下同心圆。

“团队或个人在主流宣传上做出重大贡献，并在社会上产生重大积极影响的，奖励 50 万元以上。”“在内容创新尤其是自主研发创新方面获得重大突破，社会效益和经济效益十分显著的，奖励 50 万元以上。”100 万元大奖，是“台长嘉奖令”中的最高奖，目前已有《歌手》《爸爸去哪儿》《一年级》《2017—2018 跨年演唱会》《声临其境》《声入人心》等 9 个项目获得这一殊荣，其中媒体融合创新项目《2017—2018 跨年演唱会》，全网同步直播，刷新在线人数最高纪录，观众好评度也高居当年国内跨年晚会的榜首。此外，《我的青春在丝路》《我爱你，中国》《故园长歌》等一批媒体融合主流宣传项目等也纷纷荣获台长嘉奖令，在全台通令嘉奖。

推行扶持机制，加大融合创新力度。在台内实施了 7 年的“创新扶持资金”，与“台长嘉奖令”并称为湖南广电鼓励主流宣传、扶持内容创新的两大“法宝”，再加上省委宣传部和省财政厅下发的文化事业扶持专项资金，两者一起促推各生产单位在内容“智造”上出创意、出精品。截至目前，共 300 余个项目得到事业专项资金、创新扶持资金扶持，仅台内创新扶持资金一项金额就达 3 100 多万元。资金扶持除注重向重大主流宣传项目倾斜之外，近几年来，也逐渐向媒体融合创新加大扶持比重。芒果 TV 创新项目《超级女声》《金鹰节互联盛典》《我爱你，中国》《功夫学徒》《在那遥远的地方》等获得扶持后，进一步加大了创新投入，推进宣传理念、内容、手段等创新，取得了不错的成绩。例如纪录片《我爱你，中国》两季节目在芒果 TV 累计播放量突破 6 000 万次，相关短视频累计点击量达亿次以上。

“马克思主义新闻观”教育：培养融合传播人才队伍

培养媒体融合创新人才，造就网络视听作品创作的精兵强将，是抢占新媒体主阵地，让主流声音最大化的必要前提。这需要一套行之有效的人才培养机制，更需要一支思想过硬、业务过硬、守土负责的创作队伍。

湖南广电每年举办一次全台马克思主义新闻观学习教育培训班，各媒体包括新媒体平台的负责人、骨干记者编辑、编导、主持人等300多名“关键人物”参训。培训班采取专家讲授、经验交流、案例剖析等生动形式，让党的思想理论入脑入心，提高对舆论的引导能力，培养符合时代要求的传播者。如2016年培训班邀请中南大学湘雅医院妇产科教授张卫社等三位“湖南好人”代表讲述践行社会主义核心价值观的感人事迹，并由湖南卫视《我是歌手》等团队三位编导畅谈他们到基层的采风见闻；2017年，全台在马克思主义新闻观培训班举办“宣传典型问题7讲”活动，要求各节目生产单位牢牢树立导向意识，紧盯过程严格审查，带好队伍抓住源头，将导向管理落到实处。2018年，全国政协委员、国家行政学院原副院长杨克勤，中央电视台《焦点访谈》制片人冉军应邀做辅导报告。《声临其境》制片人徐晴、《我的青春在丝路》制片人傅卓、《国生开讲》主持人国生和《我爱你，中国》制片人王燕4位一线团队负责人现场分享了创作心得。同时，根据《湖南广播电视台马克思主义新闻观学习教育活动实施办法》的要求，各媒体主动开展集中学习，通过上党课，参加业务研讨会、员工培训班等多种形式，提高从业人员的政治修养、导向意识。其中，芒果TV面向全公司一线员工，常态化邀请专家开展导向培训；建立常态化审片“周案例分享会”沟通机制，对实际审核工作中遇到的“疑难杂症”进行研究，对行业动态进行解读和学习，紧跟视听内容走向。目前，芒果TV共举办5次内部节目审核案例分享会、2次复盘会；紧跟政策走向，对新出台的“未成年人节目管理规定”和“短视频审核100条”进行了有针对性的梳理、学习。

尺度同标、机制同齐、人才同进，随着台网融合的深入发展，芒果TV网综精品化步伐不断加快，《明星大侦探》《爸爸去哪儿》《萌仔萌萌宅》《野

表 4–9 芒果 TV 反哺湖南卫视综艺节目一览表

序号	项目名称	内容简介	期数	芒果 TV 首播日期	湖南卫视首播日期	芒果 TV 平台点击量（全集）	全国网同时段平均排名
1	萌仔萌萌宅	节目是芒果 TV 打造的全国首档明星夫妻育儿体验观察记节目，讲述袁弘、张歆艺夫妻两人带领 4 个萌娃、2 条萌宠一起开启的温馨幸福之旅，邀请了明道、刘畊宏、谭维维等多位飞行嘉宾	12 期	2017.12.16	2017.12.16	11.4 亿次	3
2	我是大侦探	节目是芒果 TV 自制综艺《明星大侦探》姊妹篇，由原班制作人马打造。除了保持原有的制作水准外，全面升级采用更广阔的场景、更丰富的游戏任务，进一步升级互动体验。节目由何炅、吴磊、马思纯、邓伦、张若昀、大张伟组成“侦探天团”，每期集结 6 位玩家，开展冒险探案之旅，解锁层层悬念，找出关键人物 K	13 期	2018.3.24	2018.3.24	14.3 亿次	1
3	真心大冒险	节目邀请应采儿、欧弟作为主持人，集结 5 男 5 女制造甜蜜约会。明星观察员将从观众视角梳理解读这场真心冒险，为青年提供初恋启示，警示恋爱陷阱，历练进取人生	1 期	2018.3.31	2018.6.17	5.9 亿次	4
4	三宝大战诸葛亮	节目以“三个臭皮匠杠过诸葛亮”为口号，由杜海涛、池子、彭昱畅组成三宝军团，每期与一位素人知识大神“诸葛亮”展开脑力对决，打造“全民答题官”，借此强调受众对综艺节目的参与式体验；以充满内涵深度的冷知识作为输出点，深度挖掘中国博大精深的历史文化，普及被大众忽略的多元化知识干货	1 期	2018.4.16	2018.6.16	6.4 亿次	4

（续表）

序号	项目名称	内容简介	期数	芒果 TV 首播日期	湖南卫视首播日期	芒果 TV 平台点击量（全集）	全国网同时段平均排名
5	哈哈农夫	嘉宾团组成“哈哈家族”，共同去山川里、河海边的村落，在牲畜、田地一应俱全的“哈哈之家”生活。在自行解决一日三餐饮食起居的基础上，哈哈家族的各位成员还需要打理哈哈之家的家禽家畜和各类农作物，体验当地传统生活作息、农作事务和特色饮食，在与乡里乡亲的互动中感受风土人情	9 期	2019.3.1	2019.3.30	19.1 亿	5
6	变形计 2019	节目秉承“换位思考”这一思维理念，而且更推至极致，在节目中，你不仅要站在对方立场去设想和理解对方，你还要去过对方的生活，真正体验对方世界的大小风云，品察对方思想最微妙的情绪触动。体验不同人生，达到改善关系、解决矛盾、收获教益的目的	9 期	2019.2.12	2019.4.13	11.8 亿次	3
7	新生日记	节目记录不同孕期阶段的四个明星家庭“幸孕生活”，参加节目的准妈妈嘉宾在“妈妈前辈”应采儿的带领下入驻“幸孕之家”，开始全新的合宿生活，通过“孕期日常”展现她们孕期的酸甜苦辣	11 期（截至 9 月 7 日）	2019.6.19	2019.6.29	9.4 亿次	4
8	哎呀好身材	节目邀请四位嘉宾参与“好身材计划”，改正各自的不良生活习惯，达到拥有好身材的目标。镜头分别单线记录每位嘉宾的生活状态、饮食习惯和运动习惯等	1 期（截至 9 月 8 日）	2019.8.25	2019.9.8	1.7 亿次	4

生厨房》《妻子的浪漫旅行》《我最爱的女人们》等一系列作品，不仅正能量满满，而且制作精良，获得了高点击量和上佳口碑。2017 年开始，《萌仔萌萌宅》《我是大侦探》等先后共有 8 档芒果 TV 出品的网络精品节目登陆湖南卫视，芒果 TV 成为目前视频网站中向卫视反向输入节目最多的网络平台，网综反哺卫视也成为多屏时代新的文化现象。2019 年，随着芒果 TV 与湖南卫视两大平台间的共振效应和口碑传播不断强化，网络节目反向输出加速。到目前为止，共有《哈哈农夫》《变形计 2019》《新生日记》《哎呀好身材》等 4 档节目上屏湖南卫视，播出效果表现不错。通过不断实践，继续深化同标管理，打破不同平台之间的壁垒，将生产出更多能够同时满足电视和网络端受众的节目内容，打造传统媒体和新兴媒体深度融合、双向共赢的新语境。芒果 TV 反哺湖南卫视综艺节目一览表如表 4–9 所示。

【案例五】 网台同标背景下内容审核的价值思辨

——对《明星大侦探》的思考

《明星大侦探》是芒果 TV 的一档探案推理类自制综艺，2016 年 3 月推出第一季，到目前已经播出 4 季。其中，由原班人马打造的姊妹篇《我是大侦探》即第三季节目于 2018 年 3 月登陆湖南卫视，全国网同时段平均排名第一，成为国内新媒体内容反哺传统媒体最成功的案例，也是网台同标管理最显著的成果之一。

《明星大侦探》在保证逻辑合理、案件精彩、细节丰富的前提下，不断强化内容与现实生活的联系，深入探讨了社会公德、生活态度、网络暴力等社会话题，抬高了综艺的文化价值，极具社会责任和人文关怀。2018 年 10 月的第 4 季节目积极响应政策，在“星素结合”上进行了有益的探索，引入了诸如侦探助理、法律刑侦专家、侦探小说家、公益采访对象等素人元素，创新了“星素互动”模式。最终节目累计点击量高达25.2亿，豆瓣评分8.7分，在2018腾讯娱乐网络白皮书·自制综艺口碑排行中登顶。

然而，这档节目的成功，除了制作团队对正向价值观传递的坚守之外，也与芒果TV内容审核委员会、总编室及宣传管理中心、节目中心紧密配合，坚持网台同一标准、同一尺度的内容把关密切相关。他们主动在节目构思、策划、拍摄前期融入和放大正能量元素，同时在后期运营、推广、审核各环节严格落实三审制，形成了一套行之有效的内容安全审核体系，从源头做好了导向把控，传播青春正能量。

在节目尺度把握上，芒果TV建立起了全流程监管服务、全方位立体审核体系，安排专人负责跟进项目，坚持按照网台同标的标准，通过预审机制、现场研判机制、三审机制，对节目所有的正片、衍生片、预告片和策划进行把关。尤其是《明星大侦探》，节目剧情复杂，每季剧本有超过30万字的体量，且后期修改空间小、成本高，积极介入项目前期策划，对单期剧本进行严格、仔细的预审核，提前规避风险就十分有必要。

在具体审核中，玩法及环节设置存在偏差、死亡人数过多、恐怖刺激和低俗倾向是较为常见的问题。比如某期节目，由于剧本涉及学校、学生这一类特殊题材，经过预审核，宣管中心认为该期剧本的标题和内容整体基调较为负面，对第一版送审剧本进行了整体驳回，并第一时间与节目组沟通，提出了大幅修改故事背景、弱化负面元素的修改意见。最终，为保证节目的原创方向及安全播出，宣管中心与节目组在剧情中融入了魔幻元素，借助魔幻题材，架空了故事发生背景。前前后后，经过宣管中心与节目组十余次的反复沟通，才理顺了剧情架构，规避了敏感元素，在整体上做到了内容平衡，实现了案件正向价值的挖掘及表达。

在表达与审核的博弈之中，除了对大尺度元素的“舍”，芒果TV还追求对新形式和新内容的“取”，《明星大侦探4》在节目叙事、角色设定、场景等方面进行了大胆的颠覆及创新。“神秘来电”取消了侦探设置，“天堂公寓”中所有玩家的杀人动机指向更加复杂，“头号玩家”中所有人集体失忆，形式及内容的创新和自由达到高峰。同时，节目还打破了传统视频制作模式，采用长短视频融合嵌套的方式，增强了节目的形式立体感和内容多元性，真正开启了综艺节目创新的新次元，完成了综艺IP的一次新裂变。

因此，在网台同标的背景下，从《明星大侦探》的价值取舍来看，内容创作只有坚持“小成本 大情怀 正能量”，内容把关只有坚持“传统媒体与新媒体、网上与网下、录播与直播”一个标准进行，不断创新节目形式，丰富故事表达，提升节目内涵品质，才能够跳出“综N代”的品质怪圈，实现社会效益与经济效益的“双效合一”。

第五章

创新体制机制：芒果媒体融合的关键要素

湖南广电的发展动力来自三轮改革的体制机制创新。如果说起步于20世纪90年代的第一轮改革积淀下了“电视湘军”的文化内涵，21世纪前十年的第二轮改革成就了“快乐中国”的品牌形象，那么第二个十年开始，伴随着媒体融合进程的第三轮改革，湖南广电人则见证了湖南广电致力于规模化、集约化市场之路的“芒果实践”。湖南广电人意识到，湖南广电不再是一个传统媒体，没有别的路径，就是要打造全媒体集团，这个转变是很痛苦的，需要内生的动力，需要更多的力量来完成这个改变——既有事业的力量，也有市场的力量，要用两种力量来改变内部结构和生产机制。

党的十八大以来，湖南广电正身处国家深化文化体制改革、促进文化产业大发展大繁荣的机遇下，在芒果媒体融合的实践中集中资源“造大船”，“水上岸上”聚合力，湖南广电走过了一段风雨兼程、柳暗花明的体制创新之旅，为国有文化企业的改革累积了生动的实践素材，也获得了一些宝贵的经验、智慧与思考。

事企融合：突破体制创新难点

党的十八大以来，中央对全面深化文化体制机制改革做出一系列重大战略部署，出台“两个效益”相统一、媒体融合发展等40多个改革文件，分类推进国有文化企业改革，探索建立健全有文化特色的现代企业制度。为贯彻落实中央精神，湖南省委省政府于2018年7月28日召开广电、出版深化改革工作会议，将湖南广电的改革重组定义为文化强省战略的重要标志。新的湖南广播影视集团有限公司成为覆盖全台的市场主体，实行“一个党委、两个机构、一体化运行”。这是因国有文化企业改革发展的特殊性而创新的一种制度设计，是一种特殊的事企安排，通过这种运行机制，既坚守好事业担当，又发挥好市场经济作用，推动文化的发展繁荣。

在新的集团成立之前，对于湖南广电来说，延续了多年“事业单位企业化运行”的管理模式，虽然是事业性质，但在薪酬激励、资产财务、业务发展等方面都实现了企业化管理和市场化运营。湖南广电能有今天，得益于广电人多年来对改革和市场化的自觉，特别是从2014年之后，芒果传媒和旗下新媒体业务板块不断成型、壮大、重组，马栏山人在媒体融合的过程中，不断突破事企融合难点，从而推动了整个芒果生态在双核驱动中不断进化，对于如何推动社会效益与经济效益相统一，积累了一些实践经验。

突破一体两翼的融合难点

新媒体和传统媒体基因迥异，传统媒体做新媒体，必须要改变自己的基因，只是做物理变化，难有长远发展。所以，传统媒体与新兴媒体的融合不是简单的1+1的数字叠加，而是建立在新理念、新机制基础上的深度融合，只有发生“化学反应”，才能实现一体互动、一体发展。但在融合发展的进程中，事业体制管理模式与新媒体市场化的发展方向存在着一定的不适感，传统媒体存在着容错机制弱、激励办法少、市场应对慢等惰性问题，当传统媒体的事业属性与新媒体的市场属性无法实现无缝对接时，融合的障碍就会出现，隐形的风险就会增加。所以说，传统媒体只有进一步改革创新机制，才能真正实现与新媒体的深度融合，才能让台网联动价值快速呈现、放大，从而超越市场竞争者。

具体到湖南卫视与芒果 TV 一体两翼的关系，毫无疑问，芒果 TV 是湖南卫视的溢价主体，即使在芒果超媒完成重组后，其市值表现也更多的是资本市场对湖南卫视及芒果生态所蕴藏价值的想象和预期。在“23 条”中，事业性质的湖南卫视和市场体制的芒果 TV 被定义为双核驱动，在融合发展中战略互补，缺一不可，有诸多融合难点需要突破。

突破一：版权分发带来事企内容融合

为夯实芒果独播战略、放大湖南卫视版权价值，2014 年，湖南台以湖南卫视于 2015 年 1 月 1 日至 2017 年 12 月 31 日内播出的、合法、自主且独家拥有境内信息网络传播权的电视节目之境内信息网络传播权，向快乐阳光作价增资 12.15 亿元，同时约定后续版权交易的优先权。

从体制内或传统媒体的轨道来看，这一部分价值，原本是属于湖南卫视在广告收入之外的一笔收入，而且还具有宣传推广功能，但是如今直接作价增资到芒果 TV，对湖南卫视而言无疑是割肉之痛。但是从市场或新兴媒体的轨道来看，芒果独播做出了前瞻性的战略布局，版权注入则从战术上为双平台的融合添加了黏合剂。湖南台的版权注入是对湖南卫视品牌溢出价值进行再创造，是做优存量，做大增量，不仅未对湖南卫视本身的收视、广告营收及品牌影响力产生影响，反而强化了湖南卫视 IP 的市场价值，长尾效应凸显：一是湖南卫视的广告客户类型较单一，芒果 TV 通过开发新客户，同时反哺湖南卫视，进一步改善客户结构，湖南台整体的广告营收显著增加；二是以版权换“市值”，2018 年芒果超媒的重组上市，成倍放大了湖南卫视 IP 的资本价值，芒果超媒撑起“千亿芒果梦”的半壁江山；三是版权的注入填补了芒果 TV 的内容空缺，在独播初期帮助芒果 TV 完成了从 0 到 1 的积累。

反观过去，芒果 TV 的出现，其实倒逼了事业单位性质的湖南卫视调整策略，打破壁垒，主动出击。一方面，快速打造自媒体矩阵，成为中国第一个开通官方微博、官方微信公众号的传统媒体平台，并且湖南卫视此后所有栏目上档时都同步开通了自己的新媒体矩阵辅助宣传。另一方面，独播战略也激发了湖南卫视创新营销的能力，毕竟在新媒体时代，传播渠道的收窄并不是致命点，爆款内容、话题策划、创新营销才是制胜的法宝。

突破二：电视人出走倒逼事企人才融合

2018 年 8 月 6 日，单丹霞团队 8 名员工从湖南卫视辞职，确认加盟芒果 TV。这件事在湖南卫视内容团队中掀起巨大波澜，主管人事的副台长张华立后来在湖南卫视关于单丹霞团队辞职的报告中批示：“快乐阳光应具备一定规则意识，何况属于同一个集团。希望大家以此为契机，携手并进，友好相处。”这虽然不是两个轨道中人才流动的第一次碰撞，但却是最激烈的一次。

湖南卫视人才向芒果 TV 的流动自 2014 年已经开始。独播后的芒果 TV 异军突起，仅仅依靠湖南卫视的内容输出已经无法满足长远的生存和发展，于是尝试着立足于芒果生态的内容优势，筹建自制团队，吸引了少数湖南卫视内容人才加盟。直到 2018 年，湖南卫视原制片人吴梦知和单丹霞等人确认入职芒果 TV，人才的流动更为频繁。2018 年仅 7 个月间，湖南卫视辞职的 31 人中大部分入职了芒果 TV，数量远超过去两年的人数。

尽管台党委有过多次认真激烈的讨论，希望能从根本上保护湖南卫视的核心竞争力不动摇，这个核心竞争力的根本就是内容人才，但是同在马栏山、已经成为公众公司、具备高度市场激励机制的芒果 TV，还是展示出强大的虹吸效应，使得两大平台不断出现人才冲突，但也在碰撞中走向事企人才的打通融合。

纵观芒果生态圈，以市场为导向而非行政命令下的人才流动最大限度地激发和释放了人才创新潜能，其中市场在人才资源配置中发挥了关键的调节作用。在新媒体迅速占领市场的环境下，正因为有了芒果 TV，湖南卫视才有了最好的转移承接平台，保证了马栏山原创人才没有大规模流失。

突破三：机制创新推动事企台网融合

近年来，湖南广电致力于以湖南卫视为代表的传统媒体的机制创新，以增强“一体两翼”深度融合的核动力，解决两种属性信息不对称、机制不匹配、管理不相容等隐性问题，使得两种基因得以打通。

关于媒体融合发展的模式，很多媒体都在进行不同的尝试，有的是建融媒体中心，有的是参与智慧城市建设，而湖南广电正在实践的是全媒体全终端的台网融合发展模式。事实证明，这种独特的融合模式是有效的，是有数据支撑的，能将宣传效果最大化。对于台网融合的新机制，湖南广电在顶层设计上不断进行新的突破与尝试：一是以工作室制推动原创融合创新。2018 年以来，湖南卫视与芒果 TV 以工作室制形成创新竞标体系，组成了内容团队的激励圈层，而新制度的核心亮点是以“双核驱动”的全媒体战略为依托，支持工作室承接两个平台的制作项目，锻炼工作室面向市场的资源组织能力和项目驾驭能力，为台网融合的生态打通奠定机制基础。目前，芒果生态圈已打造了超过 50 个工作室团队，台网联动的原创精品生产进入创作巅峰。二是以内部定制机制推动生产融合创新。面对互联网的冲击，地面频道的生存形势更为严峻，要么自己的成果被网络媒体拿去“格式化”后售卖，要么团队经过学习消化去接受新媒体规则和要求。湖南广电利用芒果生态圈内部定制机制的打造，建立具有台网联动特点的内部制播分离体系，释放地面频道的原创能力和生产力，实现一体发展。

再如双市场快速决策机制、导流互通的电视剧共生体机制、双平台整合营销创新机制等，湖南广电希望通过新机制的探索与实践，解决体制的掣肘，真正实现事企融合，实现新老媒体一体化发展，从而推动双效统一。

上市引发的事企辩证思考

2018 年芒果超媒重组上市，湖南广电只用了 4 年时间就打造出一个市值 500 亿元的资本平台。但是随着企业的资本化，事业对企业的控制权也被股份化，控制权成为纠结的核心，这种纠结在湖南卫视与芒果 TV 的关系中体现得尤为明显。芒果 TV 是湖南卫视的溢价主体，但是随着芒果 TV 的重组上市，湖南广电对芒果 TV 的控制权逐渐被稀释，一方面，成为公众公司的芒果超媒能在多大程度上反哺湖南广电母体，是许多留在体制内的人更多关心的，是源自体制内“老有所依”的本能与期待。另一方面，芒果 TV 与湖南卫视的竞合最终是否会影响到湖南卫视的发展，两者之间的资源和利益平衡，也是争论的焦点。但有难点才有改革的靶点，体制和市场的差异、传统和新兴的差异、两种生态的高效协同，是湖南广电在双核驱动中必须不断突破的难点，也正是在这种爬坡过坎的过程中，湖南广电的品牌在不断被放大，产业价值也在不断提高。沿着传统媒体和新兴媒体两条路径做好布局，湖南卫视将围绕内容创新进一步加强人才团队培养、生产流程再造，为融合发展夯实基础、提供能量。芒果 TV 将立足市场化优势，充分发挥资本的生态效能，创造条件，创新机制，为融合发展开拓市场空间，提供动力。

中宣部副部长、中央文化体制改革和发展工作领导小组办公室主任孙志军曾在 2015 年第 20 期《求是》杂志上发表的一篇文章中谈道："要善于发挥国有或国有控股骨干文化企业的资本优势，提高资本利用率，增强资本控制力，以资本为纽带进行跨地区跨行业所有制兼并重组，影响和带动更多民营和小微文化企业坚持把社会效益放在首位，实现两个效益相统一。"对于湖南广电人来说，也许成长的冲动与渴望要大于任何的索取与回报，所以在资本化道路上才走得如此坚定，让芒果家族不断做大，不断繁衍，让芒果品牌不断焕发新的活力，发挥国有文化企业的引领作用，构建社会效益与经济效益相统一的体制机制，实现国有资本保值增值，"小我"的付出才能成就"大我"的理想。

芒果传媒：一体两翼管理融合的创新经验

要钱？台党委决定解剖一只"麻雀"

2013 年 3 月，湖南广播电视台台属企业中市场化程度最高的快乐阳光向台党委递交了一份报告，申请扶持资金 1 亿元，自筹资金 0.5 亿元，用于发展互联网电视业务。给，还是不给？已经在市场中站稳脚跟的企业，要不要退回体制的逻辑去解决发展问题？台党委决定将快乐阳光作为马栏山在全媒体时代的第一只"麻雀"去解剖。

"面对未来的全媒体大格局，马栏山的坐标在哪里？"2013 年一整年，这个问题都在台党委会议中被不断否定、回答，再否定、再回答。

那是媒体传播的大变局年代。

新媒体的迅猛发展，掀起传媒产业革命一轮又一轮浪潮，从广播到电视，几乎所有行业经验都停留在传统媒体领域的马栏山，此时已是风雨满山。山外，国内七家互联网电视牌照商旗下所属的运营公司已基本被资本贴满标签：腾讯入股未来电视，优酷土豆入股国广东方，爱奇艺入股银河互联网电视，联想入股上海视云网络等。

对快乐阳光的“解剖”印证了一个判断：互联网电视竞争激烈，市场上的主要竞争对手已经在资源对接、平台建设、渠道拓展、人才储备上都做好了充分的准备，而湖南广电缺乏相关配套资源，在互联网业务开展上滞后，在互联网人才培育和团队建设上存在着管理技术人才、渠道运营经验的先天不足。互联网电视的市场前景虽然被看好，但是存在着资金投入巨大、内容需求海量等风险，从当时对百视通、乐视网等同行的调查了解和对比分析来看，1.5 亿元的投入远远满足不了资金需求。

几乎没有争议，台党委很快达成共识：马栏山要在全媒体格局中重新定位自己的坐标，就必须和新媒体融合发展；要在互联网业务上后发先至、赶超同行，首先在资源配置上应集结全台资源优势，支持互联网电视发展，同时加快对互联网电视的产业布局，在绝对控股的前提下引进战略合作伙伴，共同打造具有竞争力的市场主体。由此，台党委决定对快乐阳光互联网业务发展给予大力支持，不仅原则性承诺对快乐阳光的 OTT 业务进行上亿元的投资，并且要求快乐阳光抓紧开展增资扩股各项准备工作，尽快启动增资扩股，并明确由当时分管产业的副台长聂玫分管该项目。

但是新的问题出现了，在台党委的决策中，为了保证国资安全，不得不再次强调：在对该项目正式投资前，应再次提交台党委会审议。以事业体制为决策逻辑的行政体系，和以市场竞争为发展逻辑的公司体系，如何建立决策纽带？

台长的新职务！媒体融合是“一把手工程”

2013 年 10 月，作为湖南广播电视台党委书记、台长的吕焕斌，又多了一个由省政府任命的新职务——芒果传媒有限公司董事长。此前，作为省管企业，芒果传媒于 2010 年挂牌后，被定位于湖南台的市场主体，与湖南台一样都由湖南省政府作为出资人，但法人却分别任命。同一出资人，不同的市场主体和企业法人，在资产划拨过程中存在一些法律和政策障碍，省委省政府看到了问题所在，在顶层设计上进行了调整，芒果传媒在挂牌成立三年后，有望成为湖南广电真正意义上的市场主体。

台长的新职务实现了出资人、法人的统一，湖南台作为股东，着手对芒果传媒的董事会进行重新调整。分管导向、卫视、财务、产业等与之相关的台领导吕焕斌、张华立、罗伟雄、聂玫、陈刚分别兼任芒果传媒董事，陈刚还兼任芒果传媒党委书记，时任台党委成员一半以上都在芒果传媒决策班子、公司党委和董事会中发挥着主要作用。通过这种决策层的下沉，在事业体制的台与市场体制的企业之间，芒果传媒成了最佳的决策平台，而融合发展战略则提升到了“一把手工程”的地位。

随后，湖南台印发《关于剥离台属资产注入芒果传媒有限公司的决定》（湘广视台〔2013〕152 号文件），按照“先易后难、先启动、再完善”的原则，以全媒体战略为统领，剥离台属部分可经营性资产，注入已成立的芒果传媒。在芒果传媒自有资金规模基础上，湖南台向芒果传媒一次性现金增资 10 亿元，补充芒果传媒的注册资本。在芒果传媒已有快乐购物股份有限公司的基础上，将上海天娱传媒有限公司和湖南快乐阳光互动传媒有限公司整体股权、金鹰卡通频道和娱乐频道可经营性资产、经视文化传媒有限公司部分资产剥离，注入芒果传媒。之后，随着以游戏和互动营销为主业的芒果互娱的成立、以大文化为核心赛道的芒果基金的成型，芒果传媒围绕湖南广电的核心竞争力，逐渐形成了一个完整的内容创意生态圈，开始全力打造一个新型主流媒体集团。

从0到1！芒果传媒的从无到有

2013年11月1日，芒果传媒召开组建以来的第一次工作会议。这一天，董事会建立了一个微信群，取名“芒果传媒议事堂”。从这一天开始，芒果传媒算是从无到有了。

有了前期的铺垫，已经初现雏形的芒果传媒开始着手制定战略发展规划。通过对湖南广电业务模式分析及全产业链资源盘点，参考迪士尼发展路径，调研了SMG、电广传媒、中南传媒等大型国有文化企业后，考虑到转企改制应循序渐进，且旗下子公司业务发展已相对独立成熟，确立了“小总部、大集团”的运营原则，既保证了板块经营发展有足够的自由度和灵活性，也确保了集团管控的有效性。总部下设行政人事部和资产财务部，配合做好服务保障工作；设战略投资部，通过组建基金、战略投资等方式，在影视、音乐、硬件、游戏等领域布局，为芒果生态的持续发展提供支撑，加速推进媒体融合。

总部有了，建章立制完成了，企业文化要慢慢塑造，但是运营如何推进？为了稳妥推进改革，董事会决定各公司的业务保持相对独立的同时，在每周一的台宣传管理例会之前，增加一个芒果传媒的经营管理例会，每周一早上9:30在湖南广播电视台主楼1807会议室，对集团整体业务进行统一调度协调，参会人员包括芒果传媒总部的管理层及各子公司一把手。从2014年到2018年，对于这个每周一召开的芒果传媒管理例会，董事长吕焕斌和总经理张勇必会参会，从未缺席。由于天娱传媒的主要办公地点在北京，时任总经理的龙丹妮每周一早上乘坐六点的航班，十点准时抵达会议室。她经常迟到，却很少缺席。这个例会始终坚持从大处着眼、小处着手的原则，“大处”即大家围绕最前沿的信息分享探讨，保持对市场的高度敏感，而“小处”即从业务经营到公司治理，芒果传媒大大小小的事情都在这里聚焦、协调、沟通、解决，包括2014年极具战略意义的芒果独播战略，也正是诞生于此。芒果传媒的经营例会是湖南广电离市场最近的一扇窗，马栏山于此感知着行业的风云变幻。

造舟！为了不沉的马栏山

回望芒果传媒劈斩过的风浪，在事业体制和企业机制之间建立的管理创新与生态集群，正是这艘“大船”生生不息的动力之源。作为国有文化企业，芒果传媒调整董事会、监事会，成立党委、纪委工作机构，台党委领导班子成员交叉进入公司董事会、监事会及管理层，探索了一套党委领导与完善企业法人治理相结合的管理体制。至此，湖南广电在原有的“双轨制”管理的基础上，形成了“一分为二”的独特格局，一个是在“岸上”的事业台，一个是在“水上”的市场主体，两者成为新型的台企关系：总台作为实际出资人，确保播出特许经营权、重大事项决策权、资产配置控制权和投资收益分红权。

“通过科学顶层设计，打通管理层，强化组织协同，事业与市场同向发力，强力推动媒体融合纵深发展。”这一举措在当时显然被裹挟在各种不同的声音里，在湖南广电发展的巅峰时期，要去除安全的趋同，打破原有的路径依赖，去探索一条新的路径，这个转变无疑是痛苦而挣扎的。但是，改变已经开始，湖南广电人不断克服自己的思维定式，开始建立面向未来的媒体生态。

随着董监高（董事、监事、高级管理人员）的企业化设置，芒果传媒总部开始完全按照现代企业管理要求建章立制：形成芒果传媒的议事法和程序法；修订《公司章程》，党委会、董事会、监事会及明确经营班子职能，构建具有国有文化企业特色的法人治理结构；完成具有芒果特色的

《党委会工作制度》《人力资源管理制度》等 40 多项制度。

对于旗下的子公司，芒果传媒则进行了内控、财务、考核、业务等各项管理的调整，全面开展管理提升：构建财务管理信息系统，提高会计数据处理的实效性和准确性，提高会计核算的水平和质量。随着战略投资业务的大力发展，作为投资安全防线的风控体系和投后管理体系也同步建立与完善。

由此，芒果传媒开始逐步探索建立起符合现代传媒产业集团的管理制度和文化生态，初步形成了湖南台管理下的极具市场活力的生态型产业集团公司，连续五年保持经营创收和利润的高比例增长。芒果传媒旗下的芒果 TV 打开了新的流量入口，马栏山内容原生优势在新平台上嫁接出新生态，芒果娱乐、芒果影视、芒果互娱、天娱传媒、金鹰卡通、快乐购及芒果基金不断夯实芒果传媒的新型主流媒体集团优势，凝聚成湖南广电新的核心竞争力。2018 年 5 月，第十届“全国文化企业三十强”发布，芒果传媒凭借在媒体融合发展上的突出业绩首次参评即入选，成为国有新型主流媒体集团的优秀代表。

做实芒果传媒，只是为湖南广电的转型与融合打造了领航舰。2018 年 7 月，湖南省委部署推进广电、出版等省管文化企业改革重组，湖南广播影视集团、湖南网控集团、潇影集团正式整合，三军会师，新的湖南广播影视集团有限公司将目标定位于打造主业突出、核心竞争力强、市场占有率高、有规模、产业链完整的骨干文化企业。新的集团公司采取“一个党委、两个机构、一体化运行”的方式运作，打造党管、党控的新型主流媒体集团。芒果传媒在集团改革重组的任务版图中也有了自己新的定位：“将芒果传媒定位于业务孵化的平台公司，探索文创文旅、电影、广告营销、金融投资等业务资本化路径，待培育孵化到一定规模后，进行市场化整合，将可资本化业务注入或置换入两个现有上市平台（芒果超媒与电广传媒），发挥上市公司在资本市场的融资功能，利用资本力量发展文化主业。”

从造舟的梦想，到芒果舰队的千帆相竞，马栏山永远都是那座高高的灯塔，指引着一代代芒果人的征程。

分灶吃饭：机制创新的改革抓手

历史的伏笔草蛇灰线，直到新的序章开始落笔，我们才能从故事的全貌中窥得潜行的轨迹。从20世纪90年代至今，湖南广电历经三轮改革，任何一次变革，都没有改变过一个传统，那就是"分灶吃饭、充分授权、多劳多得"。可以说，"分灶吃饭"极大地调动了湖南广电各运营主体的积极性，成为湖南广电机制创新的改革抓手，也是湖南广电改革模式最鲜明的特色之一。

湖南台的第一轮改革是从20世纪90年代创办湖南经视开启的，当时确立的基本原则就是充分授权、分灶吃饭、多劳多得。经视的成功引爆了湖南广电改革的裂变，马栏山万马奔腾，娱乐频道、都市频道、生活频道、影视频道等相继创办或改版，湖南卫视也在1997年正式上星播出，名牌节目百花齐放，内部机制推陈出新，与地面频道形成你追我赶的竞争局面，湖南广电得到快速发展。在第二轮改革中，湖南广电进一步整合了频道的广告经营权、节目经营权，虽然仍坚持分灶吃饭，但强调要一起打仗，不能内耗，尤其是在关键战役中要打"百团大战"。第三轮改革的目标是"从体制内走出去、从国内市场走出去、把市场主体立起来"，但仍然没有动摇"分灶吃饭"这个基本原则。

湖南广电的每一次改革都有一个全台统一的目标，有了目标就能做到形散神不散，分灶不分家。而一次次改革积累的品牌效应、发展红利、创新势能，又进一步塑造了团结向上、精益求精的马栏山精神。这种精神上的凝聚力，在马栏山激发了电视创意的巨大能量，形成了既暗中较劲又共存共赢的独特的企业文化。

守土有责！分灶吃饭的管理逻辑

充分授权：激发改革的内生动力

在湖南广电，从事业体制的频道到企业体制的公司，有着相对独立的业务板块，基本上都是相对独立的市场主体。唯一例外的是湖南卫视，它不是独立的运营主体，而是按照总台办卫视的原则运营。这一方面是因为湖南卫视承担着主流宣传的重要使命，另一方面也是历经全台保卫视的改革发展后，作为湖南广电的核心主业，它必须承担起总台系统的运转成本，为兄弟频道腾挪出更多的发展空间。即便如此，湖南卫视也在奖惩和分配上获得了充分的授权。

“授权”是湖南广电“分灶吃饭”的底线，但湖南广电的授权不是放权，更不是分权，而是通过制度上的放活，实现管理上的放开，从而激发各个主体的内生动力。

作为改革的领航舰，芒果传媒的“授权”管理充分体现了湖南广电“分灶吃饭”的特色。在做实运营芒果传媒的过程中，湖南台以市场为导向，将台属包括但不限于媒体零售、互联网、娱乐经纪、节目制作、卡通动漫、版权经营等业务，统一授权芒果传媒运营。对外，芒果传媒则以有偿为原则，与湖南台所属各媒体平台建立和完善市场化交易机制，形成目标一致、战略互动、利益协同的共生关系。对内，芒果传媒则通过母子公司制，以股权管控、资产管理为主，重点是战略规划管理、资产投资管理和企业运营监控，保留重大决策权、资产分配权、主要经营者任免权，进一步将授权管理层层延续。尤其是对具有完全市场竞争性的业务，赋予业务所属子公司合法范围内的最大权限，激发子公司潜能活力，做大做强做优业务，打造芒果传媒核心竞争力。

目标考核：既要事业影响力，也要市场竞争力

作为国有文化单位，湖南广电对所有法人主体的管理抓手就是目标考核，而考核的原则是既要事业影响力，也要市场竞争力，要以社会效益放大市场效益。

社会效益考核是一切考核指标的底线，包括党风廉政建设、坚持正确导向、宣传任务、履行社会责任、文化创作生产和服务、安全生产、制度建设、重大任务完成情况等内容。湖南台对坚持正确导向指标的考核实行“一票否决”，“导向金不换”是湖南广电导向管理的核心理念。

在经济效益考核中，收入、利润总额、净资产增长率等 KPI 作为绩效考核指标。按照“分灶吃饭”“分类考核”原则，一是加强领导班子考核，将年度任务和任期考核相结合，建立科学合理的评价机制、激励机制、奖惩机制和退出机制。没有完成年度 KPI 考核的单位或部门，不能参加全台年度评先评优，经营班子也将进行相应调整。二是对内容生产类岗位、管理类岗位、市场经营类岗位实施差异化考核。三是推动资源资金和收入分配向内容产品岗位倾斜，推动形成有利于文化产品创新创造的激励机制。

分配激励：多劳多得、效率优先

薪酬激励是湖南广电改革发展的核心竞争力之一，为湖南广电的可持续发展奠定了制度基础。湖南广电有着事业单位企业化管理、分灶吃饭、多劳多得的薪酬激励传统，薪酬随着岗位变化，按市场化双效统一的原则进行合理设计，目的就是引入内部竞争机制，释放生产力。为充分发挥薪酬促激励、通业务的机制作用，湖南广电推行全员绩效管理，一岗一责，

多劳多得、效率优先。员工薪酬由基本工资、岗位津贴及奖金构成，与岗位挂钩，不与行政级别挂钩，上岗才能享受与该岗位相配套的岗位津贴，岗位发生变化，以上三项也同步变化。奖金的发放，按照绩效与经营挂钩且先考核后发放的动态调整原则，根据经营情况动态发放，绩效在整体薪酬中占据 60% 以上比例。从湖南广电各单位考核与分配数据来看，不同的二级单位，同一层级的员工收入可能会有成倍的差距；同一公司内部，对于一线员工的收入，优秀者常常可以超过公司管理层。仅就湖南卫视而言，从基层员工到业务骨干，收入是上升曲线，从业务骨干到管理干部，收入则是下降曲线，制片人的收入高于部门负责人甚至台领导，已经是持续十多年的常态。总台人力资源部曾对 2018 年度员工收入进行过内部统计，数据显示，总台、集团及卫视（不含管理层）收入最高的前五名是五位工作室负责人，他们的平均薪酬是集团本部人均年薪的几倍。

湖南广电不仅要求芒果人了解业务、精通业务，还把价值思维全面融入公司业务体系和管理体系中，建立市场化导向的用工体系和激励机制，促进传统媒体人向市场型复合人才转型。2019 年建立管理、专业两个薪酬晋升通道，普通员工最高可享受相当于部门副主任的薪酬待遇。在湖南卫视的工作室制度中，更进一步明确每个工作室 7 名核心成员可分享全工作室 70% 的项目价值奖。

事实证明，按照市场化原则和企业发展规律确定薪酬是具有优越性的。未来，全新的湖南广播影视集团还将积极探索新型主流媒体集团的机制体制创新。

护城河里的码头：“分灶吃饭”的利弊得失

毫无疑问，分灶吃饭的特点是在“分”，依靠管理、分配、奖惩的充分授权，明确了目标和责任，使得各业务主体能够在瞬息变化的竞争中充分获得主动权。但是，良性竞争与恶性竞争之间、适度竞争与过度竞争之间常常只有一步之遥，所以湖南广电二十多年来一边靠着分灶吃饭激励改革创新，一边也在不断的探索实践中规避着各种风险。

“分灶吃饭”的第一大优势是实现了整体风险的分散。每一个业务板块都是相对独立的市场主体，承担着各自的目标和责任，相互之间既有战略的协同，也有目标的竞争，各自都有自己的防火墙与护城河，而这些防火墙和护城河犬牙交错，共同拱卫着湖南广电的核心竞争力。

“分灶吃饭”的第二大优势是保证了业务主体参与竞争的灵活性。分灶吃饭虽然形式上是将大家的分配机制进行了下沉，实际上则是将各业务主体的主观能动性更积极地调动起来，多劳多得，优劳优得，每个主体在业务上是对整个湖南广电负责，但是在利益分配上是对自己负责，可以根据自身对形势的判断、业务的判断、战略的判断随时调整各自的打法。这也形成了湖南广电的另一个基本特点：大的业务布局有基本的分工，但是具体业务从来不会只确定某一个主体，而是在有序的竞争中形成赛马机制。

“分灶吃饭”的第三大优势是形成了战略性梯队。从事业内的频道主体到市场上的企业主体，从上星的卫视频道到地面频道频率，甚至在内容团队之间也有不同的业务层级，层层递补，层层互补，任何一个业务主体出现问题，都会有相匹配的战略梯队顶上去。在华为的机制中有备胎计划，但是在湖南广电没有任何一支团队是备胎，它们各自在同一个轨道中进行业务的训练和成长，随时可能成为主力。

当然，随着每个业务板块走向不同的发展趋势，利益格局也随之发生着变化，风险从来都是如影随形，犹如江河深处的暗礁深涌。“分灶吃饭”的最大弊端就是造成了“码头效应”，各守一段护城河，“码头”好的在分配上就有更多的主动权和自主性，员工收入也就普遍更好，发展就更有动力。“码头”不好的则前景不明、动力不够，员工的待遇自然也就不高，而收入上的差距，则会形成一定的攀比心理，不利于整体的发展，同时也会带来经营质量不高、竞争力缺乏、盈利能力弱的风险。如何统一目标、稳定团队、留住人才、守好主阵地，如何“补短板、强弱项”，压减落后产能，成为未来湖南广电可持续发展必须面对和解决的难题。

对于国有企业来说，“分灶吃饭”似乎是进行现代企业管理的标配，而如何掌握分寸与平衡，运用好“码头效应”，其中的管理艺术值得玩味。不管怎样，湖南广电已经在二十多年的改革发展中形成了独具特色的精神和文化，而身处其中的每一个芒果物种既有着马栏山共同的基因，又有着自己的独特个性，这种包容并蓄的马栏山文化造就了蓬勃生长的芒果森林，它代表着这片森林里每一个细胞自我革新、团结向上的力量。

人才是金：培养新型全媒体人才

十多年前，湖南广电人才团队声名鹊起，因此被行业敬称为电视湘军，十多年以后，以电视湘军为核心的人才队伍已开始迭代为具有全媒体基因的芒果系战队，这支队伍拥有超过 50 个工作室团队、5 000 多名一线内容制作人、两千多名技术工程师。2018 年 6 月，吕焕斌台长在调研芒果 TV 时提出了对湖南广电人集体进化成全媒体人的期待：“从现在开始并入同一个跑道，以同样一种身份，保持同样一种姿态，带着同样一份责任，咬定同样一个目标，奔跑向前。”因为芒果 TV 的诞生，马栏山夯实了建设新型人才队伍的坚实基础。

六年换了三个 CEO！马栏山的用人逻辑

2014 年至今短短 6 年间，芒果 TV 历经两轮换帅，三位 CEO 相继执掌帅印，而每一次的人事变动都恰到好处地匹配了芒果 TV 的战略发展需求。这种管理人才的战略调配和打通融合，被称为具有湖南广电特色的“齿轮型配置”。

2006—2015 年：营销为王

第一任 CEO 张若波是营销能手，具备敏锐的商业嗅觉，善社交。他原本是湖南卫视广告部副主任，具有较强的营销能力和创新意识，早在 2006 年就带领团队组建了湖南广电旗下唯一的新媒体综合运营机构快乐阳光，这是一家完全企业性质的公司，创业初期，必须用企业思维来经营，也需要具有营销思维的人来主导。

2013—2014 年，腾讯视频、优酷土豆、爱奇艺等互联网视频已经相继崛起，雄霸一方，而芒果 TV 还只是初出茅庐。张若波对于芒果 TV 的商业化运作具有较好的召唤力，给芒果 TV 注入了早期的市场意识，帮助芒果 TV 完成了创业初期的原始积累。当时，除了张若波之外，芒果 TV 还云集了很多台内的业务人才，例如第一位从湖南卫视调到芒果 TV 任职的管理层刘琛良、从湖南卫视节目营销中心调到芒果 TV 任职的易宇丹等，他们从传统媒体带来的营销思维、品牌思维、业务思维，开始汇聚芒果 TV 在互联网市场打拼的第一股力量。

2015—2017 年：内容为王

第二任 CEO 丁诚擅长内容运营，个性低调，不太愿意抛头露面，曾担任湖南卫视副总监、总编室主任、湖南卫视生产调度中心主任、青海卫视内容总监等职务，是湖南广电深谙内容业务的“老将”。

2015 年，刚好是“独播”的一年。芒果 TV 网（即芒果 MPP）在业界排名第五位（次于腾讯视频、优土、爱奇艺、乐视）。面对爱优腾的迅猛势头，刚刚完成5亿元A轮融资的芒果TV需要进化成一个有独立影响力的平台，对内容自制的需求越来越强。独播只是入局，破局还得靠独特，独特来源于自制。从湖南广电的自身优势出发，以内容制胜是走向独特的法宝。芒果TV需要一个在内容制作上有丰富经验、在湖南卫视平台长期进行节目管理、具备准确的行业判断力，并能够更深层次地打通平台资源的管理人员。这时，丁诚无疑是比张若波更适合构筑内容大厦的建筑师。

2015年6月，丁诚调入芒果TV担任CEO，张若波调回湖南卫视。丁诚的出现，赋予芒果TV强大的自制意识，芒果TV开始不断推出《完美假期》《百万秒问答》《明星大侦探》等自制节目。他在任期间提出了“从独播到独特”和“全屏加速度、全员加速中”的战略路径，2015年也成为芒果TV的自制元年，平台的自我属性开始显现。

张若波与丁诚的对调，是湖南广电传统媒体和新媒体管理人才融合的首次尝试。2015—2017年，湖南卫视和芒果TV开始探索搭建台网灵活的人才流动机制与融合渠道。

2017—2019年：平台为王

第三任CEO蔡怀军性格直接，对数据极其敏锐，先后担任湖南广播电视台财务部副主任、芒果传媒战略投资部部长，并兼任基金公司负责人，全程参与芒果TV的资本化运作。

2016年，芒果TV的内容搭建已格局初显，但公司仍然面临战略性亏损。未来的发展需要源源不断的现金补充，大量的资本从何而来？湖南广电早在2016年就开始筹备新媒体业务板块的战略重组，计划推动芒果TV上市。2017年3月31日，湖南广电启动快乐购重大资产重组（即“331项目”），随后，蔡怀军调任快乐阳光总经理，丁诚带着一年多运作新媒体的经验回到湖南卫视担任总监。2018 年，芒果超媒的重组上市，实现了芒果 TV 的资本化、证券化。

从营销到内容到资本，三任 CEO 的更替，推动了芒果 TV 每一阶段的成长与进化，芒果 TV 逐步迈入平台为王的新阶段。湖南广电决策层在媒体融合六年时间的关键节点先后启用三位 CEO，每一步都有着环环相扣的战略逻辑，是对芒果模式层层深入的优化升级。

从传统 TV 人到新型 IT 人：马栏山开放的人才生态

湖南广电能够源源不断得到新能量的注入，得益于一直以开放的生态环境，拥抱新生事物，给予每一位想做事想成事的人实现个人价值的机会。其人才的融合主要来源于两方面。

一是面向互联网行业吸纳 IT 人才。由传统广电向全媒体转型，突出的短板是互联网技术基因的不足。2014 年以来，芒果 TV 的技术产品团队超过千人，占员工总数的一半以上，这批 IT 人才来自华为、BAT、字节跳动、哔哩哔哩等一线互联网公司，成为湖南本土最强大的 IT 技术队伍，推动全屏加速。2015 年 10 月，前土豆网技术副总裁黄冬正式加盟芒果 TV，出任 CTO，曾主持设计、运营过优酷土豆多个大型高容量产品和系统的他，及时补齐了芒果生态的技术短板。这些外部人才的加入带来了业界经验，芒果 TV 得以快速进化，马栏山的创新基因实现了迭代，使得芒果 TV 用一年多时间，走完了一线商业视频网站一般要四到五年走完的技术发展道路。

二是传统 TV 人转化为具有媒体属性的新型 IT 人。芒果的 IT 人和其他地方不同，他们有着强烈的 TV 基因和属性，整个马栏山的全媒体人才培养就是 IT 和 TV 人的基因重组、嫁接、转换和升腾。得益于台网之间的人才流动，马栏山的 TV 原住民都是主动进化，他们有的已经在传统体系内运转多年，需要换一个环境焕发自己的活力；有的是因为强大的原创能力在原有的线性平台无法承接，具有高溢出价值，于是，产能的转移使传统媒体的人才流动到了芒果 TV。此外，因为平台间的内容合作而产生了大量定制团队，比如芒果 TV 与湖南卫视、湖南都市，金鹰纪实制作的晚会、综艺、纪录片等，都是由平台间的一线员工合作定制的。这并没有改变原本的用工关系，但是使生产力得到了解放，传统媒体的电视人积累了互联网的种种经验。

建立内部人才市场：人才流动机制的探索

2014 年，时任湖南台节目交易管理中心副主任的郑华平敏锐捕捉到湖南卫视的 IP 价值，并决定以市场化的方式对其进行多维度开发。初期，为给予郑华平“创业”保护，湖南台决定保留他在节目中心副主任的行政级别及身份，同时支持其对外拓展业务。直到《爸爸去哪儿》手游的问世且芒果互娱的成立，郑华平才被正式免去湖南台的职务，并被任命为芒果互娱董事长。

湖南广电遵循人才发展的市场规律，对于内部人才流动一直持有鼓励且开放的态度。人才流动激活了芒果内部生态，保持了生态平衡。由于兼具事业与企业的体制背景，湖南广电在人才流动机制上不能完全照搬 BAT 或社会公司的人才机制。当然，目前人才流动机制仍然存在一些痛点，湖南广电仍在积极探索中。

跨单位流动

近年来，方菲、吴梦知、单丹霞、周山等传统媒体人才纷纷加盟芒果 TV，完成了向互联网媒体人才的转型。他们都放弃了原单位的行政级别，辞职后重新入职芒果TV。2013年，湖南台出台《关于事业单位员工调往台属、台控企业劳动人事关系管理办法》，要求员工调离时办理在台离职、在企入职的相关手续。员工的每一次流动，都需要经历从辞职到入职的过程。这一方面增加了员工个人的就业风险，另一方面降低了人才流动效率。

人才是最宝贵的财富，建立内部人才市场是形成企业内部人才有效流动的一种机制和平台。以任职资格为条件，为了实现员工需求与员工意愿之间的双向选择和匹配，目前湖南卫视正在进行这方面探索：工作室可以同时操刀好几个项目，只要有能力的人才，也可以开放市场为芒果TV操作项目，鼓励双平台之间的人才资源共享。

“H”型人才双通道管理

2019年，洪涛被任命为湖南卫视副总监。然而对于洪涛本人来说，相较于管理者的岗位，他更愿意成为一位顶级制片人。湖南卫视由于其事业体制的限制，多年来晋升通道单一，2019年之前，员工想要升职加薪仅仅只能走管理序列晋升，路径为：员工—副经理—经理—副主任—主任—副总监—总监，洪涛无奈只能选择成为一位管理者。

与之相反的例子是芒果TV盒子工作室的何忱。早在2014年芒果TV开始实行双通道管理，将制片人划分到专业通道发展，发展路径为：执行制片人—制片人—资深制片人—首席制片人。何忱在专业制片人的职业方向上不断历练成长，得益于芒果TV“H”型人才双通道政策，让她拥有了专业化的职业发展空间。

传统的事业单位或国有企业一直按照行政管理的体系进行管理，晋升通道相对单一。而很多新型的互联网企业，适应市场变化，有着更加灵活的用人机制。对标芒果TV的人才培养体系，湖南卫视于2019年也开始大胆实施人才发展双通道。虽然时间比快乐阳光足足晚了 5 年，但正因为有了媒体融合发展的动力，湖南卫视的人才制度改革才被激活了。

合适即人才：激活人才蓄水池

“当时觉得自己成长已经停滞了，与合作过的爱奇艺客户聊天时，觉得客户都比自己懂得多。”方菲回忆自己当时转型的经历时说。他曾在湖南台广告经营管理中心负责经视广告部的策划，一做就是五年，“去可口可乐拜访时，他们说要在湖南市场大减预算，砍掉了全国一半地面频道的预算，湖南未来也可能被全部砍掉”。传统的广告行业已经开始降维打击，方菲清醒地意识到，新媒体已经成为生态竞争的核心战场。经过反复思考，2015 年 9 月，方菲选择跳出传统媒体，成为快乐阳光广告营销中心高级总监。

人才是生产力各要素中最重要的一环。创新机制解放生产力，人尽其用是湖南广电在全媒体人才培养时期探索的一个重要方向。

湖南广电的用人方式长久以来以事业编制和台聘编制为主，用工方式单一，很难吸纳外面的新兴人才进入。近年来，随着市场化改革的推进，芒果传媒、芒果超媒、快乐阳光等公司通过企业招聘等方式建立了多元化的用人机制，合理管控用工成本，不仅构建了和谐的用工关系，还以社会化招聘的形式为湖南广电吸纳了内容、技术、资本、经营、管理等不同类型的新型媒体人才。2018 年 7 月，湖南广电打开台聘通道，以卫视为试点，通过向全社会公开招聘的方式广纳贤才。同年，台、集团人力资源部还推出《湖南广播电视台台聘人员招聘与录用流程》，填补了此类人员台聘选拔制度和流程的空白。湖南广电的用工机制日渐丰富，人才来源也更加广泛。

在内部人才的培训方面，台人力资源部三大培训品牌（芒果大讲堂、芒果私享会和芒果特训营）影响力蒸蒸日上，培训流程实现智能化管理，员工培训热情日趋高涨。另外，他们还组建了台内第一个在线培训联盟“众享 Mango 俱乐部”，初步实现独具芒果特色的培训共享机制。

让年轻人永远有机会

吸引年轻人、留住年轻人、提拔年轻人是湖南广电近年来的一项重要工作：通过公开竞聘，给予年轻人最开放的平台和最自由的发挥空间；通过容错机制，保护年轻人的创作热情。

对于年轻的人才，湖南广电给足机会，给好政策。只要有能力，准备好了，在湖南卫视和芒果 TV 都可以拿着自己的方案，在讲台上通过竞聘实现职业提升。2018 年芒果 TV 有 70 个岗位换上了年轻人，目前芒果 TV 的中层管理岗位人员以“85 后”居多，最年轻的甚至有 1991 年出生的。

秉持开放的人才观，容错机制是湖南广电独具特色的人才培养方式。在节目一线和产业营销最前沿，倡导革新冒险风气，充分信任员工，让他们施展才华而不必害怕试错，这使得电视湘军在不断的迭代升级中迸发出更大的创新能量。2017 年 7 月开启的湖南卫视创新“飙计划”面向团队征集节目方案，同时以大型情报数据库为支撑，为团队提供节目和流行趋势相关的全球最新资讯。从收到方案后的评估，到反馈和共研，到报批样片经费、录制样片，再到资深导演的及时沟通和组织审片，这一系列的流程让锐意改革创新的一线员工少了后顾之忧，不断激发他们干事创业的激情和活力。2018 年，诞生于第一轮创新“飚计划”的原创节目《声临其境》上线后每一期的播放量都接近 1 亿，豆瓣评分 8.3。试错机制在《快乐大本营》的制作团队里同样发挥得淋漓尽致。对于某一个效果比较好的板块，就会继续做阶段性的策划；如果效果不好，就需要思考是否有调整的空间。

湖南广电拥有丰富的人才储备，这促使其大胆探索，建立和完善一个完整的内部竞合生态。湖南卫视、芒果 TV 通过大力推行工作室制度，让内容制作的人、财、物更加独立，鼓励强者更强，最大限度地激发他们的创作活力。2018 年 5 月 25 日，湖南卫视总监会也审核通过了 7 个团队创立首批工作室，9 月，审核通过了第二批 5 个团队成立工作室。这是湖南卫视在团队建设和管理上的一次有益探索，全面激活了 20 多个导演团队。芒果 TV 目前已储备 16 支制作团队，工作室在创意、制作、资源等方面完全独立，工作室是公司制，16 个工作室就是 16 个节目分公司，风险由芒果 TV 承担，收益则由工作室与平台共享。

湖南广电一直被外界称为内容创意的“黄埔军校”，传媒行业的“电视湘军”，这得益于其一直以人才为核心，以人才为资本，注重人才队伍的建设培养：一方面通过投资人力资本形成企业的核心竞争力，另一方面人力作为资本要素参与了价值分配。在推进媒体融合发展的实践中，湖南广电积极探索人才发展战略并逐渐形成了一个独特的马栏山创意人才生态圈。

芒果生态：（内容 + 技术 + 用户）× 资本

20 世纪 30 年代，英国植物学家阿瑟 · 坦斯利（Arthur Tansley）首次用“生态系统”来描绘一个特定的生物群落，商业战略家詹姆斯 · 摩尔（James Moore）将这一生物学概念用于商业研究，认为“在联系日益紧密的商业世界中，许多公司间的运作类似于生态群落的发展”。

2013 年，湖南广电首次提出了芒果生态圈的概念，随着“融合发展，以我为主”的战略推进，最终形成的基础架构是“一云多屏”的融媒体分发系统，核心驱动是围绕视频内容创意、生产、创业的各构成要素之间的互动状态。建立、增强和完善芒果生态圈是个艰巨的系统化工程，既依赖于一代代湖南广电人奋斗打下的基础，又需要新时代的广电人不断推动芒果生态新格局的形成。新媒体、新传播、新技术为芒果生态的进化注入了生生不息的动力，而借力资本，整合撬动多方资源，则让芒果生态开启了超级进化的过程。

快乐购 IPO：搭建资本平台的关键

2013—2014 年，时任快乐购董事长、总经理的陈刚，每次跟吕焕斌台长汇报完工作，得到的最后一句话永远都是："悠悠万事，唯此为大。"这件大事，就是快乐购的 IPO（首次公开募股）。

那一年，证监会在 IPO 审核上关闸，快乐购向资本市场的冲刺功败垂成。但正如湖南广电高层预计的，有关闸也总有开闸时，谁准备得最充分，第一批就一定有谁。对于快乐购 IPO 的决策者、推动者来说，有多少事，亲历时胼手胝足，但谈笑间却只剩云淡风轻，个中滋味，默然于心。当时争分夺秒、埋头苦干的上市团队很少有人能想到，这"唯此为大"的 IPO，会牵动着此后湖南广电的融合发展大战略。

2005 年 12 月，快乐购成立，2011 年 3 月，快乐购引入弘毅投资、绵阳基金、红杉资本、高新创投等 4 家私募股权，在此基础上改制设立股份公司。在 2011 年股改时，为了激励团队，湖南广电报请主管部门同意，设立了管理层的股权激励计划。但在第一次 IPO 递交的改制方案里，经营团队股权激励部分被主管部门否决了。事后有好事者调侃快乐购的管理层，会不会为失之交臂的财富心痛，得到的回答是："我们是国有企业，拿到的股权是合法合规合程序的，是组织对我们的信任和鼓励，现在按照上市的规则需要我们放弃股权，我们当然也必须坚决执行命令。"

正是有了"唯此为大"的充分准备和"坚决执行命令"的纪律性，2014 年证监会 IPO 审核开闸后，快乐购的上市进程几乎毫无悬念：2014 年 9 月 28 日快乐购正式报送申报稿；2014 年 10 月 8 日证监会预披露；2015

年 1 月 4 日，证监会核准、深交所批准快乐购向社会公开发行股票；2015 年 1 月 21 日公司股票在深交所挂牌交易，股票代码 300413。

久久为功，九年成功，用九年的时间实现从创业到上市的资本化道路通关，快乐购为湖南广电的新媒体业务资本化预留了平台，创造了新的可能。在研判芒果 TV 独立 IPO 难度增大后，湖南台在湖南省委、省政府的指导下，启动了以快乐购为平台的重大资产重组。2018 年，快乐购通过发行股份购买湖南广电旗下包括快乐阳光、天娱传媒、芒果娱乐、芒果影视、芒果互娱等在内的 5 家公司 100% 股权，重组为“芒果超媒”，成为芒果生态的核心新引擎，带动马栏山风生水起，草木葱茏。

“悠悠万事，唯此为大。”恍然大悟后，才能读懂此中深意。

打开边界：一支队伍，七八把枪

生态是封闭的，是围绕着主业的参差错落；生态也是溢出的，是打开边界后的野蛮生长。筹备了半年左右，2014 年 8 月，芒果传媒战略投资部第一批员工正式入职，算上实习生，七八号人，随后，第一只和海通发起共同管理的芒果海通创意基金开始运作，芒果直投的项目也围绕着以内容为核心的芒果生态紧锣密鼓地开展。

芒果 TV 能不能按照苹果的模式，走软硬一体的道路？按照芒果传媒的生态布局，战略投资部开始对影视智能硬件和智能系统展开调研，一家叫极米的创业型智能投影电视企业吸引了战略投资团队的关注。极米团队到长沙路演时，投资部的同事胡倍儿按照对方发来的定位去接他们，但是在附近转悠了很久找不到酒店，原来极米的团队住的是藏在居民小区楼里房费不过百元的小旅馆，而且还是双人标间。后来，这个细节为这个务实低调的创业团队加分不少。

经过前期对极米的调研考察，投资部对极米在技术、供应链和市场上的优势已经有了较确定的判断，也清楚其在工业设计、内容、品牌营销等方面的不足，芒果和极米契合度高，具备合作的基础。很快，芒果传媒战略入股极米科技，极米同芒果生态资源打通，在内容和品牌营销上合作共赢，企业发展迅速稳健。目前，极米科技已经开始着手提交材料，申报科创板上市。

就是通过像极米科技这样的项目，芒果生态延伸出马栏山，芒果系成为大文化赛道中一支不容忽视的劲旅。随后，以战略直投和芒果基金双轮驱动，以股权为纽带，极米科技、360、网易云音乐、映客、花椒、观达影业、柠萌影视、华传文化、五元文化、华尔街见闻等一系列头部企业都与芒果生态发生着千丝万缕的联系。截至 2018 年底，芒果投资已战略性直接投资了 5 个项目，投资金额合计约 8.32 亿元。在战略直投之外，芒果投资团队管理实际到账基金总规模已超过 50 亿元，建立了完善的投资和基金管理体系，获得投资人和业界的高度认可。

在湖南广电的产业布局中，芒果投资立足于马栏山行业影响力，开始助力芒果生态圈的建设：一是作为探路先锋，致力于发现市场上的新机会，并提前建立认识；二是作为防御性武器，推动核心业务的战略协同；三是坚守财务性原则，实现国有资产保值增值。

一座资本化的马栏山，让芒果生态更加生机勃发。

以我为主：谋内容战略

从快乐购 IPO 的“唯此为大”，到资本马栏山的拔地而起，读懂了其中的逻辑，也就读懂了芒果生态的超级进化：2014 年做实芒果传媒、以“独播”战略打造芒果 TV、快乐购实现 IPO；2015 年芒果 TV 开启两轮融资、开始资本化布局，与之有战略协同的天娱传媒、芒果娱乐、芒果影视、芒果互娱等也加速转型；2016 年筹划以快乐购为平台进行战略重组，并以此为契机，对新媒体业务板块进行严格的合规性调整。正是有了这些夯基垒台、立柱架梁的设计布局，战略重组后的芒果超媒才能顺理成章成军，才有了芒果生态的系统集成、协同高效。

芒果生态作为一个头部内容生态，决定了其必然是一个“爆款”生态，“爆款”一定在头部内容中，虽然你不知道它什么时候出现，但是你知道它一定会出现。这种自信是基于各业务板块已经构建出成熟的全链条系统，包括：创意评估优化机制、模式成型体系、生产制作体系、平台连接机制、市场推广策略、交易促成机制、广告营销体系、资本对接机制等。但芒果生态又不是封闭的，更多地体现在导向管理和内容把控上的“以我为主”，这也是芒果生态的一个基本理念，是湖南台作为党管媒体的属性要求。在平台的边界进一步扩大后，芒果生态的下半场对内容的吸附能力和价值放大能力将呈现倍增效应，在导向管理以我为主的基础上，打开包括创意人才、艺人、资金、运营等生态系统的各个端口，通过市场机制合作共赢。

从 2017 年底开始，湖南广电的融合发展已经完成了第一阶段的基础设施建设，芒果生态进入下半场，核心还是要主抓内容。而提出这一判断的逻辑就在于，湖南广电已经成为国内广电和网络视听媒体中唯一横跨传统媒体和新媒体平台的新型主流媒体，平台和技术的互联网壁垒已经基本打破，于是平台对内容的供需矛盾开始出现。

平台打开的是流量入口，是搭台的工作，真正能够吸引人们坐在台前的，是台上的内容，内容是流量的吸附器。芒果生态的基因是内容基因，作为一个内陆省份，在没有政策、资金、技术优势的情况下，湖南卫视能够成为中国省级卫视第一平台，靠的就是不断引领潮流的内容创新。新的融合媒体平台搭建好之后，要让马栏山的内容原生优势在新平台上嫁接出新生态，这才是芒果生态下半场的核心竞争力。下半场的决战，就看谁有好产品。只有打造出好产品，平台才是唯一的，只有打造出好平台，才能在未来的竞争中弯道超车。

从搭平台、拓渠道、立柱架梁，到回归内容的本质，再加上资本助力，湖南广电已经形成了独特的“芒果生态”模型公式，即（内容 + 技术 + 用户）× 资本。产业经营是“加法思维”，资本运作是“乘法思维”，搞资本运作的前提是做好产业经营，如果没有强大的产业经营作为支撑，资本运作就是一座空中楼阁。但资本也有两面性，它是一把双刃剑，必须要管控好资本，让资本服务于战略，服务于打造一个以 IP 和用户为核心的芒果生态。

一段历史：芒果超媒的前世今生

2018 年 6 月 25 日，这天上午芒果传媒董事会的议题很简单：快乐购重大资产重组后新上市公司的名字。但是，这个简单的议题却让会议讨论前所未有地激烈起来，争论持续了一个多小时，唯一的共识是，快乐购这个名字已经无法涵盖新公司的特点和属性，而芒果 TV 这个品牌标识突出的名字，则因为含有字母而不符合上市公司的工商注册规定。于是争论的焦点就集中在是叫“芒果传媒”还是“芒果视频”。主持会议的董事长吕焕斌一边听着大家的意见，一边不断发信息广泛调研，从中层管理干部到普通员工，各种意见反馈不断汇聚到会议室：很多人觉得这两个名字不够先锋时尚，少了一点湖南广电应有的锐气。将近十二点的时候，会议结束了，但仍没有得出结论。端着咖啡杯的张华立副台长走出会议室，回头看到了列席会议的芒果传媒行政人事部部长郝豫涛，于是问了一句：

“你有什么建议？”

“我前两天和芒果基金的总经理黄国雄聊天时，他说大家提到湖南卫视，就想到超级女声，从传统媒体到新媒体，下一代媒体怎么迭代，谁也说不清，也许就是超级媒体，所以他觉得可以叫芒果超媒。”

“欸，这个名字好！”

于是，芒果超媒就这么诞生了。

从 A 轮到 B 轮：引资改制增活力

艰难的第一炮！快乐阳光 A 轮融资 5.1 亿元

时间回溯到 2014 年，湖南广电决定造自己的“核武器”：以芒果 TV 为平台推动实施媒体融合战略，快乐阳光作为芒果 TV 的运营公司，成为全新战略实施的核心主体，启动内容“独播”。战略定下来了，怎么执行下去，大家心里都很清楚，最核心的是要解决钱的问题。

互联网视频行业被公认为一个“烧钱”的行业，版权成本和带宽成本高，在爱奇艺、腾讯视频、优酷已经坐实第一阵营的行业格局下，快乐阳光要奋起直追，现金投入是个很现实的问题。为了实现独播，湖南广电已经放弃了卖版权的直接收入，接下来还需要继续投入更多的资金。当时视频行业领先者背靠 BAT 的雄厚资本，每年的资金投入超过 50 亿元，湖南广电虽然通过湖南卫视的快速发展，积累了一些自有资金，但是依靠自有的资金远远不够，必然要有外部融资。

外部融资的途径不外乎借债和股权融资，文化企业都属于轻资产型，银行借贷根本解决不了问题，稀释股权进行融资成为唯一的选择。快乐阳光自 2006 年设立以来一直是一家国有全资控股的公司，由此在平台化、引擎化之外，资本化明确为其发展的三大关键词之一。湖南广电既然要全面拥抱市场，要全面推进媒体融合战略，那就要敢于尝试资本化。

2014 年 7 月，湖南广电决定突破性地对其引资改制，首次面向外部投资机构进行股权融资。当时，优酷已经在美国独立上市，并完成了与土豆网的合并，爱奇艺在多轮融资后被在美国上市的百度控股，腾讯视频作为腾讯事业群的一个业务板块，其母体腾讯控股是港股第一大上市公司，而乐视网也已在国内 A 股上市。快乐阳光是脱胎于国有事业单位的互联网视频媒体企业，拥抱资本的时间点已经算较晚的，而且非常缺乏资本运营的经验，但任何困难都改变不了湖南广电坚定推进资本化的决心。

为了保障融资的顺利推进，A 轮融资决定由芒果传媒战略投资部和快乐阳光管理层联合统筹负责，融资团队经过多轮比较，最终聘请了海通证券投行团队作为专业的财务顾问，由其牵头对快乐阳光进行了详细的业务战略梳理，并为融资事宜提供全面支持。

对外融资的方向已确定，接下来估值方案怎么设计是个核心问题。互联网视频属于一个新兴领域，兼具媒体和互联网属性，国内可参考的公司非常少，而且优酷、爱奇艺等具有互联网背景的公司的商业模式受到争议。最后，基于独家的内容版权、齐全的牌照资源、明确的发展战略及对未来业务发展的预测，综合市场化的估值方法，快乐阳光 A 轮融资的投前估值确定为 60 亿元，拟融资不超过 10 亿元。第一轮融资估值就接近独角兽级别的项目，这在资本市场上并不多见，因此当快乐阳光对外融资的相关信息在投资圈扩散时，引起了不小的轰动。

可惜的是，快乐阳光的这个估值在融资开放初期并未获得投资机构的一致认同，超过 40 家投资机构表达了投资意向，但进入尽职调查阶段后，很多投资机构都表达出一丝犹豫，因为当时快乐阳光的财务报表显示亏损，大家对一家国有背景的视频企业与已经发展多年的互联网视频企业竞争缺少信心，对于快乐阳光未来的发展仍心存疑虑。

但是，不管环境怎样艰难，快乐阳光的首次融资是其资本运作的第一步，至关重要，只能成功不容失败。融资团队一直处于超负荷工作状态，并向台党委密切汇报进展情况，与此同时，芒果传媒战略投资部协同快乐阳光管理层与投资者紧密开展了多轮针对性的沟通，并进一步扩充了尽职调查的范围。

经过全面的战略解读和战术梳理，投资者的疑虑开始逐步打消。2015年4月，快乐阳光10亿元的融资方案终于确定下来，由中国移动旗下中移创新产业投资基金领投，并上报国家广电总局和中宣部审批。2015年6月，经过近一年的时间，在获得中宣部和国家广电总局的批复同意下，快乐阳光成功完成A轮融资交割，由芒果海通基金、中国文化产业基金、建发集团、上海国和基金、联新资本、湖南文旅基金对快乐阳光增资合计5.1亿元，投资后估值65.1亿元。但遗憾的是，鉴于上级审核部门对中移创新产业投资基金的股东资格存在疑虑，最终中移创新产业投资基金未能顺利成为快乐阳光股东，湖南广电与中国移动的首次资本结缘擦肩而过。

丁诚喝醉了！快乐阳光B轮融资14.08亿元

在推动A轮融资的同时，2015年6月，湖南广电基于快乐阳光的战略发展需要，进行了一次重大人事调整，湖南卫视主管内容的副总监丁诚调任快乐阳光总裁，内容“独播”战略上升为“独特”战略，芒果TV全面开启内容自制。由于A轮最终融资到位5.1亿元，为了进一步保障业务发展，继A轮融资不到一年后，2015年9月快乐阳光开启B轮融资，继续由芒果传媒战略投资部和快乐阳光管理层联合统筹负责。

2015年快乐阳光业务发展迅速，当年收入就接近10亿元。在国内视频网站一直处于亏损的行业背景下，快乐阳光提出最晚不迟于2018年开始盈利的目标，并致力于跻身行业第一梯队，B轮融资投前估值确定为120亿元，拟融资不超过15亿元。

作为刚刚上任的总裁丁诚，心里一直很忐忑，这位内容背景的掌舵者，做内容信心满满，但做股权融资还是头一遭，压力巨大。虽然快乐阳光成长很快，但他心里还是没底，A 轮融资的艰辛还历历在目，不到一年的时间，公司投前估值就要翻一番，从来没有跟投行和投资人士打过交道的丁诚，不知道投资者是什么样的心态，更不知道他们怎么看待快乐阳光这一轮的融资。

然而，基于已有的融资经验和业绩成长性，以及芒果生态支撑起的更为清晰的战略布局，快乐阳光 B 轮融资初期进展顺利，获得了超过 60 家投资机构的认购参与。2015 年 11 月，融资团队在北京组织召开高管团队与投资者见面沟通会，时任副台长聂玫带着快乐阳光的管理层正式亮相，投资机构的积极响应让丁诚心里的石头终于放了下来，一向严谨到近乎严肃的丁诚，在当晚主动敬了团队几杯白酒后就醉倒了，而体贴的副台长聂玫，借故给他放了半天假，自己却一早赶早班机回到长沙，替丁诚参加一个原本应该由他出席的汇报会。

经中宣部和国家广电总局批复同意，2016 年 6 月，快乐阳光 B 轮融资正式完成，由新老股东芒果文创基金、光大新娱、中建投资本、广州越秀、中核鼎元、上海骏勇、建发集团和湖南文旅基金共同向快乐阳光增资合计约 14.08 亿元，投资后估值约 134.08 亿元。

引资改制的三大意义

资本在互联网视频媒体的发展过程中起着举足轻重的作用，湖南广电要顺利推进媒体融合实践，必须利用好资本这把利剑。快乐阳光连续完成两轮融资，资本化战略的实施取得了长足的进展，引资改制为快乐阳光打开了一扇新的窗，为快乐阳光的快速成长带来了强大的助推力。

第一，获得资金，引入合作伙伴。通过连续两轮融资，快乐阳光共获得资金 19.18 亿元，与优酷、爱奇艺等行业领先视频平台获得过的融资金额相比并不算多，但对于一家国有属性的新媒体平台来说，这两笔资金有效地保障了快乐阳光战略性的投入，为快乐阳光加入行业竞争提供了充足的“弹药”。同时，通过引资，快乐阳光迅速建立起自己的“朋友圈”，先后引入中国文化产业基金、建发集团、光大新娱、广州越秀、上海国和基金、联新资本、湖南文旅基金等战略合作伙伴，这些合作伙伴既包括中央级别、地方级别的国资集团，也包括市场化、专业化的知名投资机构，能够从不同的角度提供战略资源的协同支持。

第二，与市场接轨，优化治理结构。引资改制更为重要的是，从机制上实现了突破创新，快乐阳光以前囿于国有体制与市场化的距离，运营效率也有待于优化。通过引入外部股东，快乐阳光全面与市场接轨，建立起更为多元的董事会，其中战略投资者有董事会席位、监事会席位。与此同时，快乐阳光内部设立薪酬与考核委员会，由战略投资者占大比例，同时任召集人，对管理人员进行 KPI 考核并提出考核方案。在外部股东深度参与的潜移默化中，快乐阳光的决策机制更为科学，治理和管理效率都实现了大幅提升。

第三，市场价值确定，国有文化资产保值增值。两轮融资先后为快乐阳光进行了市场化估值，确定了公司的市场价值，并有效保障了国有文化资产的保值增值。快乐阳光 A 轮融资时，经审计的账面股东全部权益为 2.43 亿元，评估值为 40.20 亿元，外部投资方按增资前整体估值 60 亿元进行现金增资；快乐阳光 B 轮融资时，经审计的账面股东全部权益为 13.25 亿元，评估值为 95.25 亿元，外部投资方按增资前整体估值 120 亿元进行现金增资。

被中止的“617 项目”：一波三折的战略重组

2016 年 6 月 17 日下午，时间刚过 14 点 50 分，吕焕斌台长就不停地看表，10 分钟后，他让办公室通知党委会成员开会，同时通知时任快乐购党委书记、董事长的陈刚参会。议题其实很简单，建议以快乐购为平台，对湖南广电的新媒体业务板块进行战略重组，将芒果传媒旗下快乐阳光、芒果互娱、芒果影视、天娱传媒、芒果娱乐、金鹰卡通等资产全部注入上市平台快乐购，实现新媒体业务板块的整体上市，并募集配套资金以推动新媒体业务的新一轮发展。其实，台党委成员心里都很清楚自快乐阳光启动首次融资后，未来通过上市实现资本化只是时间早晚的问题，所以没有任何异议，决议很快达成，决定立即报请湖南省委宣传部、省文资委批准，自 6 月 20 日起对旗下快乐购的股票进行停牌，进行重大资产重组。

对于财经媒体来说，这是一个异常忙碌的周末，记者们一边抱怨着休息计划被打乱了，一边又满怀着对这个重大题材的兴奋。实际上，市场上此前对湖南广电的资本化取向已经有了各种猜测：一是快乐阳光自身独立直接实现 IPO；二是快乐阳光通过注入湖南广电旗下上市公司实现资本化；三是将快乐阳光装入湖南省政府控制的其他上市公司实现资本化。但是靴子落地之前，谁也不知道脚印会延伸到哪一条路。

“617 项目”选择将快乐阳光等新媒体资产注入已有上市公司快乐购的资本路径，主要是考虑当时 IPO 周期太长，对历史盈利要求较高，资产注入更符合实际情况和实际需要，将有利于快乐阳光等新媒体板块拓宽融资渠道，实现更高效的融资，实现更进一步的快速发展；湖南广电旗下新媒体资产存在较强的战略互补性，同步注入可以实现较强的协同；以快乐购作为拟注入上市平台，满足政策要求，同时将极大发挥“1+1 ＞ 2”的作用。

“617 项目”是湖南广电进一步打通资本市场的重大举措，项目一启动就获得了省委、省政府等方面的积极支持。然而，一切计划都赶不上变化，其间出现了不可预计的因素，省委、省政府基于各方面的统筹考虑，于 2016 年 10 月 28 日明确指示项目暂缓实施，同时要求：方向不变、工作不停、时间暂缓、预案设计。2016 年 11 月 3 日，省文资委正式批复，同意暂不实施本次重大资产重组，待时机成熟再行筹划，湖南广电首次战略重组遭遇暂缓。

虽然“617 项目”在推进四个多月后中止，但是湖南台内部却一直没有放弃。项目相关方都没有将各项工作停下来，仍然照着战略重组的方向有序推进，并认真总结整理了已经形成的阶段性成果，时刻准备着更进一步的发展。这些成果包括：

确定重组方案，获得监管部门高度肯定和大力支持；

重组方案确定了党管媒体的政治属性、监管审核的政策要求、新媒体行业的发展规律、湖南广电的媒体生态支撑四大基础性原则，在与政策监管部门和上级主管部门的沟通中，普遍认为方案的制定有创新、有突破，有望成为传统媒体融合发展的样板和典范；

重组工作中划清了业务边界，拟定了同业竞争解决方案；

项目组在梳理了标的公司主营业务、主要产品及服务、主要经营模式、同业竞争等情况后，对近 150 家台属及参股 20% 以上的单位和企业进行了详细的筛查和梳理，并在此基础上对主营业务范围进行了划定；

重组工作整合清理了内部资产，提升了国资管理效果；

根据重组方案，项目组对标的公司国有股权进行清理和划转，完成了股权整理、股权划拨及个人股东清理等工作；

各标的公司规范了财务管理，完成了两年一期审计工作；

针对各标的公司会计政策不统一的现状，项目组对收入确认原则进行了规范，对各标的公司固定资产的实地盘查，汇总了各公司待报废固定资产清单，清理出了一批超过使用年限、无使用价值及处置价值的固定资产；

各标的公司制定了发展规划，完成价值预估；

以 2016 年 6 月 30 日为时间节点，各标的公司根据战略目标制定了各自的业务发展规划，对 2016 年下半年、2017—2021 年（快乐阳光 2017—2024 年）进行了详细的盈利预测，并在此基础上进行价值预估；

各标的公司补办了国有产权登记证，梳理和规范国有产权变动瑕疵；

项目组根据相关法规政策及监管部门的要求牵头各标的公司开展部分国有产权登记证的补办手续；

项目组梳理和完善了各公司业务资质，规范和约束合法合规经营问题；

根据相关法律法规的规定，有条不紊地推进业务资质的变更登记，全面核查了各标的公司的版权合规性问题，并根据拟上市公司的要求对标的公司的合法合规经营情况进行了全面尽职调查。

重启“331 项目”：芒果超媒的“前世今生”

在各项准备工作有序推进的同时，台党委一直在寻找合适时机重新启动战略重组。2017 年 3 月 31 日，终于迎来新的时间窗口，台党委会研究决议并报省委、省政府批准，决定从新一周股市开盘起对快乐购股票公告停牌，启动实施新一轮的重大资产重组，湖南台内部称为“331 项目”。

为保证“331 项目”依法、依纪、依规、依程序，重组启动的同时，台党委成立台“331 项目”领导小组，领导小组下设办公室，负责项目的具体推进工作。重组项目聘请了中国国际金融股份有限公司和财富证券有限责任公司担任独立财务顾问，聘请君合律师事务所担任法律顾问，聘请立信会计师事务所负责会计审计，聘请中企华资产评估公司负责资产评估。重组实施过程还严格履行相关报批程序，取得了中宣部、国家新闻出版广电总局及湖南省国资主管部门的书面批复。由于重组涉及的国有资产规模较大，且涉及部分外部股东，重组启动前后，台党委对道德风险问题高度重视，多次专题研究，并进行了全面核查，制定了严格的预案。

根据前期的工作成果和上市公司的要求，“331 项目”实施方案较“617 项目”方案进行了部分调整，正式确定将快乐阳光、芒果互娱、芒果娱乐、芒果影视、天娱传媒等五家按市场化原则运作的公司纳入资产重组范围，金鹰卡通和天娱广告则基于关联交易问题未纳入，进入重组范围的都是符合上市公司规范的标的。

上市公司快乐购于2017年9月29日公开披露重组方案，11月20日通过深圳证券交易所审核，12月13日向中国证券监督管理委员会递交重大资产重组申请材料并于12月18日获得证监会受理函，于2018年1月17日收到证监会首轮反馈意见。4月26日，中国证监会并购重组审核委员会召开2018年第20次工作会议，对快乐购物股份有限公司发行股份购买资产并募集配套资金暨关联交易事项进行审核，最终项目获得有条件通过。2018年6月21日，中国证监会正式核发批复，“331项目”顺利完成。

这一刻，距离2017年3月31日正式启动重组，已经过去了447天，距离2016年6月17日第一次筹划重组，已经过去了整整两年。

“331项目”完成后，2018年8月2日，“快乐购”更名为“芒果超媒”。芒果超媒作为一家涵盖互联网视频、影视内容、互动娱乐、媒体零售等业务的新型媒体集团正式成军，随之湖南广电成为国内广电和网络视听媒体中唯一横跨传统媒体和新媒体平台的新型主流媒体，这也标志着湖南广电的媒体融合已经完成了第一阶段的基础设施建设。

“331项目”相关的配套融资也于2019年5月27日顺利落地，芒果超媒公告称，公司以非公开发行方式向中移资本、中国人寿发行股票5 725.74万股，募集配套资金近20亿元。其中，中移资本为中国移动通信集团全资子公司，认购金额近16亿元，本次募资后，中移资本成为芒果超媒第二大股东，持股比例为4.37%。湖南广电与中国移动的资本结缘终于落成，中国移动作为国内最大的移动运营商，将与芒果超媒在流量经营、互联网电视、内容运营等方面形成紧密的业务互补和战略协同。

“331项目”的完成，进一步缓解了湖南广电媒体融合发展过程中面临的资金问题，这是芒果生态的一次超级进化，也是传统媒体的一次超越转型。

湖南广电的媒体融合实践，基于对事企关系的深度思考，市场化运作是其最突出的特点之一。伴随着事企融合的体制机制创新，不断突破融合的难点与边界，没有任何可借鉴的经验，也没有任何可对标的样本。这些探索为国有文化企业的改革留下了深深浅浅的脚印，才更显得弥足珍贵。

结语

道路与梦想：已经走过的路和未来之路

战略的逆袭

按照"23 条"的战略规划，经过近五年坚持不懈的探索与实践，湖南广电基本完成了当初的战略布局，基本形成了湖南卫视与芒果 TV"一体两翼、双核驱动"的全媒体发展格局，基本建成了自主可控、传播力强的新型传播平台，为芒果的可持续发展打下了坚实的基础，被国家广电总局评价为"媒体融合的芒果模式"。可以说，没有任何互联网基因与经验的湖南广电能在互联网视频领域抢占前四席的位置，得益于其坚定不移的战略逆袭。

壮大主流宣传战略一以贯之。"23 条"指出："发挥自身优势，延伸网络空间，提高主流媒体传播力、公信力、影响力和舆论引导力。"

湖南广电一直坚持新闻立台，立足湖南、胸怀全国、放眼世界，用新闻创新，把主流宣传的旗帜插稳主阵地。以学习贯彻习近平新时代中国特色社会主义思想为主线，这几年陆续推出了《社会主义有点潮》《新时代学习大会》《我的青春在丝路》《我爱你中国》等主流大片，以及电视剧《那座城这家人》、电影《十八洞村》等一大批记录新时代、书写新时代、讴歌新时代的精品力作。这些作品立足中国现实，植根中国大地，表现当代中国的发展进步和当代中国人的精彩生活，受到观众的普遍认可。

创新体制机制战略如火如荼。“23 条”要求：“按照中央和省委关于深化文化体制改革的要求，坚持把社会效益放在第一位，实现社会效益和经济效益相统一，加快事企体制改革，创新运行机制，进一步激发和释放媒体生产力。”

2018 年，湖南省委推动湖南广电改革重组，广电、潇影、网控“三军会师”，有效集聚优势资源，建链、强链、补链，为突破发展瓶颈提供了空间。同时湖南广电通过这轮改革，将市场主体立起来，探索国有文化企业经营管理模式的创新。

湖南广电的改革有一个口号：“做实一个集团，做优两个上市公司，做强四大业务板块。”所谓做实一个集团，就是要做实以市场为主体的新型主流媒体集团；做优两个上市公司，则是做优芒果超媒和电广传媒；做强四大业务板块，包括以湖南卫视为核心的传统媒体板块、以芒果 TV 为主平台的新媒体板块、以有线网络为支撑的移动板块、以基金为平台的资本运作板块。通过加大企业内部业务和资产的调整力度，推动芒果生态各业务板块的连接、共生，不断孵化培育新的产业增量，为芒果超媒、电广传媒两家上市公司源源不断注入新的市场价值，将湖南广播影视集团打造成主流宣传为核心、主业突出、核心竞争力强、市场占有率高、有规模、有产业链的骨干文化企业，确保国有资产保值增值。[①]

完善传播体系战略坚持不懈。“23 条”这样提出：“遵循新闻传播规律和新兴媒体发展规律，坚持先进技术为支撑、内容建设为根本，实现与新兴媒体优势互补、一体发展、此长彼长；同时，按照建设国家文化软实力的战略要求，加快湖南广电‘走出去’步伐，增强国际传播力。”

自 2014 年以来，湖南卫视输送给芒果 TV 的节目数量约为 150 档，累

① 《湖南广播影视集团改革重组暨湖南广播电视台转企改制一体化运行方案》。

计时长超过 2 600 个小时，获得累计播放量超过 1 000 亿次。这还不包括地面频道提供的海量资源。截至目前，芒果 TV 手机 App 下载安装激活量超 7.35 亿，全平台日活量突破 6 800 万，有效会员突破 1 500 万，稳步进入行业第一阵营，成为互联网视频行业的国有主力军。从 2017 年开始，芒果 TV 对湖南卫视的版权付费反哺，2018 年开始实现内容反哺。事实证明，全台办新媒体的战略已经开始进入优势互补、一体发展、此长彼长的收获期。

在内容融合上，实现湖南卫视和芒果 TV 双平台采购、定制与播出的全线打通；在渠道融合上，实现从传统电视直播屏，到 IPTV、OTT 及平板电脑、移动端所有渠道融合打通；在平台融合上，形成湖南卫视、芒果 TV “双核驱动”、全媒体发展格局；在经营融合上，通过构建新的组织构架和商业模式，真正实现传统媒体与新媒体的一体化经营；在管理融合上，打通导向管理、顶层设计、管理经验和人才培养，推行全媒体人才的齿轮型配置，构建芒果全媒体生态。

芒果 TV 于 2018 年正式上线国际版 App，坚持内外一体、差异互补，通过芒果优质内容的海外输出和精细化运营，提升芒果 TV 的国际影响力，已成为中华文化对外交流的重要窗口。目前国际 App 下载量已超过 300 万，服务覆盖全球超过 195 个国家和地区，覆盖用户数超过 1 620 万。芒果 TV YouTube 频道是 YouTube 平台订阅人数最多的华语视频官方频道，海外订阅总用户数已超过 472 万。芒果 TV 以“借船出海”“造船出海”两条腿走路，不断创新探索海外传播渠道、发展路径。

资本运作战略日趋成熟。“23 条”将强化资本运营能力作为媒体融合的重要抓手：“大力推动资源整合，加速可经营性资产上市融资，解决融合发展条件下内容建设、带宽技术、产品开发等方面的资金需求，形成与融合发展要求相适应的管理体制、运行机制和资本构成。”

2018 年 6 月 21 日，中国证监会正式核发《关于核准快乐购物股份有限公司向芒果传媒有限公司等发行股份购买资产并募集配套资金的批复》，这个在马栏山被称为“331 项目”的资产重组动作，历时一年多后终于完成，芒果超媒正式成军，成为中国 A 股市场唯一党属、党管、党控的国有新型主流媒体平台。

“331 项目”的背后，是湖南广电人在资本市场不断求索的艰难历程：2014 年做实芒果传媒，2015 年快乐购实现 IPO，芒果 TV 开启两轮融资、开始资本化布局，与之有战略协同的天娱传媒、芒果娱乐、芒果影视、芒果互娱等也加速转型；2016 年开始筹划以快乐购为平台进行资产重组，并以此为契机对新媒体业务板块进行严格的合规性调整，被称为“617 项目”，但由于种种原因，“617 项目”受阻搁浅，2017 年重启“331 项目”，并于 2018 年获得成功。正是这些立柱架梁的顶层设计和资本运作的不断完善，才实现了湖南广电媒体融合最关键的战略落地，那就是“以市场为主建平台”。

集群发展战略格局升级。“23 条”明确提出：“以节目生产基地带动，完善金鹰影视文化城规划建设，辐射周边，吸引符合产业链发展要求的社会公司和人才团队，打造‘马栏山’创意集聚区。”

如今，湖南广电的马栏山集群发展战略已被湖南省委提升到“北有中关村，南有马栏山”的文化强省战略高度。2018 年 6 月 26 日，国家广电总局批复同意成立中国（长沙）马栏山视频文创产业园。10 月 13 日，国家广电总局与湖南省人民政府正式签署《中国（长沙）马栏山视频文创产业园建设合作协议》。作为马栏山视频文创园建设的领军团队，湖南广电扎实推进马栏山芒果广场、节目生产基地七彩盒子的建设，一个以湖南广电为中心，辐射马栏山区域，旨在引领全球视频风向的文创洼地，正在长沙城东孕育、诞生。

梦想的靠近

在媒体融合发展的追梦路上，湖南广电留下了深深浅浅的足迹，有所获，也有所期，那些“23 条”中还没来得及完成布局的战略举措，是留给芒果未来的七彩梦想。

“建立知识产权新秩序”战略。将以 IP 全产业开发中的芒果大文旅业务为核心突破点。湖南广电作为中国最有影响的省级媒体，具有强大的品牌影响力、平台号召力和 IP 创造能力，但是这些资源并未得到更深层次的挖掘与利用。随着国家文旅融合战略的实施和湖南广电 IP 的不断演化与迭代，需要坚定迈出文旅 +IP 结合的步伐，加速推动传媒与旅游在更广范围、更深层次、更高水平上实现融合发展。

内容整合的强大支撑与深度运营，是文旅项目的核心优势，芒果文旅将深挖湖南广电的媒体文化内涵，整合湖南广电 IP 资源，进行文旅产业化开发设计，全力开辟文化和旅游融合发展的新战场，形成独有的芒果文旅品牌，壮大文旅产业规模。

“培育现代技术新基因”战略。将以芒果超媒和电广传媒两大上市公司的 5G 新机遇为重要契机，以新技术驱动湖南广电媒体转型升级。2019 年 6 月，中国移动通过定增后成为芒果超媒第二大股东，湖南广电与中国移动有望在 5G 背景下，就流量经营、宽带业务、内容运营等众多方面进行战略协同。电广传媒不断加强与国网、华为的深度合作，启航 5G，推动有线电视网络向以 5G 为核心的智慧广电网络体系转型升级，积极谋求重新定义“中国传媒第一股”，赋予其“内容数字科技公司”的新内涵。

湖南广电建设新型主流媒体的决策过程表明，决策的前瞻眼光和未来的发展预判尤为重要，对眼前利益和未来利益的价值取舍拿捏尤为关键。决策的前瞻性需要摒弃小富即安的思想，舍得放弃眼前的利益，为事业争取未来最大的发展空间。如果没有改革的巨大勇气和魄力，事业将永远被捆绑在苟且生存的困局里，终有一天会被时代抛弃。

湖南广电媒体融合的阶段性成果表明，媒体人只有善于学习，勇于创新，不断进行知识迭代，变成行家里手，才能制定战略、重组基因、再造流程、更新生态。在这一过程中，只有善于分析和研究，善于由此及彼、由表及里地探索新的发展之路，事业才有可能不断前进，一直走在时代前列。

马栏山上，芒果生态的各个种群在这里繁衍生息、奔腾成长，未来的芒果生态，还将以结构之力，吸纳更多的种群加盟，更多的产业孵出，更多的人才汇聚，打造真正具有国际竞争力与影响力的超大媒体集团，形成深深扎根于大地之上的独特而坚韧的芒果森林。

习近平总书记说“媒体融合发展是一篇大文章”，[①] 一切过往皆为序章，芒果媒体融合的开篇已经写就，未来依然可期……

---

① 习近平，《加快推动媒体融合发展　构建全媒体传播格局》，《求是》(2019–06)。

附录

湖南广播电视台媒体融合大事记

2013 年

8 月 19—20 日，习近平总书记出席全国宣传思想工作会议并发表重要讲话。他强调，要适应社会信息化持续推进的新情况，加快传统媒体和新兴媒体融合发展，充分运用新技术新应用创新媒体传播方式，占领信息传播制高点。

1 月 4 日，国家广播电影电视总局下发《关于促进主流媒体发展网络广播电视台的意见》。面对 IPTV、OTT 等新兴媒体的竞争，广电行业危机感日益紧迫，国家广播电影电视总局鼓励电台、电视台与宽带互联网、移动通信网等新兴媒体结合。

1 月 18 日，湖南卫视《我是歌手》首播，CSM 全国网收视 1.06，份额 6.07%，位居全国第一。

3 月 26—28 日，台党委班子成员及台二级单位主要负责人一行赴江苏、浙江广电进行考察调研。

5 月 15 日，爱奇艺首席执行官龚宇一行到访湖南广电。

5 月 16—19 日，台领导考察日本富士媒体控股公司，并与富士电视台、共同电视台（电视剧公司）、Nextep（娱乐内容公司）、FCC（国际业务公司）等高管团队进行业务对话，就战略布局、品牌发展、媒体广告、新媒体、国际传播、现代管理等问题进行深入讨论。

7 月 16 日，英国 BBC 战略与政策总监约翰·泰德一行到访湖南广电。

7 月 22 日，全台上半年媒体工作调度会召开，主题为“回头看中考、全力赶大考、广电湘军决战决胜 2013”，首提“走‘一云多屏’的融合之路”思路。

9 月 14 日，“湖南卫视广告经营的增长空间在哪里”主题研讨会召开。

9 月 29 日，中共中央委员、中国证监会主席肖钢一行来台调研，实地了解湖南广电产业发展情况。

10 月 11 日，湖南卫视《爸爸去哪儿》首播，CSM 全国网收视率 1.1、份额 7.67%，CSM29 城市网收视率 1.46、份额 6.45%，双网均获同时段第一。

11 月 1 日，芒果传媒有限公司召开组建以来第一次工作会议，开始健全班子、装入资产、做实业务。此后每周一的工作例会一直持续到 2018 年芒果超媒成功重组上市。

11 月 5 日，《湖南新闻联播》推出特别报道节目《县委大院》。该系列节目播出以后，得到了时任中共中央政治局常委、中央书记处书记刘云山的批示表扬。社会各界好评如潮，“最美县委大院”成为年度热词。

12 月 31 日，湖南卫视谢涤葵团队制作的《爸爸去哪儿》节目获得“台长嘉奖令”，在金鹰大厦大堂举行了隆重的表彰仪式。自此，大堂嘉奖作为湖南广播电视台内容创新最高表彰形式被延续下来，先后有陈歆宇团队的《花儿与少年》、台新闻中心的《绝对忠诚》、徐晴团队的《一年级大学季》《声临其境》及任洋、邢丽琴团队的《声入人心》受到表彰。

2013 年，湖南卫视收视获得 117 个全国全天第 1，比 2012 年多出 100 天，稳居全国省级卫视第一。

芒果互联网电视（芒果 TV）推出全新 logo。

2014 年

8 月 18 日，习近平总书记主持召开中央全面深化改革领导小组第四次会议，会议审议通过《关于推动传统媒体与新兴媒体融合发展的指导意见》。习近平总书记强调，要着力打造一批形态多样、手段先进、具有竞争力的新型主流媒体，建成几家拥有强大实力和传播力、公信力、影响力的新型媒体集团。

1月7日，亲子真人秀电影《爸爸去哪儿》在京召开发布会。该片于1月31日（大年初一）上映。截至下档，该片总票房突破7亿元。

1月26日，台“2013—2014年度总结表彰暨工作会议”在五洲大剧院召开。会议主题为“从改变开始，向明天出发”，首次提出打造“内容+渠道+用户”的媒体生态，建设一个有相当规模、可以直接与用户互动的互联网新平台。

2月20日，湖南省委常委、宣传部部长许又声召集省文化厅、湖南新闻出版集团、《湖南日报》、湖南广播电视台等单位主要负责人，召开“文化与科技融合发展专题调研座谈会”。

4月8日，湖南卫视《湖南新闻联播》推出系列纪实报道《绝对忠诚》。4月25日，中宣部《新闻阅评》发文，对该节目给予高度评价。

4月11日，台党委中心组进行2014年第二次集中学习，本次学习特邀英国BBC新媒体市场和受众总监霍莉·吉迪尔和英国环球广播战略总监史蒂夫·顿洛浦授课。湖南广电面临全媒体转型、新媒体横跨的关键时期。

4月20日，“芒果独播”正式推出。芒果TV网络视频平台上线运行，首日播放量突破200万次。全新芒果TV将整合湖南广播电视台与芒果传媒优质资源，形成广播电视与互联网视听服务融为一体的新业态，将对湖南卫视的《花儿与少年》《变形计8》等节目进行全网独播。

4月28日，台各部门及二级单位主要负责人会议召开，明确了“融合发展，以我为主，打造芒果生态圈”的发展理念，强调进军新媒体要有置之死地而后生的勇气。

5月7日，湖南省委副书记、省长杜家毫，省委常委、宣传部部长许又声，省政府秘书长戴道晋一行来台考察。杜家毫充分肯定了《县委大院》《绝对忠诚》两部新闻大片，要求加大内容创新，继续唱响主旋律。

6月19日，应上海市委宣传部邀请，吕焕斌台长在上海宾馆做题为《以我为主 融合发展 加快推进单一媒体向全媒体企业集团转型升级》的专题讲座，提出了“好的内容是新老媒体发展的核心驱动力”“传统媒体在新媒体发展中不是逆袭就是边缘化”“混合所有制是建设新媒体的必然要求”三个论断。

7月28日，芒果TV首部网络自制剧《花样江湖》开机。

8月24日，芒果TV App正式上线。

8月28日，湖南广播电视台、潇湘电影集团有限公司与中共湖南省委宣传部联合摄制的电影《毛泽东与齐白石》获中宣部第十三届精神文明建设“五个一工程”奖。

9月9日，芒果TV 4.0 iOS手机客户端版本正式上线运行。11日，芒果TV4.0安卓手机客户端版本正式上线运行。

9月12日，华为技术有限公司轮值CEO及战略发展委员会主任徐直军一行到访湖南广电。

10月10日，芒果传媒与海通开元、厦门建发、中南重工四方拟共同发起设立“芒果海通创意文化投资基金”，并签署《芒果海通创意文化投资基金（有限合伙）之发起人协议》。

10月20日，芒果TV首档自制综艺节目《偶像万万碎》上线。

10月29日，湖南卫视2015年媒体推广暨广告招商会在北京国贸大酒店举行。美肤宝兄弟品牌、环亚集团旗下的滋源以4亿元冠名2015年金鹰独播剧场和《变形计》，伊利以5亿元冠名2015年《爸爸去哪儿3》及全面战略合作。

11月4日，湖南卫视与芒果TV首部共同出品自制剧《只因单身在一起》开拍。

11月17—23日，芒果传媒、快乐阳光主要负责人一行前往美国西部，学习考察YouTube、Hulu、网飞、谷歌、脸书、Stylehaul、Fremantle Media America、21世纪福克斯等知名互联网企业和内容公司，在探讨合作方面形成初步成果。

11月21日，在新西兰进行国事访问的中国国家主席习近平出席新西兰各界举行的欢迎午宴，谈到新西兰优美的自然风光时，他提道，中国的综艺栏目《爸爸去哪儿》摄制组来新西兰罗托鲁瓦拍摄，节目播出后，在中国掀起了新西兰热。《中国日报》、新浪、网易、腾讯、凤凰网及新西兰最大中文门户网站天维新闻等均在醒目位置分别以《习近平：〈爸爸去哪儿〉掀新西兰热》《习近平赞新西兰自然风光：〈爸爸去哪儿〉掀起新西兰热》等为题予以报道。

12月12日，赴美考察成果分享会召开，与会人员分析湖南广电新媒体发展现状，并就如何进一步对接新媒体，实现产品全媒体化，构建芒果生态圈进行了探讨。

2014年，湖南卫视继续保持省级卫视第一，全年共获得103个全国全天第一，后晚间及黄金时段全部拿下冠军，网络关注度稳居省级卫视第一。

芒果TV日访问量峰值突破3 000万，移动端累计下载量超3 000万，互联网电视活跃用户近500万。快乐阳光、芒果TV分获“中国最具品牌影响力传媒网站”“2013—2014国家文化出口重点企业”“跨界融合创新大奖”“湖南文化品牌40强”。

2015年

12月25日，**习近平总书记视察解放军报社，他强调指出，要研究把握现代新闻传播规律和新兴媒体发展规律，强化互联网思维和一体化发展理念，推动各种媒介资源、生产要素有效整合，推动信息内容、技术应用、平台终端、人才队伍共享融通。**

1月4日，中国证监会核准、深交所批准快乐购向社会公开发行股票。

1月8日，台长办公会专题研究地面频道如何与芒果TV对接的问题。经视频道、都市频道、娱乐频道、快乐阳光等相关负责人出席。

1月21日，快乐购物股份有限公司在深交所正式挂牌上市，股票代码为300413。

1月22日，芒果TV召开2015年启航动员会，新的一年将是真正意义上的芒果独播元年、融资改制元年。

2月12日，芒果TV 360度直播湖南卫视小年夜春晚。

2月14日，台“2014—2015年度总结表彰暨工作会议”举行。会议主题为“勠力改变 赢得未来”，会议提出将传统媒体转变为新型的融合媒体，向广域传播要空间。

3月17—20日，湖南广播电视台“建设新型主流媒体学习研讨班”在浏阳731基地举办。3个辅导报告、11场主旨演讲、19次大会发言、109人全体参加的分组讨论，731会议是湖南广电一次媒体融合集体意识的觉醒和集体智慧的迸发，形成了《湖南广播电视台建设新型主流媒体若干意见》，在湖南广电称为“23条”。自此，湖南广电改革驶入高速路，全面开启拥抱互联网的新征程。

3月30日，中国共产党湖南省委员会下发湘委干〔2015〕55号文件，经省委研究同意：吕焕斌同志任湖南广播影视集团有限公司党委书记；5月11日，湖南省人民政府下发湘政人〔2015〕4号文件，省人民政府决定：吕焕斌同志任湖南广播影视集团有限公司董事长，张华立同志任湖南广播影视集团有限公司总经理。

3月31日，芒果TV App日活跃用户破1 000万。

4月22日，谷歌大中华区总裁Scott Beaumont（石博盟）一行来到湖南广播电视台，双方就互联网视频、新媒体营销、技术创新等问题进行交流。

6月23日，湖南广播电视台金鹰纪实频道经国家新闻出版广电总局批准上星播出，2016年元旦正式上星，成为继上海纪实、北京纪实后第三个上星播出的省级纪实卫视。自此，湖南和北京、上海一样，一个省级广电机构同时拥有综合、卡通、纪实三个卫星频道。

6月25日，湖南广播电视台下发湘广视台人字〔2015〕33号文件，经台党委会研究同意：聘任丁诚同志为芒果传媒有限公司党委委员、副总经理兼快乐阳光互动娱乐传媒有限公司总经理，成为芒果TV的负责人。

6月，芒果TV完成A轮融资，融资金额超过5亿元。

7月2日，湖南广播影视集团有限公司正式挂牌成立。

7月7日，湖南卫视自制剧《旋风少女》开播，全国网收视份额创新高，突破16%，全国网收视率突破2.5%，刷新湖南卫视“青春进行时”开播以来的收视纪录。“青春进行时”是湖南卫视推出的周播产品，其边拍边播的方式、活动化操作的话题植入模式和独有的互动优势，对内容和收视产生了巨大的影响。

7月16日，芒果TV App累积下载量突破1亿次，标志着芒果TV已经正式拿到移动互联网竞争的入场券。芒果TV App从0到1亿次下载一共用了330天，发展速度在业内领先。

8月19—23日，中国新闻奖揭晓，《湖南新闻联播》电视系列报道《绝对忠诚》获一等奖（系列报道类）。

11月23日，阿里巴巴集团董事局主席马云一行到访湖南广电。

12月11日，由芒果传媒、中南重工和易泽资本三方共同发起设立芒果文创股权投资基金，首期规模10亿元，主要围绕以大文化产业为核心的电影、电视剧、综艺节目、音乐、动漫、体育、移动互联网应用等文化创意类项目进行投资和布局。

2015年，湖南卫视以全国网收视份额5.38%，270个全国全天第一的成绩，排名全国第一位，比排名第二的频道份额高出26%。湖南卫视单频道广告收入过百亿元。

芒果TV独播一年多来，用户量增长100倍，进入视频行业第一阵营。芒果TV App累计下载量突破1亿次，全平台日均活跃用户突破3 000万，互联网电视终端激活用户数超过1 800万。芒果TV获评“世界媒体500强”“2014中国最具影响力传媒网站”“全国媒体融合创新先锋品牌奖”。全平台营收10.6亿元。

2016年

2月19日，习近平总书记主持召开党的新闻舆论工作座谈会并发表重要讲话。他强调，媒体融合发展关键在融为一体，合二为一，要尽快从相加阶段迈向相融阶段，着力打造一批新型主流媒体。

4月6日，芒果TV自制综艺《明星大侦探》播放量突破1亿，网络综艺排行第一。

4月18—20日，首届中国广播电视媒体融合发展年会暨2015—2016年度全国广播电视媒体融合影响力指数发布会在浙江乌镇举行。湖南卫视荣获“2015—2016融合创新十大卫视”。

4月24—26日，中共中央政治局常委、国务院总理李克强在考察成都菁蓉创客小镇时，体验了由芒果TV和极米科技联合发布的最新款无屏电视，并对该产品的性能给予肯定。

6月17日，湖南广电报请湖南省委宣传部、省文资委批准，自6月20日起对旗下快乐购的股票进行停牌，并以快乐购为平台启动对旗下新媒体资产的战略重组，简称“617项目”。

6月23日，芒果TV完成B轮融资，募集资金近15亿元，投后市场估值135亿元。

7月2日，国家新闻出版广电总局发布《关于进一步加快广播电视媒体与新兴媒体融合发展的意见》，对广播电视媒体融合提出三个原则，一是坚持正确方向，二是坚持协同创新，三是坚持因地制宜。

10月14日，名牌节目《爸爸去哪儿》由湖南卫视转战芒果TV，由芒果TV自制的《爸爸去哪儿4》第一期上线。

10月21日，湖南卫视原创大型国防教育特别节目《真正男子汉·空军篇》首播，CSM全国网收视率1.87、份额5.83%，观众到达率5.1%，观众忠实度36.7%，同时段全国排名第一。

10月22日，湖南卫视大型原创节目《一年级·毕业季》首播。节目首播CSM全国网收视率0.88、份额6.09%，列同时段全国第一。

11月3日，湖南省文资委正式批复，同意暂不实施本次重大资产重组，待时机成熟再行筹划，湖南广电新媒体资产、业务首次战略重组放缓。

11月13日，芒果TV会员独播剧《兰陵王妃》破3亿点击量，并上线湖南卫视，再添先网后台成功案例。

12月30日，湖南广播电视台主要领导一行访问深圳华为技术有限公司，与华为轮值CEO徐直军就内容生产、公共平台建设等进行深入交流，并就多项合作意向展开探讨。双方共同签署了“深化战略合作协议”。

2016年，湖南卫视在全国网全天、晚间、黄金档三个时段全部排名第一，全天平均收视率0.5%，收视份额4.14%，比排名第二的省级卫视高出87%，全年共获得114个全国全天第一。根据美兰德调查公司的统计结果，湖南卫视的网媒关注度、微博提及量、微信公号刊发量均列榜首，全媒体传播能力保持第一。

芒果TV全终端用户规模超日均4 700万，日常视频点击量超过2.2亿，PC端视频播放月覆盖人数达1.64亿，移动客户端下载安装量4.25亿，互联网电视终端激活用户数 4 471 万，IPTV 用户 2 760 万，全年营收超 19 亿元，入列“中国互联网百强”第 55 位。

2017 年

10 月 18 日，中国共产党第十九次全国代表大会在北京召开。习近平总书记做《决胜全面建成小康社会 夺取新时代中国特色社会主义伟大胜利》的报告。他强调，要高度重视传播手段建设和创新，提高新闻舆论传播力、引导力、影响力、公信力。

1 月 1 日，湖南卫视上星 20 周年。已连续举办 11 届的跨年演唱会首次尝试“先网后台”的播出模式，一举拿下同时段排名第一的成绩。

1 月 22 日，台领导听取芒果基金团队关于“芒果投资 2016 年工作总结及 2017 年工作计划”的汇报，勉励芒果投资团队加强顶层设计，为芒果生态做出更大贡献。

自 1 月 25 日零时起，通过国家广播电视光纤干线，湖南卫视高清频道从长沙传输至北京，在“中星 9 号”直播卫星上备份播出。自此结束了湖南卫视高清信号单一路由传输的历史。

2 月 21 日，湖南广电正式获得国家新闻出版广电总局颁发的 IPTV 省级播控平台牌照。

3 月 28 日，反腐电视剧《人民的名义》在湖南卫视首播，根据 CSM 公布的数据，该剧大结局收视率破 8，创下近十年来国产电视剧的收视最高纪录。《人民日报》赞扬其“作为现象级作品，彰显了文艺工作者的责任和使命”。

3 月 31 日，湖南广电再次启动快乐购重大资产重组（简称“331 项目”）。

4 月 5 日，经向深交所申请，快乐购股票开始停牌，“331 项目”正式启动。

5 月 4 日，由台新闻中心研发、运营的“芒果云”新闻客户端正式上线，同步推出安卓版和苹果 iOS 版。

5 月 25—26 日，湖南省委书记、省人大常委会主任杜家毫考察马栏山视频文创产业园鸭子铺片区、湖南广播电视台节目生产基地、芒果 TV。

6 月 6 日，湖南广电代表团访问哈萨克斯坦，与哈萨克斯坦国家广播电视公司签署《相互理解和共同合作备忘录》。

6 月 15 日，时任中共中央政治局委员、中央书记处书记、中宣部部长刘奇葆前来湖南广播电视台调研主流宣传、芒果云建设及媒体融合发展情况。吕焕斌台长在座谈会上以《主流媒体 绝对忠诚》为题，汇报了湖南广电在创新主流宣传、做优媒体品牌、加强媒体融合、做强事业产业等方面的情况。湖南省委书记、省人大常委会主任杜家毫，湖南省委副书记、省长许达哲陪同调研。

6 月 21 日，湖南广播电视台快乐先锋茶频道高清系统顺利开播。至此，全台 14 个电视频道全部实现了高标清同播。

6 月 27 日，湖南卫视、快乐阳光领导班子再调整。湖南广播电视台下发湘广视人字〔2017〕31 号文件，经台党委研究同意：聘任丁诚同志为湖南广播电视台卫视频道总监，聘任蔡怀军同志为快乐阳光互动娱乐有限公司总经理。

7 月 4 日，湖南卫视王牌综艺节目《快乐大本营》录制 20 周年特别节目，同时也是第 1001 期节目。栏目获“台长特别嘉奖令”，栏目 20 年来的卓越贡献获得肯定。

7 月 12 日，吉尼斯世界纪录官方发布消息：湖南卫视《快乐大本营》第 811 期首播收看人数为 48 692 200 人，荣获“收看人数最多的电视综艺节目单集（现场观众参与录制）”；《快乐大本营》新浪微博官方账户以 10 436 593 粉丝数，荣获“粉丝数最多的综艺节目微博账户”吉尼斯世界纪录；同时，《快乐大本营》主持人何炅、谢娜分别获得“粉丝数最多的微博个人账户（男性）”“粉丝数最多的微博个人账户（女性）”吉尼斯世界纪录。

8 月 28 日，湖南省委副书记、省长许达哲主持召开省政府第 114 次常务会议，听取并讨论省发改委关于《支持马栏山视频文创产业园建设发展的若干政策措施》汇报。

9 月 14 日，湖南省委常委、常务副省长陈向群听取湖南广播电视台快乐购重大资产重组方案汇报。

9月27日，快乐购董事会审议通过重大资产重组报告书，并提交深交所审核。

9月28日，湖南省政府召开第117次常务会议，原则通过《湖南广播电视台快乐购重大资产重组方案》。

9月30日，中国共产党湖南省委员会下发湘委干〔2017〕250号文件和248号文件，经省委研究决定：陈刚同志任湖南广电网络控股集团有限公司党委书记、董事长。

10月13日，中国共产党湖南广电网络控股集团有限公司委员会下发网控集团党字〔2017〕14号文件和〔2017〕15号文件，经集团党委研究决定：陈刚同志任湖南电广传媒股份有限公司党委书记、董事长。

10月起，从党的十九大会议开始，到全国、全省两会，芒果TV深化平台“首页首屏首条”建设，在PC端、App端首页、首屏置顶推荐“学习时刻”，紧紧围绕习近平新时代中国特色社会主义思想和重要时政活动，打造网上学习视频专栏。

10月31日，湖南广播电视台下发湘广视台人字〔2017〕56号文件，经台党委研究同意：聘任张华立同志为快乐购物股份有限公司董事长。

11月21日，在完成对深交所回复后，快乐购股票复牌。

12月16日，芒果TV全新自制明星夫妻育儿体验观察记节目《萌仔萌萌宅》上线，反输湖南卫视同步播出。

12月18日，广播传媒中心与科大讯飞股份有限公司合作共建的国内首家广播人工智能实验室在长沙揭牌。

12月18日，快乐购重大资产重组申报材料提交中国证监会。

12月20日，马栏山视频文创产业园正式奠基。湖南省委常委、常务副省长陈向群，国防科学技术大学副政治委员史衍良，湖南省委常委、长沙市委书记胡衡华等领导出席开园奠基仪式。

2017年，湖南卫视收视获得94个全国全天第一，蝉联省级卫视第一，比排名第二的省级卫视份额高出79%。

芒果TV流量与用户实现跨越式增长，全平台月独立用户2.8亿，PC端视频播放月覆盖人数达2.46亿，手机App安装激活量超过5亿，较2016年同期增长约

18%。连续三年被工信部评为“中国互联网企业百强”，蝉联湖南省第一，连续八年被商务部评为“全国重点文化出口企业”，连续两年获评“世界媒体 500 强”。

2018 年

8 月 21—22 日，习近平总书记出席全国宣传思想工作会议并发表重要讲话。习近平总书记强调，做好新形势下宣传思想工作，必须自觉承担起举旗帜、聚民心、育新人、兴文化、展形象的使命任务。

1 月 6 日，原创声音魅力竞演秀《声临其境》第一季在湖南卫视首播，节目全国网收视率 0.97，份额 3.82%，全国城域收视率破 1，达 1.17，份额 3.97%，全国网、全国网城域均为同时段上星综合组第一。

1 月 19 日，湖南广电“331 项目”领导小组赴中国证监会，就快乐购重大资产重组项目进行预沟通，上市公司监管部主任毛寒松听取汇报。

2 月 4 日，芒果 TV 发布财报，2017 年视频网站率先盈利，盈利达 4.89 亿元。

3 月 19 日，芒果 TV 国际版 App 上线启动仪式在中国香港举行。

3 月 24 日，芒果 TV《明星大侦探》姊妹篇《我是大侦探》上线湖南卫视。

4 月 14 日，2017—2018 年度全国广播电视媒体融合影响力指数发布，芒果 TV 入围 2017—2018 年度融合创新最具品牌影响力节目制作机构。

4 月 26 日，中国证监会并购重组审核委员会召开 2018 年第 20 次工作会议，对快乐购发行股份购买资产并募集配套资金暨关联交易事项进行审核，最终该项目获得有条件通过。

5 月 10 日，第十四届文博会在深圳开幕，中共中央政治局委员、中宣部部长黄坤明出席并巡视了湖南馆。文博会上，“全国文化企业三十强”发布，芒果传媒有限公司进入第十届“全国文化企业三十强”行列。

5 月 30 日，湖南省委书记、省人大常委会主任杜家毫一行来到湖南广播电视台，围绕进一步深化广电改革、加快建设文化强省开展专题调研。他强调，湖南广电要始终坚持党媒姓党，聚焦重点领域和关键环节把改革进行到底，进一步擦亮“广电湘军”这张亮丽的名片，在文化强省建设中彰显更大作为。

6月21日，快乐购重大资产重组正式获得中国证监会批准，芒果TV作为湖南广电“双核驱动”战略主体之一，与芒果互娱、天娱传媒、芒果影视、芒果娱乐五家公司整体打包注入快乐购，正式成为国内A股首家国有控股的视频平台。

6月28日，根据《国家广播电视总局关于同意设立中国（长沙）马栏山视频文创产业园的批复》，同意在湖南长沙设立广播电视产业园区，名称为“中国（长沙）马栏山视频文创产业园”，这是湖南省首个国家级广播电视产业园区。

7月11日，快乐购正式更名“芒果超媒”，湖南广电开启资本新路，芒果超媒从“媒体零售平台”向“国有新型主流媒体集团”全面转型。

7月27日，新组建的湖南广播影视集团有限公司正式成立。湖南广播影视集团和潇影集团、网控集团顺利完成整合，三大集团实现“三军会师”。

7月28日，推进广电出版深化改革工作会议在长沙召开，湖南省委书记、省人大常委会主任杜家毫做重要讲话，他强调，要深耕主业，擦亮品牌，当好文化强省建设领头羊、先行军。

7月31—8月4日，芒果TV举行第一届“青春芒果节”，广电总局、《人民日报》、新华社、《光明日报》点赞芒果TV倡导青年向上文化。

8月2日，快乐购完成更名为芒果超媒的工商登记，正式在交易所启用芒果超媒证券简称。

8月13日，芒果超媒股份有限公司成立大会举行。湖南广播电视台湘广视台人字〔2018〕85号文件批复，同意张华立同志任芒果超媒董事长，蔡怀军同志任芒果超媒总经理。

10月10日，芒果TV发布“超芒计划”，全面进军网络大电影市场，布局新网生内容。

10月13日，国家广播电视总局与湖南省政府在长沙签署部省合作协议，共同推进中国（长沙）马栏山视频文创产业园建设。时任国家广电总局副局长张宏森出席签约仪式。张宏森在听取湖南广电的汇报后，就新闻宣传、内容创新、新媒体运营、有线网络整合、马栏山视频文创产业园建设等方面提出要求。

10月24日，为落实湖南省委、省政府关于“北有中关村，南有马栏山”的战略决策，加快打造“中国V谷”，台党委全体成员到马栏山视频文创产业园考察调研，并与长沙市政府就项目推进情况进行交流恳谈。

10月31日，中国共产党芒果超媒股份有限公司举行第一次代表大会，以无记名投票的方式，差额选举产生了中共芒果超媒股份有限公司第一届委员会，选举张华立同志为芒果超媒党委书记。

11月2日，原创励志声乐竞演节目《声入人心》第一季在湖南卫视首播，豆瓣评分高达9.3分。

11月8日，第二十八届中国新闻奖、第十五届长江韬奋奖颁奖报告会在北京人民大会堂举行。台新闻中心《为了人民》电视系列报道获得第二十八届中国新闻奖一等奖。杨壮副台长获第十五届长江韬奋奖。

11月11日，芒果TV首届“会员开放日”，用户集结马栏山，进行深度体验游。

11月29日，第六届中国网络视听大会在成都世纪城国际会议中心开幕。中共中央宣传部副部长、国家广播电视总局党组书记、局长聂辰席前往芒果TV展区参观。在“凝心聚力 创造美好新视界”主论坛上，吕焕斌台长以《主力军抢占主阵地——统一标准融合发展、做优做强湖南广电》为题发表演讲。

12月20日，电广传媒与华为公司共同签署了《战略合作协议》，电广传媒成为广电系统第一家正式宣布进军5G领域的企业。

12月29日，芒果TV与华为在深圳共同签署合作协议。根据协议，双方将围绕视频内容、会员及联合营销、大数据推荐、应用推广、IPTV产品和华为云CDN服务六大板块展开深度紧密合作，实现资源、运营、技术三大共享，全面提升彼此在各自领域的核心竞争力，释放全新能量。

2018年，湖南卫视覆盖人口规模12.3亿，连续五年蝉联省级卫视第一。湖南卫视全国网全天平均收视率0.30、份额2.94%，蝉联省级卫视第一，共获得253个省级卫视全天第一，79个上星综合组全天第一。

芒果TV各项事业齐头并进，网络综艺占据绝对优势，会员规模实现跳跃式增长，平台运营数据稳中有升，技术产品保障有力，营业收入和净利润双双实现了大幅增长。四度蝉联世界媒体500强，位列亚洲互联网新媒体前十。

2019 年

1 月 25 日，中共中央政治局在人民日报社就全媒体时代和媒体融合发展举行第十二次集体学习。习近平总书记在主持学习时强调，要运用信息革命成果，推动媒体融合向纵深发展。

3 月 3 日，芒果 TV 以“两会快递 ING”为主题的全媒体报道矩阵首次亮相 2019 全国两会。

3 月 15 日，台、集团公司召开党委（扩大）会议，传达学习习近平总书记在全国政协十三届二次会议文艺界、社科界联组会上的重要讲话精神。全台将进一步推动媒体融合，以精品奉献人民。

3 月 18—19 日，芒果 TV 亮相香港国际影视展，联手 Discovery 全球推介纪录片《功夫学徒》，并举行“芒果 TV 国际 App 代言人签约仪式”，加码海外传播。

3 月 25 日，湖南省委常委、宣传部部长、省文化体制改革专项小组组长蔡振红主持召开省文化体制改革专项小组专题会议，审议《湖南广播影视集团有限公司改革重组暨湖南广播电视台转企改制一体化运行方案（送审稿）》。4 月 8 日，湖南省文化体制改革专项小组下发《关于湖南广播影视集团有限公司改革重组暨湖南广播电视台转企改制一体化运行方案的批复》，原则同意一体化运行方案。

4 月 7 日，在戛纳国际电视节上，湖南卫视与全球顶尖娱乐经纪公司 CAA、美国 Vainglorious 制作公司现场签约，达成《声入人心》节目模式北美地区发行合作，标志湖南卫视原创模式成功——卖出去。

4 月 10 日，上海广播电视台、上海文化广播影视集团有限公司党委书记、董事长王建军一行到访湖南广电。

4 月 22 日，芒果 TV 与马栏山文创园、湖南联通、华为签署 5G 战略合作协议，将在 5G、超高清、全景视频、大数据及人工智能、融媒体平台技术等领域进行全面合作，打造贯通全终端的视听服务。

4 月 22 日，台、集团党委会就芒果 TV《我最爱的女人们》与东方卫视合作播出的事项进行审议。5 月 4 日，《我最爱的女人们》网络版在优酷、芒果 TV 同步播出，卫视版 5 月 11 日起在东方卫视播出。

4 月 29 日，芒果超媒发布 2018 年财报，2018 年实现营收 96.60 亿元，同比增长 16.8%，净利润 8.9 亿元，同比增长 21.03%。芒果 TV 连续两年成为互联网视频业内唯一盈利的新媒体平台。

5 月 18 日，第十五届文博会在深圳开幕。中共中央政治局委员、中宣部部长黄坤明出席并巡视了湖南馆。在本次文博会上，芒果超媒、电广传媒双双进入第十一届“全国文化企业三十强”行列，再一次显示出文化湘军、广电湘军的强劲势能。

5 月 22 日，国家广电总局“国家广电智库”刊文，以“芒果模式”的概念总结了湖南广电媒体融合发展的三条经验：一是“一体”发展，双轮驱动；二是“一把手工程”强力推动媒体融合纵深发展；三是把握媒体融合的方向“自有、自主、自控”。

5 月 27 日，中国移动、中国人寿作为战略投资者，定增 20 亿元，入股芒果超媒。

5 月 28 日，芒果 TV 手机 App 下载安装激活量超 7.35 亿，全平台日活量突破 6 800 万，芒果 TV 的有效会员突破 1 400 万，互联网电视终端激活用户数达 1.37 亿，运营商业务全国覆盖用户数达 1.47 亿。

8 月 2 日，电影《十八洞村》、电视剧《那座城这家人》入选第十五届精神文明建设“五个一工程”作品名单。

8 月 14 日，上海报业集团党委书记、社长裘新一行到访湖南广电。

8 月 14 日，“2019 年中国互联网企业 100 强”榜单发布，芒果超媒全资子公司快乐阳光（芒果 TV）跻身互联网百强企业前 20 强。

9 月 5 日，浙江广播电视集团党委书记、总裁吕建楚一行到访湖南广电。

9 月，2019 年《亚洲品牌 500 强》揭榜，湖南广电排位继续上涨，较上年提升 1 位，位列总榜第 92 位，在亚洲广播电视行业居第 2 位。

全国文化名家暨“四个一批”人才项目

——《媒体融合的芒果实践报告》课题组

组　长：吕焕斌

策　划：张　勇

总撰稿：姚　远

编　审：丁　诚　蔡怀军　谭　珂　黄自笑

成　员：第一章：尹　洋　熊　英　黄　文　谭　谛　胡盈盈　袁瑜泽

第二章：周　海　王旭波　陈　竞　朱丽前　舒　畅

第三章：刘琛良　郑华平　谢　邻　梁德平　柏林泗　易柯明

杨喜卿　周　山　方　菲　张志红　李晓峰　李晚莲

彭悠悠　吴梦知　唐　藩　万　琳　黄　硕　张亦弛

曹炜阳梓　杨怀东　周　琦　陈　铮　陈　涛　龚　静

第四章：董哲颖　李英培　李立影　李　起　肖　旻

第五章：郝豫涛　韩　毅　李伟斌　刘羚嘉　唐旭丰　周　舟

结　语：熊　英

大事记：刘　星　谢博文　王真真